Minerva Shobo Librairie

東日本大震災からの地域経済復興

雇用問題と人口減少解決への道

本田 豊／中澤純治
［著］

ミネルヴァ書房

はしがき

（1） 本書の問題意識とテーマ

　東日本大震災が発生してやがて5年の月日が流れようとしている。津波と原発による複合的災害によって，多くの人が依然として仮設住宅での生活を余儀なくされ，放射能汚染により地元に戻れない人も多数にのぼるなど復旧復興のテンポは遅いといわざるをえない。しかし，各被災地自治体が策定した復興計画に基づき，一定の復興予算の措置がとられ，復旧復興にむけた懸命の取り組みが展開されており，今後の加速化が強く望まれる。

　復旧復興の現状が多くの問題を抱えていることは十分認識しながら，復興の中でも経済復興に焦点をあてて，もう少し長期的視点から経済復興のあり方を再考することの重要性を主張することが本書の立場である。

　というのは，被災地の多くは，そもそも震災前から人口減少が顕著で，地域社会経済の空洞化が進んでいた地域であり，たとえ復旧復興が順調に進んだとしても，人口減少に歯止めがかからなければ，被災地の新たな発展はありえないからである。

　長期的視点から経済復興のあり方を議論する場合，最大の課題は，生活再建や経済復興を通じて，被災自治体の人口減少に歯止めをかけ，地域社会経済の活力をとりもどせるかどうかである。人口減少に歯止めをかける諸条件で最も重要なことは，地域で雇用保障ができるかどうかである。地方における人口減少の要因については慎重な検討を必要とするが，被災自治体の多くでは，雇用の受け皿が十分でないことが大きな要因であるといっても過言ではなく，人口減少問題と雇用問題は相互に関連している。

　被災自治体がこれから持続可能な社会を構築するために，人口減少問題と雇用問題の同時解決に主眼をおいた経済復興政策はどうあるべきかを議論する必

要がある。被災自治体の長期的な労働市場の動向を分析し，雇用保障によって人口減少に歯止めをかけるための経済復興政策のあり方を明らかにすることが本書の主要なテーマである。

（2） 本書における分析方法の特徴

東日本大震災によって被害を受けた自治体は多数にのぼり，被害状況も地域によって相当の違いがみられ，経済復興のあり方も多様である。したがって，経済復興政策の長期的労働市場への影響の分析を通じて持続可能な社会の構築の可能性を明らかにしようとすれば，個別の被災自治体を具体的な対象として分析することが不可欠である。そこで本書では，岩手県の宮古市と釜石市，宮城県の塩釜市と多賀城市，福島県の南相馬市を対象として分析を試みている。その際一番の問題は，これら5つの被災自治体について，分析に必要な地域・産業データが決定的に不足するという問題である。この問題に対処するために，本書では，5つの被災自治体別に震災前（2009年）の地域産業連関表を作成し，その表をもとに多角的な分析を展開している。本書における分析方法の第1の特徴は，都道府県レベルで整備されている産業連関表をもとに，Non-survey法に基づいて当該被災自治体における市町村レベルの産業連関表を作成し，それをよりどころに分析を進めているところにある。

第2の特徴は，市町村レベルで計量可能な労働市場モデルを構築して，長期的な労働市場の需給状況を数値的に把握し，5つの被災自治体別に，経済復興の基本的方向性を具体的な数値的根拠をもとに展開しようとする点にある。市町村レベルの労働市場モデルでは，労働需要側は地域産業連関表を分析手法の中心におき，労働供給側は，コーホート変化率法によって導出した地域別将来推計人口がコア部分を構成している。

第3の特徴として，5つの被災自治体を同時に分析対象とするので，比較分析が可能であるため，被災自治体の比較分析を重視している点があげられる。本書における市町村レベル労働市場モデルは，経済諸関係を示すパラメータ，項目別独立支出，人口推計パラメータなど多数の外生変数群に，地域ごとの数

はしがき

値データを与えて，連立方程式を解くことによって労働市場の需給動向を知ることができる。

われわれの分析では，労働市場の長期的需給状況は被災自治体によって相当の相違がみられるが，その相違がどこから生まれるかについては，被災自治体別の所与の外生変数群の数値を比較することによって有用な情報を得ることができる。このように地域別に与えられた外生変数群の数値データを比較して，地域の社会経済動向の将来的な変動要因について知見を得ることができる点が比較分析の1つのメリットである。

また地域ごとの外生変数群の数値データを比較することによって，持続可能な地域社会を維持するためにその地域に不可欠な政策のあり方についても有用な情報を提供してくれる。例えば，ある地域の将来推計人口の急速な減少が予想される場合，地域ごとの年齢階級別コーホート変化率など人口推計パラメータ値を比較することによって，人口減少の主な要因となる人口推計パラメータを特定化し，政策的対応をとることが可能になる。このように地域ごとの外生変数群の比較分析は，政策論的視点からも重要である。

地域の社会経済の将来的変動要因の分析及び変動に対する政策的対応に有用な知見を得るための有力な分析方法として，本書では5つの被災自治体の比較分析を重視する。

（3） 本書で特に主張したいこと

結論を先取りし，本書で特に主張したいことをまとめると，次のように要約される。

①5被災地自治体の復興が軌道に乗ったとしても，人口減少によって地域社会経済の空洞化に歯止めはかからず，5被災自治体の大半では，2050年以降地方都市の崩壊過程に突入すると予想される。このような状況を回避し，持続可能な地域社会を担保する定常的人口は，宮古市24,000人台，釜石市14,000人台，塩釜市20,000人台，多賀城市45,000人台，南相馬市は，2015年に原発災害による市外避難者が全員帰還する場合38,000人台，50%帰還の場合28,000人台であ

る。5被災自治体は，定常的人口の実現を復興の最大目標として位置付け，人口増促進政策を長期的な経済復興政策の柱に据える必要がある。
②日本は高齢社会が本格化し，高齢者の所得保障のため，「65歳雇用延長」が義務化されることになった。人口増と雇用延長が実現すれば，地域の労働供給が増え，2020年段階では，5つの被災自治体すべてが労働市場の超過供給状態に陥る。南相馬市の場合，帰還率50％であっても労働市場は超過供給である。2030年段階では，宮古市のみに労働市場の超過需要状態がみられるが，これは急速な労働力人口減少によるもので決して望ましいことではない。他の被災自治体は，2030年段階でも労働市場は超過供給の状態に変わりはない。長期的な労働市場の超過供給状態は，地域の雇用不安を助長し，雇用不安は若い人の地域定着の阻害要因になり，人口増自体が不可能になる。
③個別産業の復興支援政策を積み重ねても，地域雇用が増えるという保障はない。地域雇用決定は，基本的に乗数理論でいうところの独立支出に依存しており，一般政府消費支出を含む公的支出と特に移輸出の規模が重要である。マクロ経済における日本の雇用には，民間投資の動向が大きく影響するが，地域では，民間投資より移輸出が重要である。競争力があり一定規模の移輸出を有する産業は「基盤産業」と呼ばれるが，震災前からの地域の基盤産業を再生・育成することこそが経済復興の最大課題である。
④定常的人口を目標とした人口増と65歳雇用延長が実現した場合に生じる2020年及び2030年の労働市場の超過供給状態を回避するため，5被災自治体は，経済復興過程における産業振興政策の基本的方向性として，「被災した基盤産業の移輸出を震災前水準に早急に回復させ，地域資源を生かした基盤産業のいっそうの振興・育成を進めること」の重要性を再確認する必要がある。塩釜市の場合，この「基本的方向性」が実現できれば，長期的に労働市場は均衡し，持続可能な地域社会の経済基盤が形成される。宮古市や釜石市の場合，「基本的方向性」が実現すると，長期的に労働市場は超過需要状態が見込まれるので，周辺地域の雇用の受け皿をつくることが可能になる。宮古市や釜石市は，周辺地域との連携を強化しそれぞれが自立的経済圏を確立することが重要である。

そのことによって，周辺地域も含む広域圏の持続可能な地域社会構築の可能性が生まれる。多賀城市は，「基本的方向性」が実現したとしても，労働市場の超過供給状態は解消されないので，企業誘致や新産業育成を組み合わせて雇用機会を増やすことで持続可能な地域社会の経済基盤を確立する必要がある。南相馬市は，「基本的方向性」に加えて，帰還率70%を目標とした帰還政策が実現できれば，持続可能な地域社会をとりもどすことは十分可能である。

（4） 本書の構成について

本書は7章で構成されている。第1章は，本書の分析手法で重要な役割を担う地域産業連関分析について論じている。1節では，地域産業連関分析という分析手法の基礎にある理論的背景についてわれわれの考え方を説明し，2節で，地域産業連関表作成に関する先行研究をふまえ，本書における作成方法の特徴について述べている。その上で，3節は宮城県多賀城市を事例に具体的推計方法を紹介し，4節で，作成した5被災自治体の地域産業連関表をもとに，震災前の各地域の産業構造の特徴を詳述している。

第2章では，5被災地域の将来推計人口を行い，長期的に持続可能な社会を担保する定常的人口を導出している。本章における将来人口の推計方法であるコーホート変化率法に必要な人口推計パラメータの設定値について説明し（1節），地域別に将来人口の推計結果を明らかにし，多くの地域で将来推計人口が急速に減少することを示す（2節）。3節で，急速な将来推計人口減少の要因について地域別に考察し，4節で持続可能な社会を担保する定常的人口を実現するための諸条件について明らかにする。定常的人口を実現する諸条件は，地域ごとの人口増促進政策の柱を形成することになる。

第3章は，第1章で作成した地域産業連関表及び国勢調査のデータをもとに，震災前の産業と雇用について考察している。1節では，被災自治体別に「基盤・準基盤産業」の選定を行い，第6章の分析の重要な素材を提供する。2節では，地域の雇用が，独立支出の水準に依存することを示す地域雇用決定モデルを説明し，それをもとに3節で，項目別の独立支出が震災前の各地域の雇用

創出にどの程度貢献しているかを実証的に明らかにする。4節では，各地域の社会経済の特性について，地域経済圏という視点から明らかにし，地域経済圏を配慮した経済復興政策の重要性を述べている。

第4章は，被災自治体における産業と経済の被害実態の現状を分析するとともに，これまでの経済復興政策の問題点を指摘している。第4章の産業の被害実態分析は，震災前については「平成21年経済センサス基礎調査」，震災後については「平成24年経済センサス活動調査」をもとに行っている。被害実態では，1節で従業者からみた民間事業所の被害状況と特徴を概観し，事業所の再開状況と民間資本ストックの毀損状況の推計結果を2節で示した。3節では独立支出における震災後の現状分析の重要性を述べ，4節，5節，6節で主な項目別独立支出の震災後の現状について考察を加えている。7節と8節では，被災自治体の復興計画の概要を説明し，その中で特に経済復興政策の「限界」を指摘し，本書の分析課題を再確認している。第4章の議論は，次章以降の分析に不可欠な情報を準備するものと位置付けられるといってよい。

第5章は，現行の経済復興政策を前提としたときの2015年，2020年，2030年段階での地域経済の将来予測を市内生産額と労働市場の見通しに着目して，被災自治体別にシミュレーション分析を行っている。まず，市町村レベルの地域産業連関表と将来推計人口をもとに構築した労働市場の計量モデルの概要を述べ（1節），将来予測に必要な項目別の独立支出の前提条件について説明している（2節）。その上で，3節では，被災自治体別に，市内生産額の長期的見通しを分析し，長期経済動向は公的固定資本形成を中心とする復興特需，移輸出の回復程度，人口減による家計消費支出という3つの独立支出項目の変動が大きく影響を与えることを強調している。4節は，労働市場の長期的見通しについての分析結果を示し，特に2030年段階において，宮古市や釜石市では人手不足の深刻化，塩釜市と多賀城市では労働力の超過供給状態，南相馬市では帰還率によって労働市場の動向は変わってくるなど，被災自治体によって長期的な労働市場問題には相違がみられることを強調している。

第6章では，持続可能な地域社会構築のための政策シミュレーションを試み

ている。1節では被災自治体が直面する長期的課題（被災自治体独自の労働市場問題，人口増問題，65歳雇用延長問題）を整理し，2節で長期的課題を考慮したときの労働市場の動向について計量分析を行う。分析結果の主なポイントは，多くの被災自治体で労働の超過供給が顕著になり，雇用不安により人口増促進政策自体が破たんする可能性があるという点である。そこで，3節では，被災自治体ごとに選定した基盤産業を中心に構成される「重点産業」の移輸出を促進する産業振興策の展開によって，長期的課題を解決し持続可能な地域社会構築の展望が拓けることを明らかにしている。

終章では，本書に対する読者の理解を深めてもらうために，本書の実証分析全体の内容についてその概要を整理している。その上で，被災自治体別の現行の経済復興政策の政策評価を行い，長期的視点からの経済復興政策のあり方について政策提言を行って本書のまとめとしている。

＊＊＊

本書の執筆分担について，第1章1節と第3章1節は共同で執筆し，それ以外については第1章が中澤，その他の章については本田が執筆した。東日本大震災発生後，われわれは，立命館大学政策科学部のスタッフのみなさんと一緒に本書で取り上げる5被災自治体を中心に何度か被災地に入り，被害実態について多角的視点からの実態調査を試みた。実態調査では被災地で懸命な復旧活動を展開されていた多くの市職員の方が，貴重な時間を割いてわれわれの実態調査に協力してくださった。協力していただいた市職員のみなさまに心から御礼を申し上げたい。また，立命館大学政策科学部のスタッフとの意見交換は多くのことを学ぶ有意義なものであったことも付言しておきたい。

本田豊・中澤純治

東日本大震災からの地域経済復興
──雇用問題と人口減少解決への道──
【目次】

はしがき

第1章　地域経済の分析手法としての産業連関分析 ……… 1
　　　1　本書における地域経済分析の理論的基礎　1
　　　2　地域産業連関表作成に関する先行研究と本書の独自性　4
　　　3　宮城県多賀城市を事例とした具体的推計方法の紹介　7
　　　4　5被災自治体の産業構造の分析　15
　　補論　宮城県産業連関表の延長推計について　32

第2章　将来推計人口と持続可能な定常的人口 ……… 39
　　　1　コーホート変化率法による将来人口の推計方法　39
　　　2　被災自治体の将来推計人口　41
　　　3　急速な将来推計人口減少の要因　42
　　　4　持続可能人口を実現するための条件　51
　　　5　5地域の定常的な将来推計人口　55
　　　6　本章のまとめ　65

第3章　震災前の産業と雇用 ……… 71
　　　1　被災自治体の基盤産業　71
　　　2　地域における雇用決定の分析モデル　80
　　　3　震災前の地域雇用の特徴と雇用創出の規定要因　84
　　　4　地域の社会経済の特性　95

第4章　被災自治体における産業の被害実態と経済復興政策の課題 ……… 103
　　　1　従業者からみた民間事業所の被害状況と特徴　104
　　　2　事業所の再開状況と民間資本ストックの毀損　110
　　　3　独立支出項目の現状分析の重要性　119

4　民間設備投資動向に関する現状分析　120
　　　5　「移輸出額10億円以上」産業の震災前後の従業者変化　123
　　　6　公的固定資本形成を中心とする復興特需の経済効果　127
　　　7　被災自治体の経済復興政策と問題点　132
　　　8　経済復興政策のあり方についての本書の分析課題　136

第5章　経済復興と労働市場の長期的見通し……………………141
　　　1　労働市場モデルの概要　142
　　　2　市内生産額と雇用の長期的見通しのための前提条件の設定　146
　　　3　被災自治体における市内生産額の見通し　156
　　　4　被災地の労働市場の長期的見通し　170
　　　補論　民間設備投資の想定の妥当性に関する検証　179

第6章　持続可能な地域社会構築のための政策シミュレーション…189
　　　1　被災自治体が直面する長期的課題　189
　　　2　長期的課題を考慮したときの労働市場の動向　192
　　　3　長期的視点に立った経済復興政策のシミュレーション　206
　　　補論　産業別民間設備投資の妥当性の検証　221

終　章　実証分析のまとめと政策評価及び政策提言………………231
　　　1　地域社会の持続可能性を担保する人口規模　231
　　　2　震災前の被災自治体における地域経済の現状と特徴　232
　　　3　震災・原発被害による被災実態と復興計画の残された課題　236
　　　4　経済復興過程における地域経済の長期的見通し　240
　　　5　人口増と雇用延長がもたらす労働市場の長期的動向　244
　　　6　持続可能な地域社会実現のためのシミュレーション分析　245
　　　7　被災自治体の経済復興計画の政策評価　249
　　　8　長期的視点からみた経済復興政策のあり方に関する提言　258

巻末資料　261

参考文献と資料　275

索引　281

図表一覧

図 1-1　5 被災地の産業連関表推計の手順　8
表 1-1　按分指標のまとめ　10
表 1-2　産業構造からみた特徴のまとめ　29
表 1-3　連関構造からみた特徴のまとめ　31
表 1-4　産業別県内生産額の延長推計　34
表 1-5　各最終需要項目の延長推計　36

表 2-1　被災自治体の将来推計人口　42
表 2-2　被災自治体の婦人子ども比等の設定　43
表 2-3　被災自治体別の出生数決定要因に関する直近の数値データ　45
図 2-1　年齢階級別コーホートの学歴モデル　47
表 2-4　被災自治体別の男女別年齢別コーホート変化率　49
表 2-5　婦人子ども比の設定値　53
表 2-6　若い世代の年齢階級別コーホート変化率の増分　54
表 2-7　宮古市・釜石市の将来推計人口のシミュレーション事例　56
表 2-8　塩釜市・多賀城市の将来推計人口のシミュレーション事例　58
表 2-9　南相馬市の将来推計人口のシミュレーション事例　60
表 2-10　福島県から県外移動者の男女別年齢階級別構成比率　61
表 2-11　南相馬市の基準年次（2010年）における人口減少分の試算　62
表 2-12　被災自治体における15〜49歳女性数の将来推計　64
表 2-13　被災自治体の定常的人口にむけた推移　64
表 2-14　宮古市・釜石市の男女別年齢階級別死亡者数　66
表 2-15　合計特殊出生率の試算事例　68
図 2-2　被災自治体の定常的人口の長期的推移　69

表 3-1	「基盤産業」及び「準基盤産業」の評価基準	73
表 3-2	宮古市の基盤・準基盤産業	75
表 3-3	釜石市の基盤・準基盤産業	76
表 3-4	塩釜市の基盤・準基盤産業	77
表 3-5	多賀城市の基盤・準基盤産業	78
表 3-6	南相馬市の基盤・準基盤産業	80
表 3-7	被災自治体の上位10産業の全産業に占める従業者数の割合	85
表 3-8	従業者数が多い上位10産業	86
表 3-9	上位10産業における主な独立支出項目の雇用創出への貢献度	88
表 3-10	震災前(2009年)における10億円以上の移輸出実績産業	91
表 3-11	各独立支出項目の貢献度	93
表 3-12	被災自治体の夜間人口と昼間人口	96
表 3-13	常住地及び従業地による就業者数	96
表 3-14	宮古市を中心とする就業者の主な地域間移動	97
表 3-15	釜石市を中心とする就業者の主な地域間移動	97
表 3-16	塩釜市を中心とする就業者の主な地域間移動	98
表 3-17	多賀城市を中心とする就業者の主な地域間移動	98
表 3-18	南相馬市を中心とする就業者の主な地域間移動	99
表 3-19	各被災自治体の域際収支	101
表 4-1	宮古市・釜石市の主要民間部門の従業者数の変化	105
表 4-2	塩釜市・多賀城市の主要民間部門の従業者数の変化	107
表 4-3	南相馬市の主要民間部門の従業者数の変化	109
表 4-4	宮古市の「3類型化した民間事業所」の事業所数と割合	112
表 4-5	釜石市の「3類型化した民間事業所」の事業所数と割合	113
表 4-6	塩釜市の「3類型化した民間事業所」の事業所数と割合	113
表 4-7	多賀城市の「3類型化した民間事業所」の事業所数と割合	114
表 4-8	南相馬市の「3類型化した民間事業所」の事業所数と割合	115
表 4-9	宮古市・釜石市の民間資本ストックの毀損額	116
表 4-10	塩釜市・多賀城市の民間資本ストックの毀損額	117

表4-11　南相馬市の民間資本ストックの毀損額　118
表4-12　宮古市・釜石市の「移輸出額10億円以上」産業の従業者数の変化　124
表4-13　塩釜市・多賀城市・南相馬市における「移輸出額10億円以上」産業の従業者数の変化　126
表4-14　震災前後における非製造業の付加価値の変化　129
表4-15　震災前後における製造業の粗付加価値の変化　131

表5-1　被災地域別男女別年齢階級別労働力率　143
表5-2　2015年移輸出回復率の想定　148
表5-3　住宅ストック毀損額関連データ　152
表5-4　被災自治体別の独立支出の想定値　155
表5-5　宮古市の産業別（4分類）市内生産額の長期的見通し　157
表5-6　釜石市の産業別（4分類）市内生産額の長期的見通し　161
表5-7　塩釜市の産業別（4分類）市内生産額の長期的見通し　163
表5-8　多賀城市の産業別（4分類）市内生産額の長期的見通し　165
表5-9　南相馬市の産業別（4分類）市内生産額の長期的見通し　167
表5-10　宮古市の労働市場の長期的見通し　171
表5-11　釜石市の労働市場の長期的見通し　172
表5-12　塩釜市の労働市場の長期的見通し　174
表5-13　多賀城市の労働市場の長期的見通し　175
表5-14　南相馬市の労働市場の長期的見通し（全員帰還の場合）　177
表5-15　南相馬市の労働市場の長期的見通し（半分帰還の場合）　178
表5-16　宮古市の資本生産性の推移予想　181
表5-17　釜石市の資本生産性の推移予想　181
表5-18　塩釜市の資本生産性の推移予想　183
表5-19　多賀城市の資本生産性の推移予想　184
表5-20　南相馬市の資本生産性の推移予想　184
表5-21　宮古市・釜石市の産業別市内生産額の長期的見通し　187
表5-22　塩釜市・多賀城市・南相馬市の産業別市内生産額の長期的見通し　188

表6-1	人口減による家計消費支出の減少見通し	193
表6-2	雇用延長による60〜64歳の労働力率の設定	193
表6-3	長期的課題を実現したときの宮古市の労働市場見通し	195
表6-4	長期的課題を実現したときの釜石市の労働市場見通し	197
表6-5	長期的課題を実現したときの塩釜市の労働市場見通し	199
表6-6	長期的課題を実現したときの多賀城市の労働市場見通し	202
表6-7	長期的課題を実現したときの南相馬市（帰還半分）の労働市場見通し	204
表6-8	宮古市の経済復興政策の長期シミュレーション分析事例	208
表6-9	釜石市の経済復興政策の長期シミュレーション分析事例	211
表6-10	塩釜市の経済復興政策の長期シミュレーション分析事例	213
表6-11	多賀城市の経済復興政策の長期シミュレーション分析事例	216
表6-12	南相馬市の経済復興政策の長期シミュレーション分析事例	219
表6-13	宮古市の産業別資本生産性の長期見通し	222
表6-14	釜石市の産業別資本生産性の長期見通し	224
表6-15	塩釜市の産業別資本生産性の長期見通し	225
表6-16	多賀城市の産業別資本生産性の長期見通し	226
表6-17	南相馬市の産業別資本生産性の長期見通し	227
表資-1	市内生産額の比較	262
表資-2	特化係数の比較	263
表資-3	域際収支の比較(1)	264
表資-4	域際収支の比較(2)	265
表資-5	自給率の比較	266
表資-6	影響力係数と感応度係数(1)	267
表資-7	影響力係数と感応度係数(2)	268
表資-8	宮古市における基盤産業選定のための各指標	269
表資-9	釜石市における基盤産業選定のための各指標	270
表資-10	塩釜市における基盤産業選定のための各指標	271
表資-11	多賀城市における基盤産業選定のための各指標	272
表資-12	南相馬市における基盤産業選定のための各指標	273

第1章
地域経済の分析手法としての産業連関分析

1 本書における地域経済分析の理論的基礎

　本書は，被災自治体における長期的な雇用問題を主な分析対象にしている。地域の雇用量は，地域の経済成長に大きく左右されるので，地域経済成長がどのような要因によって決定されるかを理論的に明らかにする必要がある。

　地域の経済成長を考える上で，近年，非常に重要な役割を果たしているのが内発的発展論である。内発的発展論は，戦後の地域開発と経済発展における「外来型発展」を批判的に総括し，地域からの内発的発展が不可欠であることを強調している。内発的発展論の議論は多角的な広がりを持つが，理論的規範として，①経済だけではなく環境，アメニティ，福祉，文化等の向上を含めた総合的な目的あるいは理念を掲げていること，②方法として地域内産業連関をはかり，付加価値・社会的剰余を地域福祉・教育・文化へ還元すること，③担い手・主体については住民の参加と自治が不可欠であること，④主体形成のための学習を重視していること，という4つの原則を定型化している。

　地域の経済成長の観点からいえば，上記②の地域内産業連関構造の強化を重視する視点が注目され，この視点こそ，本書が内発的発展論から学ぶべき重要なポイントとなる。しかし，内発的発展論自身が，地域経済成長の規定要因を理論的に明らかにしているわけではないので，われわれの分析の理論的基礎にはならない。

　他方，経済成長について供給サイドから論じた供給主導型モデルは，新古典

派経済成長論に代表されるように、経済成長の源泉が資本や労働などの生産要素及び技術進歩にあることを強調するところに理論的特徴がある。地域経済成長の源泉について実証分析を行い、地域経済の潜在的成長力をしっかり把握することはきわめて重要である。地域経済成長の源泉の実証分析は、具体的には労働生産性の上昇率についての知見を得るというかたちで進められる場合が多い。地域経済の潜在成長力は労働生産性上昇率に大きく規定されるので、長期的視点から地域経済成長や雇用問題をモデル分析する場合、労働生産性上昇率の見通しをモデルにビルトインすることが不可欠である。本書における長期雇用モデルでは、供給主導型モデルが重視する労働生産性の上昇率について配慮しており、この点が供給主導モデルから学ぶ点である。しかしながら、供給主導モデルは、地域経済の潜在成長力を議論する上では重要であるが、現実の経済成長を決定するわけではない。現実の経済成長は、地域の総需要によって決まるわけであるから、本書の分析目的に照らし合わせると、需要主導型モデルが、われわれの理論的基礎ということになる。

需要主導型モデルでは、ケインズの乗数理論に基づき、内外からの独立支出が地域経済成長に大きな影響を与えることを明らかにした「地域所得・支出モデル」が代表的モデルである。「地域所得・支出モデル」は、新規投資や公共投資等による独立支出が、乗数過程を通じて地域の所得や雇用に及ぼす直接的・間接的効果を明らかにするところに特徴がある。しかし、このモデルでは、独立支出が域内で派生するか域外で派生するかを明示的には取り扱っていない。

カルドアは「循環的・累積的因果関係論」において、競争力のある移輸出部門に地域が特化し規模拡大すれば、外部経済効果が発揮されて、競争的優位を累積的に獲得できることを理論的に定式化し、地域経済成長において、域外の独立支出項目である移輸出部門の育成拡大が重要であることを論じた（Kaldor 1970）。

ノースはカルドアの議論を発展させ、地域内の産業を基盤産業（域外市場産業）と非基盤産業（域内市場産業）に二分し、基盤産業の自立的成長が非基盤産業の拡大を規定し地域経済成長を主導することを示した「経済基盤モデル」

を提起した（North 1981）。このモデルでは，地域経済活性化を目的とする地域政策目標において，基盤産業（域外市場産業）育成の重要性が強調されており，理論から政策論的視点を明確に導出しているところに大きな特徴がある。

基盤産業モデルの政策論的視点をさらに理論的に発展させたモデルとして，「経済基盤モデル」と「地域所得・支出モデル」を統合したモデル（以下「統合モデル」と呼ぶ）がよく知られている。「統合モデル」は以下のように導出される。「地域所得・支出モデル」導出のベースには，いうまでもなく，地域の生産は有効需要に規定されるという有効需要の原理がある。簡単にするため有効需要のうち，民間投資を省略すると，有効需要の原理によって，(1) 式が成立する。

$$Y = C + \overline{G} + \overline{X} - M \quad (1)$$
　　ここで，Y；域内総生産，C；民間消費支出，$\overline{G}$；政府支出（外生変数），$\overline{X}$；移輸出（外生変数），M；移輸入

民間消費支出は，域内総生産に依存し，移輸入は，域内の需要項目に依存すると仮定すると，民間消費関数及び移輸入関数を (2) (3) 式で示すことができる。

$$C = c_0 + c_1 Y \quad （民間消費関数） \quad (2)$$
$$M = r_c C + r_g \overline{G} + r_x \overline{X} \quad （移輸入関数） \quad (3)$$
　　ここで，c_0；基礎的消費，c_1；限界消費性向，$r_i (i=c, g, x)$；各需要項目に占める移輸入の割合

ところで，域内総生産は，基盤産業の域内総生産（Y_B）と非基盤産業の域内総生産（Y_N）の和であるから，(4) 式で示される。

$$Y = Y_B + Y_N \quad (4)$$

また，移輸出と基盤産業の生産に線形関係を仮定すれば，(5)式が成立する。

$$Y_B = \alpha \overline{X} \quad (5)$$

(1)(2)(3)(4)(5)式から，(6)式が「統合モデル」として導出される。

$$Y = 定数項 + \frac{1-r_g}{1-(1-r_c)c_1}\overline{G} + \frac{(1-r_x)\alpha}{1-(1-r_c)c_1}Y_B \quad (6)$$

「統合モデル」では，基盤産業の生産額（したがって移輸出）と政府支出が地域の生産額を規定する主要な要因であることを示している。地域経済成長のためには，基盤産業の育成政策と政府支出をコントロールする財政政策の2つの政策が特に重要であることが，「統合モデル」の理論的帰結であり，われわれはこの「統合モデル」を理論的基礎として地域経済の実証分析を行うことにする。「統合モデル」に最もフィットする実証分析の方法は，地域産業連関分析である。以下では，本書で利用する地域産業連関表の作成方法について詳述するとともに，地域産業連関分析による被災自治体ごとの震災前産業構造の特徴を明らかにする。

2 地域産業連関表作成に関する先行研究と本書の独自性

(1) 小地域レベルにおける産業連関分析のニーズの高まり

近年，地域産業連関表の需要はますます高まってきている。最近の事例に限ってみても，中村・柴田(2013)では，岡山県真庭市の産業連関表を，Survey法を用いて作成し，木質バイオマスが地域経済に与える影響について分析を行っている。中村・中澤・松本(2013)では，高知県檮原町を対象とし，環境産業部門を組み込んだ産業連関表を作成し，木質バイオマスを活用したCO_2の削減と地域経済効果の比較を行っている。天達・岡野・藤本・天達(2012)で

は，隠岐の島町を対象とした産業連関表を推計し，公共事業とバイオ事業の効果の違いについて比較検討している。青森公立大学・青森地域社会研究所共同研究グループ (2012) は，青森市を対象とした産業連関表を推計し，青森公立大学が青森市に及ぼす地域経済効果を推計している。友國 (2012) は，岡山県津山市を対象とした交流産業部門を明示した産業連関表を作成し，地域振興シナリオの分析を行っている。鯉江 (2009) は，新潟県長岡市を対象とした産業連関表を推計し，長岡市の経済構造について検討を加えている。このように産業連関分析は市町村などの小地域レベルへと分析の対象が拡大し，また既存部門では分析できない地域固有の特色のある新産業（環境産業や都市農村交流，6次産業化）を取り扱うなど，その役割が大きく期待されている。

(2) Non-survey法を利用した産業連関表の作成を巡る議論

近年ニーズの高まる産業連関表ではあるが，市町村レベルでは政令指定都市や一部の市町村を除けば産業連関表は整備されておらず，分析を行うためには，まず産業連関表そのものを推計する必要がある。しかし，小地域レベルで産業連関表を作成可能な地域統計データは十分整備されていない。とりわけ，地域間交易データについては皆無の状態である。そのため地域産業連関表の推計には何らかの実態調査が必要となることが多い。しかし，Survey法に基づいた産業連関表の作成は，多大な時間，労力，コストがかかるため現実的には非常に難しい。また，作成に時間がかかるため，タイムラグが生じることも難点である。そのため，一般的にはNon-survey法とSurvey法を組み合わせて，推計精度とコストの両立をはかる (hybrid法) 手法で推計する場合が大多数である。ただし，hybrid法といえども結局のところNon-survey法に依存しているので，Non-survey法の信頼性については検討が必要である。

これまでに，どのNon-survey法が信頼できるのかということについて多くの実証研究が行われているが，今のところ決定打はない。例えば，Schaffer and Chu (1969), Eskelinen and Suorsa (1980), Tohmo (2004) などが，各種Non-survey法のあてはまりのよさを検討しているが，結果はさまざまである。

こうしたNon-survey法のあてはまりのよさに関する従来の既存研究の課題は，ある特定地域においてあてはまりのよいNon-survey法であったとしても，異なった地域固有の特徴（市場規模，市場へのアクセスのよさ，各種の地域特化など）がもたらす影響を解明できない点にある。つまり，ある特定地域ではうまく説明できたとしても外的条件（対象地域の特性）が変化すると，これまでの既存研究で明らかとなった結果に適用できるかどうかはわからないということである。

最近になってこうした課題に対応するために地域固有の特性に着目したNon-survey法の研究が相次いで報告されている。例えば，Flegg and Tohmo (2010) では，Survey法で作成されたフィンランド全国表と20地域（37部門，1995年基準）をベンチマークとして代表的な4種類の立地係数をそれぞれ利用した場合を比較し，地域固有の特性を反映することができるAFLQ法[1]が地域固有の特性を反映できていない他の3つの立地係数よりも最もあてはまりがよいとしている。全地域で適用できる最適なNon-survey法を検討しつつも，地域固有の特性（経済規模，ハーフィンダール指数による産業集中度など）の導入による推計結果のあてはまりの変化に着目し，地域固有の特性をNon-survey法に反映させる必要性を提示している点は注目に値する。

Lehtonen and Tykkyläinen (2012) は，Survey法で作成されたフィンランド全国表と20地域（30部門，2002年基準）をベンチマークとして利用し，投入係数，中間投入額，逆行列係数の列和について代表的な4種類の立地係数を用いて比較している[2]。その結果，地域固有の特性を反映できるFLQ法が比較した4つの中では最もあてはまりがよいが，すべての地域であてはまりのよいNon-survey法は存在せず，地域固有の特性をいかに反映させるかが重要なポイントとなる，と結論づけている。

しかし，これまでのところこうしたNon-survey法の有効性に関する議論は海外の事例で検証されたものばかりであり，日本の小地域レベルにおいて果たして適用可能なのか，今のところ結論は出ていない[3]。そのため，われわれはこうしたNon-survey法の有効性に関する既存研究を参考にしながら，特化係数

が1を下回る産業については特化係数を使って都道府県の自給率を下回るように修正し，反対に特化係数が1を上回る産業については，特化係数を使って都道府県の自給率を上回るように修正を行うことで5被災自治体の自給率を決定している。修正の詳細については後述するが，このように自給率を決定することで5被災自治体が含まれる都道府県の交易データを加味しながら，5被災自治体独自の移輸入構造を表現している。次節では具体的にわれわれが採用した推計方法を紹介しよう。

3 宮城県多賀城市を事例とした具体的推計方法の紹介

(1) 推計方法の概要

われわれは，岩手県宮古市，釜石市，宮城県塩釜市，多賀城市，福島県南相馬市の5つの被災自治体の産業連関表を推計し，これを利用して各被災自治体の地域経済の特色や復興を考える際に重要となる基盤産業の選定，また長期人口推計とリンクした地域経済のシミュレーション分析を行った。当然ながらこれらの地域では公式の産業連関表は作成されていないため，こうした分析をする際にはいちから産業連関表を推計しなければならないという大きな課題がある。われわれはNon-survey法を使いながら，なるべく既存統計を活用し，推計コストを抑えつつ，精度の高い推計を行うことを目指した。ここでは各地域の産業連関表の具体的な推計方法を紹介していこう。

5被災地の産業連関表は2009年における5被災地のすべての経済活動を対象としている。表の形式は地域内競争移入型とし，実際価格による生産者価格評価とした。また，C.T.の推計にあたっては，可能な限り詳細な部門で対応する必要性があるが，統計上の制約から最終的に39部門での推計となった。屑，副産物の取扱いは各県の産業連関表との整合性を持たせるため，ストーン方式（マイナス投入方式）とし，消費税の表章形式についても，同じく各取引額に消費税を含むグロス方式とした。以下では順を追って説明していこう。[4]

2009年の5被災自治体の産業連関表を推計するためには，推計の基礎となる

	中間需要	域内最終需要	移輸出・移輸入	域内生産額
	手順②	手順④	手順⑤	手順①
粗付加価値	手順③			
域内生産額	手順①			

図1-1　5被災地の産業連関表推計の手順

2009年の岩手県産業連関表，宮城県産業連関表，福島県産業連関表が必要となる。岩手県に関しては「平成21年岩手県産業連関表」を公表しているためこれを利用した。宮城県と福島県については最新が平成17年のため，別途，延長推計を行った。この2009年の各産業連関表を各種按分指標で地域分割することで，5被災自治体の産業連関表を推計している。

按分指標を用いた具体的な推計方法を図1-1にしたがって説明する。

手順1では大きく分けて3つの作業を行っている。第1に，按分指標の整備である。利用可能な統計を検討し，最終的に39部門での指標を用意した。第2に，推計した平成21年宮城県産業連関表を先の按分指標の推計に対応させ39部門へと統合した。第3に平成21年宮城県産業連関表の県内生産額に按分指標を乗じて多賀城市の市内生産額へと按分推計を行った。

手順2及び手順3では，手順1によって得られた多賀城市の市内生産額に対して，平成21年宮城県産業連関表の投入係数及び粗付加価値係数を乗じて，多賀城市の中間投入及び粗付加価値を推計した。

手順4では市内生産額の推計と同様に，按分指標を用いて最終需要の各部門の合計を推計し，これに平成21年宮城県産業連関表の最終需要部門の構成比を乗じて按分推計を行った。

手順5では移輸出・移輸入について推計を行う。市町村レベルにおける移輸出，移輸入の統計は皆無のため，Non-survey法を用いて推計している。詳細は後述するが，特化係数を用いて自給率の調整を行う。このとき特化係数が1未満の産業については，地域において中間財と最終財を供給する能力が劣るために地域外から移輸入を行うと仮定し，逆に1以上の場合は県平均よりも高い自給力があると仮定している。最後に地元経済の専門家によるピアレビューを

経て確定値とした。

（2） 多賀城市のC.T.推計[6]

　小地域レベルにおいてC.T.を推計する際は，国や都道府県のようにSurvey法で積み上げて推計するには多大な困難を伴う。そのため多くの場合では，公表されている都道府県表の域内生産額を何らかの按分指標によって分割する手法が採用される。その際よく利用されるのが，「市町村民経済計算（市町村所得統計）」，「工業統計」，「事業所・企業統計（経済センサス基礎調査）」である。本書で推計に使用した産業別の按分指標は表1-1のとおりである。

　宮城県では市町村民経済計算が公表されているので，農業，林業，水産業，鉱業，建設業，商業，金融・保険，不動産，運輸，情報通信，公務については産業別市内生産額を按分指標として採用した。

　製造業については，基本的に「工業統計」のデータを活用した。しかし，多賀城市では，石油製品・石炭製品製造業，ゴム製品製造業，鉄鋼業，情報通信機械器具製造業，輸送用機械器具製造業，その他の製造業について，秘匿項となっているために利用できない。そこで秘匿項については別途，条件付きRAS法によって宮城県の全市町村を対象とし，公表されている部門はそのままの数値を採用し，秘匿項の部分についてのみRAS法による収束計算で求めた。これにより，産業別の製造品出荷額等の数値が利用可能となり，按分指標として採用した。ただし，水産食料品製造業と飲食料品製造業の按分については，産業小分類でのデータが必要となるために，「工業統計」ではなく「経済センサス基礎調査」の産業別従業者数を按分指標とした。また，精密機械製造業についても，部門の対応関係がないため同じように「経済センサス基礎調査」を利用している。

　そのほかの部門については，「経済センサス基礎調査」の産業別従業者数を按分指標とした。小地域レベルにおいて最も利用しやすいデータである。市町村別では産業中分類（96分類，総数）及び産業小分類（617分類，民営）の詳細なデータを入手することができる[7]。ただし，産業連関表の部門概念と経済セン

表1-1　按分指標のまとめ

部門	按分指標	データ出典
農業	産業別市内生産額	H21市町村民経済計算
林業	産業別市内生産額	H21市町村民経済計算
漁業	産業別市内生産額	H21市町村民経済計算
鉱業	産業別市内生産額	H21市町村民経済計算
飲食料品	従業者数	H21経済センサス
水産食料品	従業者数	H21経済センサス
繊維製品	製造品出荷額等	H21工業統計
パルプ・紙・木製品	製造品出荷額等	H21工業統計
化学製品	製造品出荷額等	H21工業統計
石油・石炭製品	製造品出荷額等	H21工業統計
窯業・土石製品	製造品出荷額等	H21工業統計
鉄鋼	製造品出荷額等	H21工業統計
非鉄金属	製造品出荷額等	H21工業統計
金属製品	製造品出荷額等	H21工業統計
一般機械	製造品出荷額等	H21工業統計
電気機械	製造品出荷額等	H21工業統計
情報・通信機器	製造品出荷額等	H21工業統計
電子部品	製造品出荷額等	H21工業統計
輸送機械	製造品出荷額等	H21工業統計
精密機械	従業者数	H21経済センサス
その他の製造工業製品	製造品出荷額等	H21工業統計
建設	産業別市内生産額	H21市町村民経済計算
電力・ガス・熱供給	従業者数	H21経済センサス
水道・廃棄物処理	従業者数	H21経済センサス
商業	産業別市内生産額	H21市町村民経済計算
金融・保険	産業別市内生産額	H21市町村民経済計算
不動産	産業別市内生産額	H21市町村民経済計算
運輸	産業別市内生産額	H21市町村民経済計算
情報通信	産業別市内生産額	H21市町村民経済計算
公務	産業別市内生産額	H21市町村民経済計算
教育・研究	従業者数	H21経済センサス
医療・保健・社会保障・介護	従業者数	H21経済センサス
その他の公共サービス	従業者数	H21経済センサス
対事業所サービス	従業者数	H21経済センサス
飲食店	従業者数	H21経済センサス
宿泊業	従業者数	H21経済センサス
その他対個人サービス	従業者数	H21経済センサス
事務用品	中間需要計を市内生産額とした。	
分類不明	中間需要計を市内生産額とした。	

出所：筆者作成。

サス等で採用されている日本標準産業分類の部門概念は対応しているわけではなく「産業連関表基本分類─日本標準産業分類細分類対応表」等を参考に調整を行う必要がある。また，日本標準産業分類は平成19年11月に改訂（第12回改訂）されており，平成17年産業連関表は平成14年3月に改訂された第11回改訂に準拠しているため，多賀城市のように延長推計する場合は注意が必要となる。[8]
従業員数を按分指標とすることは，労働生産性が市区町村間で一定であるという強い仮定をおくことになり，これらの安易な使用は検討の余地を有するが，現状ではサービス業における統計上の制約があるため，按分指標として利用せざるをえない。産業別の按分指標をまとめたものが表1-1である。これらの宮城県に占める多賀城市の割合を按分指標とし，平成21年宮城県産業連関表（延長表）の産業別県内生産額に乗じて，平成21年多賀城市市内生産額とした。

（3） 中間投入・粗付加価値の推計

次に，投入構造については投入構造の変化を反映させるため，経済産業省が公表している「産業連関表（延長表）：平成17年（2005年）基準」の「平成21年延長産業連関表（延長表）」を用いて，各産業（列部門）別に投入係数の変化を算出し，「平成17年宮城県産業連関表」の投入係数・粗付加価値係数に乗じ，全体が100％となるように調整することで平成21年の投入係数・粗付加価値係数を作成した。また，同じ要領で最終需要項目についても構成比を推計している。その投入係数に上記で推計した平成21年の多賀城市における域内生産額を乗じて多賀城市の中間投入額及び粗付加価値額を作成した。

（4） 域内最終需要の推計

家計外消費については，粗付加価値部門の家計外消費の行和を域内最終需要部門の家計外消費計とし，別途推計した平成21年宮城県産業連関表（延長表）の家計外消費の構成比で配分した。
民間消費支出については，「宮城県県民経済計算」から宮城県の家計（個人企業を含む）所得の受取を求め，課税所得（営業余剰・混合所得，賃金・俸給，

財産所得）については住民基本台帳人口の生産年齢人口の宮城県の数値に占める多賀城市の割合を，非課税所得（現物社会移転以外の社会給付）については住民基本台帳人口の65歳以上人口の宮城県の数値に占める多賀城市の割合を按分指標とした。平成21年宮城県産業連関表（延長表）の民間消費支出計に先ほど求めた按分指標を乗じて平成21年の多賀城市の民間消費支出とし，平成21年宮城県産業連関表（延長表）の民間消費支出の構成比で配分した。

政府消費支出については，平成21年宮城県産業連関表（延長表）の廃棄物処理，公務，教育・研究，医療・保健，社会保障の域内生産額と対応する多賀城市の同部門の域内生産額を算出し，宮城県に占める多賀城市の割合を按分指標とした。これに平成21年宮城県産業連関表（延長表）の一般政府消費支出額を乗じて平成21年の多賀城市の一般政府消費支出とし，平成21年宮城県産業連関表（延長表）の一般政府消費支出の構成比で各部門に配分した。

総固定資本形成（公的）については，「都道府県決算状況調」「市町村決算状況調」における性質別歳出内訳の投資的経費（普通建設事業費，災害復旧事業費，失業対策事業費）が宮城県に占める多賀城市の割合を按分指標とした。これに平成21年宮城県産業連関表（延長表）の総固定資本形成（公的）を乗じて平成21年の多賀城市の総固定資本形成（公的）とし，平成21年宮城県産業連関表（延長表）の総固定資本形成（公的）の構成比で各部門に配分した。

総固定資本形成（民間）については，利用可能な統計が乏しいため、推計した平成21年宮城県産業連関表（延長表）の県内生産額に占める多賀城市の市内生産額の割合を求め，平成21年宮城県産業連関表（延長表）の総固定資本形成（民間）の総額を乗じて、多賀城市の総固定資本形成（民間）の総額とし，平成21年宮城県産業連関表（延長表）の総固定資本形成（民間）の構成比で配分した。

在庫純増に関しては，全国表の平成21年延長産業連関表（平成17年基準）の産業別在庫純増率（在庫純増/国内生産額）を算出し，別途推計した多賀城市の平成21年ベースの産業別県内生産額を乗じることで，平成21年基準の在庫純増額を推計した。

（5） Non-survey 法による移輸出・移輸入の推計

　ここまでの推計から，投入＝産出バランスによって純移輸出を推計することができる。(9)当然，この純移輸出にはここまでの推計による誤差も含まれることになるが，仮にこれまでの推計が地域経済の姿を比較的正確に推計できているのであれば，何らかの方法で対象地域の移輸出率，移輸入率（または自給率）を与えることで純移輸出を移輸出と移輸入に分離することが可能となる。

　このときに，Non-survey 法を利用した推計では，対象地域を含む大地域の自給率（県の自給率など）を特化係数などによって修正し，対象地域の投入係数（域内投入係数），移輸入，自給率などを推計する。また Survey 法では対象地域の移輸出・移輸入の実態調査を行い移輸出率・移輸入率を決定する。本来は，Survey 法で推計することが望ましいが，いずれの被災自治体も震災からの復旧過程にあるため実態調査を行うことは非常に困難であると判断し，前者の Non-survey 法を活用することとした。

　ここで，代表的な Non-survey 法の考え方について簡単に触れておこう。Non-survey 法とは，地域産業連関表の作成において（とりわけ投入係数や移輸入の修正）使われる推計方法である。大地域（例えば都道府県）の産業連関表しかない場合，小地域（例えば市町村）の産業連関表をどのようにして推計すればよいのだろうか。非競争移入型モデルの考え方を援用すれば，小地域の域内投入係数は，以下のようになる。

　　$r_{ij} = a_{ij} \times t_{ij}$
　　a_{ij}：大地域（都道府県）の投入係数
　　t_{ij}：交易係数
　　r_{ij}：小地域（市町村）の投入係数

　しかし，t_{ij} は統計として整備されていない。このとき t_{ij} に代わる係数を特化係数（LQ）で代替しようとするのが，Non-survey 法の基本コンセプトである。一般的には，以下のように大地域の投入係数に LQ を乗じて小地域の投入

係数を求め，大地域の投入係数と小地域の投入係数の差が，すなわち新たに追加的に生じる移輸入の増分となる。

$$\hat{r}_{ij} = a_{ij} \times LQ_{ij}$$

多賀城市においては，移輸出に関する実態調査を実施することができなかったため移輸出，移輸入が想定されていない部門を除いて，LQが1を下回る産業についてはLQを使って大地域の自給率を下回るように修正し，反対にLQが1を上回る産業については，LQを使って大地域の自給率を上回るように機械的に修正を行うことで値を決定している。

具体的には次式にしたがって修正を行い小地域の自給率を求めた。

　　LQ＜1の場合　　小地域の自給率＝大地域の自給率×LQ
　　LQ＞1の場合　　小地域の自給率＝（1－（1－大地域の自給率）/LQ）

小地域の自給率が上記で決定すれば，すでに求めてある中間需要と域内最終需要計を用いて純移輸出から移輸入と移輸出が分離可能となり，移輸出と移輸入は次式のように求まる。

　　移輸出＝域内生産額－小地域の自給率×（中間需要＋域内最終需要計）
　　移輸入＝純移輸出－移輸出

こうして，特化係数で修正された地域独自の自給率（移輸入率）を持ち，投入＝産出バランスの関係を満たした産業連関表を求めることが可能となる。ただし，産業連関表の定義上，移輸出・移輸入が想定されていない建設，公務，事務用品については移輸出，移輸入ともに0とし，市内生産額が0の部門は，純移輸出の値をすべて移輸入に計上した。

（6）数値チェック

　本来であれば，産業連関表の重要なポイントとなる移輸出，移輸入に関してはSurvey法で推計することが望ましいが，震災後まだ間もないことから移輸出に関する実態調査はできていない。そのため数値チェックとして，多賀城市産業政策課に協力を願い，既存統計との整合性や地域経済の肌感覚など，いわば"地元経済のプロの視点"から推計値についてピアレビューを行っていただき，数値の妥当性評価を行った。そうして完成したのが，平成21年多賀城市産業連関表（39部門）である。他の4地域についても同様の方法で推計を行い地域ごとに産業連関表を作成した。以下では，推計した5被災自治体の産業連関表を用いて，各地域の経済の特色を比較していこう。

4　5被災自治体の産業構造の分析

（1）地域経済を把握するポイント

　推計した5被災自治体の産業連関表を利用して，地域経済の産業構造の特徴を把握するために「産業構造からみた特徴」と「連関構造からみた特徴」の2つの側面からみてみよう。「産業構造からみた特徴」では，産業連関表から観測できる，①市内生産額，②特化係数，③域際収支，④自給率，の4つのポイントから特徴をつかむ。「連関構造からみた特徴」では，生産波及効果の観点から⑤影響力係数，⑥感応度係数，⑦生産波及効果の市内歩留率の3つのポイントから特徴をつかんでいく。具体的な数値については，巻末資料（表資-1～表資-7）を参照のこと。

産業構造の特徴を知るための視点

　①市内生産額とは，一定の期間（通常1年間）の市内の生産活動によって生み出された財・サービスの総額のことである。いわゆるGDPとは概念が異なり，粗付加価値に加え，中間財の取引も対象となっている。そのため地域経済の全体像を把握するためには非常に重要な指標となる。地域によって産業別市

内生産額は大きく異なるため、これを把握することで地域における代表的な産業を理解することができる。また産業別市内生産額を加工すると②特化係数を得ることができる。特化係数とは、基準となる産業構造（例えば全国平均）に比べて、その地域の生産活動がどれだけ特定の産業に重点をおいているかをみる指標である。①産業別市内生産額はその絶対額の大小から特色をみているが、②特化係数は産業別市内生産額を相対化させ、例えば対全国でみてその地域の経済活動がどれだけユニークであるかをはかる指標となる。つまり産業別生産額がそれほど大きくなくとも、全国平均に比べてその地域の特色となっている生産活動を把握することができる。

　③域際収支は、移輸出から移輸入を引いたものであり、国でいう貿易収支に近いものと捉えればわかりやすい。移輸出はその地域で生産された財・サービスを地域外に販売した額であり、移輸入は逆に地域外で生産された財・サービスを購入した額である。つまり、それらを差し引くことで産業別にどれだけ地域外からお金を稼いだか、もしくは漏出したのかを把握することが可能になる。

　また、③域際収支のうち移輸入と市内需要を組み合わせると、④自給率を得ることができる。産業別の自給率は、文字のごとくその地域の産業別の財やサービスの自給の度合を示し、市内需要に対してどの程度地域内で供給することが可能かを把握することができる。自給率の高い産業はそれだけ地域内で財やサービスを取引していることとなり、自給率の低い産業の場合は市内にあるニーズを満たすことができていない状況にあるということがわかり、地域経済の弱みを示す１つの判断材料となる。

　まとめると、①市内生産額で「地域経済の規模と構造」を把握し、②特化係数を使って「地域の産業構造の特徴」を把握し、③域際収支で「域外からお金を稼ぐ産業」を把握し、④自給率で「地域内のニーズをどれだけ満たせているか」をチェックすることが可能となる。

連関構造の特徴を知るための視点

　ここまでは各産業連関表から直接的に読み取れる数値をもとに地域経済の産

業構造の特徴をみてきた。ここからは，産業連関表を加工し，いわゆる生産波及効果に着目して連関構造の特性をみてみよう。

⑤影響力係数とは，ある産業に対して1単位の最終需要があった場合，各産業の生産が究極的にどれだけ必要となるか，直接・間接の究極的な生産波及の大きさを示す係数のことをいう。仮にある産業に対して需要の増加が生じたときに，その需要の増加を満たすための追加的な生産がもたらす原材料取引の連鎖的拡大，いわゆる生産誘発効果がどれくらいのインパクトをもたらすのかを事前に推計したものである。つまり逆行列係数及びそれを加工した影響力係数・感応度係数を把握することで，その地域が持っている企業間取引のつながりの強さを把握することが可能である。影響力係数が大きい産業は，地域経済における生産波及効果の核となる可能性が高く，産業振興を考える上での重要な情報の1つとなる。影響力係数の大きい産業は，ある特定産業との結びつきが非常に強い場合や薄く広く地域の産業との結びつきがある場合などさまざまではあるが，他の産業に対して強い影響力を持っているため，当該産業の生産活動が活発化すればそうした結びつきのある産業に正の効果を与える。そのため，こうした影響力係数の高い産業を刺激することは経済取引の活性化につながると考えられる。

影響力係数＝(逆行列係数の列和)／(逆行列係数の列和の平均値)

⑥感応度係数とは，全産業に対する新たな需要による特定の産業の感応度を示す係数で，他産業の経済活動にどの程度反応するかを示す。つまり，感応度係数が高いということは，仮に他産業で景気が良くなった際に，それに反応する大きさを示し，数値が大きいほど他産業の景気動向に敏感に反応すると考えられる。

感応度係数＝(逆行列係数の行和)／(逆行列係数の行和の平均値)

⑦生産波及効果の市内歩留率とは，市内で生産波及効果が起こったときに，どの程度生産波及効果が市内にとどまるのかを産業ごとにみたものである。一般的に，域外との原材料取引が多い（自給率の低い）製造業では市内歩留率は低く，反対に地元調達率の高い（自給率の高い）サービス業では市内歩留率が高い傾向にある。

市外流出率が高い産業は，仮に市内で生産波及効果が起こったとしても原材料などの調達を市内で行うことができないため，市外から調達を行う。そのため調達の対価としてマネーが流出することとなる。すべての産業の調達を市内でまかなうことはかえって非効率や制約を招くこととなるが，戦略的に産業を育成していくときに産業別の市内歩留率の値は重要な情報を提供してくれるだろう。

　　　　市内歩留率＝開放型の逆行列係数の列和÷閉鎖型の逆行列係数の列和

（2）　産業連関表からみた宮古市経済の特徴[11]

規模と構造

2009年に市内で生産された財・サービスの総額，すなわち市内生産額は，3,071億円で，これに市外（外国を含む）からの供給である移輸入の1,084億円を加えた総供給額は4,155億円となる。また，市内生産額のうち，1,271億円が市内での生産活動のために必要な原材料などとして投入（中間投入）されており，残りの1,800億円が雇用者所得や営業余剰等の粗付加価値として生み出されている。

また，財・サービスの総需要額は4,155億円で，そのうち1,271億円が市内産業の生産に要する原材料等として産業内部で消費（中間需要）されており，残りの2,884億円が最終需要で，消費や投資，あるいは市外からの需要に対する移輸出にむけられていることがわかる。

第1章　地域経済の分析手法としての産業連関分析

産業構造からみた特徴

　宮古市の市内生産額は，3,071億円である。産業別に上位5産業をみると，建設（323億円），不動産（302億円），電子部品（297億円），商業（245億円），医療・保健・社会保障・介護（244億円）といったサービス産業が上位を占め，製造業では電子部品の経済規模が大きいことがわかる。

　特化係数を産業別に上位5産業をみると，漁業（16.76），林業（13.40），水産食料品業（11.54），電子部品（5.65），パルプ・紙・木製品（2.58）が上位を占めている。特に，漁業，林業，水産食料品業は特化係数が10を超えており，全国の平均に比べて非常に特徴的な産業となっている。

　宮古市の域際収支は全体では291億円の赤字である。つまり，市外に販売する財・サービスよりも市外から購入する方が上回っている状態である。ただし全体でみると赤字ではあるが，個別産業に目をむければ黒字の産業もある。例えば上位5産業をみると，電子部品（191億円），水産食料品（93億円），パルプ・紙・木製品（54億円），漁業（42億円），宿泊業（12億円）などが該当する。特化係数の高かった，電子部品，水産食料品，パルプ・紙・木製品，漁業に加えて，観光業の1つである宿泊業がランクインしている点が特徴である。

　自給率で特徴的な点は，まず，漁業（93.8％）や水産食料品（84.6％）の自給率が非常に高い点にある。つまり原材料である魚を地元で調達し，さらにそれを地元の加工へ販売するといった産業間のつながりが非常に強く，こうして製造された水産食料品を市外へ販売することが，域外からのマネーを稼ぐ有効な手段となっている。次に，製造業の中で電子部品（64.1％）の自給率が非常に高い点が注目できる。これは宮古市内に電子部品関連の企業が少なからず集積しており，地域内での取引構造があることを示している。

連関構造からみた特徴

　宮古市において他産業に対する影響力係数の高い産業は，水産食料品（1.289），電子部品（1.240），化学製品（1.194），情報・通信機器（1.155），パルプ・紙・木製品（1.094）である。宮古市において感応度係数の高い産業は，

対事業所サービス（2.069），金融・保険（1.920），運輸（1.544），商業（1.502），教育・研究（1.337）である。「影響力も感応度も1より大きい産業」は，化学製品，電子部品，運輸，情報通信の4産業である。

　生産波及効果の市内歩留率は全産業平均で65.1％である。当然ながら，34.9％が市外へと流出していることとなる。第1次産業では，林業（83.2％），漁業（67.5％）の市内歩留率が平均と比べて高い。第2次産業では，水産食料品（72.8％），繊維製品（66.8％）以外ではほとんど平均以下の値となっている。第3次産業では，運輸，飲食店を除くすべての産業で平均より高い値を示している。反対に市外流出率が高い産業としては，鉄鋼（59.9％），輸送機械（68.7％），石油・石炭製品（50.4％），金属製品（48.9％）である。

（3）　産業連関表からみた釜石市経済の特徴

規模と構造

　2009年に市内で生産された財・サービスの総額，すなわち市内生産額は，2,547億円で，これに市外（外国を含む）からの供給である移輸入の807億円を加えた総供給額は3,354億円となる。また，市内生産額のうち，1,128億円が市内での生産活動のために必要な原材料等として投入（中間投入）されており，残りの1,419億円が雇用者所得や営業余剰などの粗付加価値として生み出されている。

　また，財・サービスの総需要額は3,354億円で，そのうち1,128億円が市内産業の生産に要する原材料などとして産業内部で消費（中間需要）されており，残りの2,226億円が最終需要で，消費や投資，あるいは市外からの需要に対する移輸出にむけられていることがわかる。

産業構造からみた特徴

　釜石市の市内生産額は，2,547億円である。産業別に上位5産業をみると，鉄鋼（327億円），建設（299億円），不動産（186億円），医療・保健・社会保障・介護（180億円），商業（175億円）となっており，鉄鋼業が今もなお経済規模で

みると最も大きいことがわかる。

特化係数を同様にみると，漁業（21.87），鉄鋼（4.81），水産食料品（3.97），林業（3.69），一般機械（1.97）が上位を占めている。特に，漁業の特化係数は非常に高く，関連する水産食料品，市内生産額が高かった鉄鋼の特化係数も高い。特化係数からみても「鉄と魚の町」といわれた面影を今もなお残している。

域際収支は全体では91億円の赤字である。域際収支が黒字の上位5産業をみると，鉄鋼（140億円），一般機械（110億円），漁業（78億円），電子部品（22億円），水産食料品（18億円）などが該当する。鉄鋼や漁業と水産食料品の他にも，一般機械や電子部品の製造業がマネーの稼ぎ手となっている。

自給率で特徴的な点は，まず，宮古市のように漁業（95.5％）の自給率が高いにもかかわらず水産食料品（57.5％）の自給率がやや低い点が特徴である。つまり原材料である魚を地元で調達し加工することもできるが，域外で製造された水産食料品を購入する場合が宮古市に比べて高いことが釜石市の特徴である。次に，製造業の中で鉄鋼（95.5％）の自給率が非常に高い点が注目できる。これは釜石市内に鉄鋼関連の企業が集積しており，地域内での取引が非常に強い構造があることを示している。その他にも一般機械（68.2％）やパルプ・紙・木製品（29.6％）なども比較的自給率が高い。

連関構造からみた特徴

釜石市において他産業に対する影響力係数の高い産業は，鉄鋼（1.746），金属製品（1.320），水産食料品（1.210），一般機械（1.163），鉱業（1.104）である。感応度係数の強い産業は，対事業所サービス（2.069），鉄鋼（2.272），金融・保険（1.320），運輸（1.658），商業（1.392）である。鉄鋼は影響力係数も非常に高く，釜石市経済における中心的な役割を果たしていることがうかがえる。釜石市の場合，「影響力も感応度も1より大きい産業」は，パルプ・紙・木製品，鉄鋼，建設，運輸，情報通信の5産業である。

生産波及効果の市内歩留率は全産業平均で70.8％と非常に高く，29.2％が市外へと流出していることとなる。第1次産業では，林業（86.1％），漁業

(71.9％)の市内歩留率が平均と比べて高い。第２次産業では，鉄鋼（84.8％），金属製品（75.7％），鉱業（76.4％），水産食料品（73.6％）が高く，他の製造業も平均以下の値ではあるが比較的高い数値となっている。第３次産業では，医療・保健・社会保障・介護，飲食店を除くすべての産業で平均より高い値を示している。反対に市外流出率が高い産業としては，輸送機械（66.1％），飲食料品（48.1％），電子部品（47.6％），農業（45.7％）である。

（４） 産業連関表からみた塩釜市経済の特徴

規模と構造

2009年に市内で生産された財・サービスの総額，すなわち市内生産額は，2,777億円で，これに市外（外国を含む）からの供給である移輸入の1,509億円を加えた総供給額は4,286億円となる。また，市内生産額のうち，1,290億円が市内での生産活動のために必要な原材料等として投入（中間投入）されており，残りの1,487億円が雇用者所得や営業余剰等の粗付加価値として生み出されている。

また，財・サービスの総需要額は4,286億円で，そのうち1,290億円が市内産業の生産に要する原材料等として産業内部で消費（中間需要）されており，残りの3,996億円が最終需要で，消費や投資，あるいは市外からの需要に対する移輸出にむけられていることがわかる。

産業構造からみた特徴

塩釜市の市内生産額は，2,777億円である。産業別に上位５産業をみると，水産食料品（482億円），不動産（298億円），医療・保健・社会保障・介護（278億円），商業（194億円），公務（178億円）となっている。水産食料品が塩釜市経済の約20％弱を占める一大産業であることがわかる。

特化係数を同様にみると，水産食料品（51.08），漁業（17.49），公務（2.25），医療・保健・社会保障・介護（1.89），不動産（1.54）が上位を占めている。特に，水産食料品（51.08）の特化係数は非常に高く，関連する漁業（17.49）も

非常に高い。水産食料品では，練り製品と冷凍加工品が二大品目であり，特に練り製品は宮城県内の最大の産地となっている。

域際収支は全体では488億円の赤字である。域際収支が黒字の上位5産業をみると，水産食料品（426億円），医療・保健・社会保障・介護（79億円），輸送機械（11億円），水道・廃棄物処理（8億円），鉄鋼（5億円）などが該当する。塩釜市の場合，水産食料品の域際収支の黒字が極端に高く，医療・保健・社会保障・介護を除けばそれ以外の産業は黒字幅も低く，大部分が域際収支の赤字を計上しており，域外からのマネーの獲得についてはほぼ水産食料品に依存している産業構造であることがわかる。

自給率で特徴的な点は，まず，漁業（2.1％）の自給率がきわめて低いにもかかわらず水産食料品（90.7％）の自給率が非常に高い点が特徴である。つまり釜石市とは異なり原材料である魚を地元で調達するのは難しいが，域外などから魚を調達し，それを加工し域内で販売する食料品製造業が非常に多いことが塩釜市の特徴である。次に，製造業の中では飲食料品（62.8％）や鉄鋼（35.2％）の自給率が比較的高い点が注目される。これは塩釜市内に飲食料品や鉄鋼関連の企業が比較的集積しており，地域内での取引構造が強いことを示している。

連関構造からみた特徴

塩釜市において他産業に対する影響力係数の高い産業は，飲食店（1.123），宿泊業（1.121），鉄鋼（1.106），水道・廃棄物処理（1.078），金融・保険（1.057）である。感応度係数の高い産業は，金融・保険（1.975），対事業所サービス（1.607），運輸（1.531），商業（1.246），情報通信（1.199）である。

塩釜市の場合，「影響力も感応度も1より大きい産業」は，飲食料品，鉄鋼，電力・ガス・熱供給，水道・廃棄物処理，商業，金融・保険，運輸，情報通信，対事業所サービスの9産業である。

生産波及効果の市内歩留率は全産業平均でみると64.6％で，35.4％が市外へと流出している。第1次産業，第2次産業ともに，平均値を上回る産業はない。

第3次産業では,飲食店を除くすべての産業で平均より高い値を示している。反対に市外流出率が高い産業としては,輸送機械(55.3%),鉄鋼(50.0%),水産食料品(49.3%),化学製品(49.0%)である。

(5) 産業連関表からみた多賀城市経済の特徴

規模と構造

2009年に市内で生産された財・サービスの総額,すなわち市内生産額は,3,428億円で,これに市外(外国を含む)からの供給である移輸入の1,623億円を加えた総供給額は5,051億円となる。また,市内生産額のうち,1,532億円が市内での生産活動のために必要な原材料などとして投入(中間投入)されており,残りの1,896億円が雇用者所得や営業余剰等の粗付加価値として生み出されている。

また,財・サービスの総需要額は5,051億円で,そのうち1,532億円が市内産業の生産に要する原材料等として産業内部で消費(中間需要)されており,残りの3,519億円が最終需要で,消費や投資,あるいは市外からの需要に対する移輸出にむけられていることがわかる。

産業構造からみた特徴

多賀城市の市内生産額は,3,428億円である。産業別に上位5産業をみると,公務(440億円),不動産(418億円),電子部品(338億円),運輸(289億円),商業(214億円)となっている。陸上自衛隊多賀城駐屯地があるために他の4地域に比べて公務が占める割合が高く,仙台市のベッドタウンとして発展した経緯から不動産業も活発である。また,仙台港に代表される物流拠点があるため運輸が上位にランクインしている。

特化係数を同様にみると,電子部品(5.77),公務(4.51),パルプ・紙・木製品(2.90),運輸(1.96),不動産(1.74)が上位を占めている。パルプ・紙・木製品を除けば,産業別市内生産額と同じ顔ぶれであり,公務の特化係数が非常に高いことが特徴である。

域際収支は全体では482億円の赤字である。域際収支が黒字の上位5産業をみると、電子部品（250億円）、運輸（79億円）、不動産（70億円）、パルプ・紙・木製品（64億円）、電気機械（46億円）などが該当する。多賀城市の場合、電子部品の域際収支の黒字が大きいことがわかる。さらに、運輸や不動産などのサービス産業で域外からのマネーの獲得がみられるのが、他地域にはない特徴である。

　自給率で特徴的な点は、まず、製造業の中で飲食料品（57.2%）、電気機械（61.3%）、電子部品（70.5%）の自給率が比較的高いことが特徴である。農業（5.6%）、林業（0.0.%）、漁業（1.1%）などの素材の自給率はきわめて低いにもかかわらず、加工部門である飲食料品（57.2%）の自給率は比較的高いことを考えると、原材料はほぼ域外から調達し、加工に関しては多賀城市内で行い、地域内に供給する構造となっている。また、医療・保健・社会保障・介護（68.4%）の自給率が非常に低く、市外の医療機関への依存が高い状況を示している。

連関構造からみた特徴

　多賀城市において他産業に対する影響力係数の高い産業は、電子部品（1.218）、精密機械（1.160）、電気機械（1.141）、宿泊業（1.079）、水道・廃棄物処理（1.078）である。感応度係数の高い産業は、対事業所サービス（1.947）、運輸（1.661）、金融・保険（1.341）、教育・研究（1.321）、電子部品（1.307）である。電子部品は影響力係数も非常に高く、多賀城市経済における中心的な役割を果たしていることがうかがえる。「影響力も感応度も1より大きい産業」は、飲食料品、パルプ・紙・木製品、電子部品、建設、電力・ガス・熱供給、水道・廃棄物処理、金融・保険、運輸、情報通信、公務の10産業である。

　生産波及効果の市内歩留率は全産業平均でみると63.0%で、37.0%が市外へと流出している。第1次産業については、平均値を上回る産業はない。第2次産業では、電子部品（64.2%）のみが平均を上回る値となっている。第3次産業では、飲食店を除くすべての産業で平均より高い値を示している。反対に市

外流出率が高い産業としては，輸送機械（56.4%），鉄鋼（54.5%），水産食料品（52.2%），化学製品（48.0%）である。

（6） 産業連関表からみた南相馬市経済の特徴

規模と構造

2009年に市内で生産された財・サービスの総額，すなわち市内生産額は，4,334億円で，これに市外（外国を含む）からの供給である移輸入の1,874億円を加えた総供給額は6,208億円となる。また，市内生産額のうち，1,916億円が市内での生産活動のために必要な原材料などとして投入（中間投入）されており，残りの2,418億円が雇用者所得や営業余剰等の粗付加価値として生み出されている。

また，財・サービスの総需要額は6,208億円で，そのうち1,916億円が市内産業の生産に要する原材料等として産業内部で消費（中間需要）されており，残りの4,292億円が最終需要で，消費や投資，あるいは市外からの需要に対する移輸出にむけられていることがわかる。

産業構造からみた特徴

南相馬市の市内生産額は，4,334億円である。産業別に上位5産業をみると，電力・ガス・熱供給（728億円），建設（371億円），医療・保健・社会保障・介護（330億円），不動産（319億円），商業（275億円）となっている。電力・ガス・熱供給が最も経済規模が大きいが，これは東北電力原町火力発電所が立地しているためである。また，他の4地域とは異なり製造業が上位5産業に入っていないが，石油・石炭製品を除く製造業のすべての産業が規模は小さいながらも集積している点が他の4地域にみられない特徴である。

特化係数を同様にみると，電力・ガス・熱供給（8.53），パルプ・紙・木製品（3.68），精密機械（2.31），農業（2.30），公務（1.81）が上位を占めている。電力・ガス・熱供給（8.53）が最も高く，また産業別市内生産額では上位にならなかったパルプ・紙・木製品（3.68），精密機械（2.31）がランクインしている。

域際収支は全体では96億円の赤字である。域際収支が黒字の上位5産業をみると，電力・ガス・熱供給（620億円），パルプ・紙・木製品（122億円），農業（52億円），医療・保健・社会保障・介護（39億円），電子部品（36億円）などが該当する。南相馬市の場合，電力・ガス・熱供給の域際収支の黒字が最も高く，これは発電所の立地によるものと考えられる。また，域際収支が黒字の産業が多い点も他の4地域にはない特徴であり，電力を中心に域外のマネーを獲得しながら，幅広く多くの産業でも域外からのマネーを獲得している点に特徴がある。

　自給率で特徴的な点は，まず，農業や漁業の自給率が比較的高いにもかかわらず，飲食料品（14.9％）の自給率が非常に低い点が特徴である。つまり原材料である野菜や魚を地元で調達し加工することもできるが，実際には域外で製造された飲食料品を購入する場合が多く，地元の食材を利用した飲食料品が地元で購入されることは比較的少ないことを示している。次に，製造業の中では繊維製品（35.6％）や窯業・土石製品（50.4％），電子部品（62.9％）の自給率が比較的高い点が注目できる。これは南相馬市内に上記の企業が比較的集積しており，地域内での取引構造が強いことを示している。

連関構造からみた特徴

　南相馬市において他産業に対する影響力係数の高い産業は，情報・通信機器（1.195），電子部品（1.183），鉱業（1.136），精密機械（1.123），宿泊業（1.048）である。感応度係数の高い産業は，対事業所サービス（1.794），運輸（1.884），金融・保険（1.550），商業（1.643），電子部品（1.399）である。電子部品は影響力係数も非常に高く，南相馬市経済における中心的な役割を果たしていることがうかがえる。「影響力も感応度も1より大きい産業」は，農業，電子部品，電力・ガス・熱供給，運輸，公務の5産業である。

　南相馬市をみると，生産波及効果の市内歩留率は全産業平均でみると62.5％で，37.5％が市外へと流出している。第1次産業については，林業（69.8％），農業（67.5％），漁業（65.4％）で平均値を上回っている。第2次産業では，飲

食料品 (69.0%)，窯業・土石製品 (63.1%)，電子部品 (62.7%) で平均を上回る値となっている。第3次産業では，すべての産業で平均より高い値を示している。反対に市外流出率が高い産業としては，非鉄金属 (59.1%)，輸送機械 (57.2%)，電気機械 (47.6%)，パルプ・紙・木製品 (45.9%) がある。

（7） 各地域経済の特徴のまとめ[12]

産業構造からみた特徴のまとめ

産業別市内生産額からわかる各市の特徴としては，第1に商業，不動産，医療・保健・社会保障・介護といったサービス業は共通して上位産業になっていることである。第2に各市ともに上記のサービス業に加え，経済規模の大きい特徴のある産業が何かしらあるということである。宮古市では電子部品，釜石市では鉄鋼，塩釜市では水産食料品，多賀城市では公務と運輸，南相馬市では電力・ガス・熱供給と多業種の製造業の集積がそれにあたる。

特化係数をみることで，産業別市内生産額ではみえてこなかった産業の特化度をつかむことができる。例えば，宮古市，釜石市，塩釜市における漁業と水産食料品は非常に特徴のある産業であることがわかる。また，宮古市，多賀城市，南相馬市におけるパルプ・紙・木製品などもこの地域ならではの産業である。

こうした産業構造からみた特徴をまとめるならば，宮古市は，水産資源を生かした漁業及びその加工を担う水産食料品とこれまでに企業誘致等で政策的に集積を行ってきた電子部品が最も特徴的な産業であるといえる。釜石市についても，同じく水産資源を活かした漁業及びその加工を担う水産食料品と新日鉄に代表される鉄鋼，一般機械が特徴的な産業といえる。塩釜市は，水産資源の加工に特化した水産食料品が特徴的な産業といえる。多賀城市は，企業誘致した電子部品と陸上自衛隊の駐屯地があることから公務が特徴的な産業といえる。南相馬市は，原町火力発電所に代表される電力・ガス・熱供給と規模は小さいながらも製造業が集積している点が特徴的な点といえる（表1-2）。

第1章 地域経済の分析手法としての産業連関分析

表1-2 産業構造からみた特徴のまとめ

	宮古市	釜石市	塩釜市	多賀城市	南相馬市
地域経済の規模と構造	総需要（＝総供給）：4,155億円 GRP：1,800億円	総需要（＝総供給）：3,354億円 GRP：1,419億円	総需要（＝総供給）：4,285億円 GRP：1,487億円	総需要（＝総供給）：5,050億円 GRP：1,896億円	総需要（＝総供給）：6,208億円 GRP：2,418億円
市内生産額上位5産業	3,071億円 建設，不動産，電子部品，商業，医療・保健・社会保障・介護	2,547億円 鉄鋼，建設，不動産，医療・保健・社会保障・介護，商業	2,777億円 水産食料品，不動産，医療・保健・社会保障・介護，商業	3,429億円 公務，不動産，電子部品，運輸，商業	4,334億円 電力・ガス・熱供給，建設，医療・保健・社会保障・介護，不動産，商業
特化係数上位5産業	漁業，林業，水産食料品業，電子部品，パルプ・紙・木製品	漁業，鉄鋼，水産食料品，林業，一般機械	水産食料品，漁業，公務，医療・保健・社会保障・介護，不動産	電子部品，公務，パルプ・紙・木製品，運輸，不動産	電力・ガス・熱供給，パルプ・紙・木製品，精密機械，農業，公務
域際収支上位5産業	電子部品，水産食料品，パルプ・紙・木製品，漁業，宿泊業	鉄鋼，一般機械，漁業，電子部品，水産食料品	水産食料品，医療・保健・社会保障・介護，輸送機械，水道・廃棄物処理，鉄鋼	電子部品，運輸，不動産，パルプ・紙・木製品，電気機械	電力・ガス・熱供給，パルプ・紙・木製品，農業，医療・保健・社会保障・介護，電子部品
自給率特徴的な産業	漁業（93.8％），水産食料品（84.6％），電子部品（64.1％）	漁業（95.5％），鉄鋼（95.5％），一般機械（68.2％）	水産食料品（90.7％），飲食料品（62.8％）	飲食料品（57.2％），電気機械（61.3％），電子部品（70.5％）	窯業・土石製品（50.4％），電子部品（62.9％）

注：GRPは域内総生産を示す。
出所：筆者作成。

連関構造からみた特徴のまとめ

　影響力係数と感応度係数をみることで産業連関構造の強さを把握することができる。「影響力も感応度も1より大きい産業」は，自産業が他産業に強い影響力を持ちかつ他産業からの影響も強く受ける産業である。こうした産業はその地域にとって成長のエンジンとなる。逆に，「影響力も感応度も1より小さい産業」は，地域経済の循環構造から独立している産業であり，お互いに影響を与えにくい産業であることがわかる。

　感応度係数の高い対事業所サービス，金融・保険，商業，運輸が生み出すサービスは，一般的な企業活動に不可欠なものであり，そのため多くの企業の景

気動向と密接にかかわっている。また，教育・研究に含まれる研究開発なども製造業の集積が高い地域（宮古市，多賀城市，南相馬市）では比較的高い感応度を示している。影響力係数と感応度係数がともに高い産業を抱える地域（釜石市における鉄鋼，多賀城市，南相馬市における電子部品）では，こうした産業が地域経済の牽引役を果たしている可能性が高く，こうした産業をいかにして育成していくかが，地域経済を考える上でポイントとなる。

「影響力も感応度も1より大きい産業」は，宮古市4産業，釜石市5産業，塩釜市9産業，多賀城市10産業，南相馬市5産業である。逆に「影響力も感応度も1より小さい産業」は宮古市14産業，釜石市19産業，塩釜市18産業，多賀城市16産業，南相馬市15産業である。多賀城市は「影響力も感応度も1より大きい産業」が多く，「影響力も感応度も1より小さい産業」が比較的少ないため，比較的地域内の産業間のつながりがある経済構造になっている。逆に，釜石市は「影響力も感応度も1より大きい産業」は少なく，「影響力も感応度も1より小さい産業」が非常に多いため現状では産業間の有機的な連携に乏しい可能性が残る。塩釜市は「影響力も感応度も1より大きい産業」と「影響力も感応度も1より小さい産業」がともに多く，産業間のつながりが高いグループとそうでないグループの二極分化が進んでいることがわかる。宮古市と南相馬市は「影響力も感応度も1より大きい産業」と「影響力も感応度も1より小さい産業」がともに少ない点が特徴となっている。今後，こうした産業をどうやって産業連関の輪の中に組み込んでいくかがポイントといえる（表1-3）。

　ここまで，推計した産業連関表を読み解くことで各地域経済の特徴を概観してきた。地域産業連関表を整備することで，地域経済の全体像を把握することが可能となり，地域の強み弱みについても印象論ではなく，数値に基づいて全産業を同じ基準で比較することが可能になる。また，本章では産業連関表をそのまま読み解くことで特徴を探ってきたが，第3章では産業連関表の数値を加工して指標化（外部からマネーを稼いでくる指標，稼いだマネーを域内で循環させる指標など）し，その基準から各産業の評価を行い，産業振興対象の選定を試みる。

第1章 地域経済の分析手法としての産業連関分析

表1-3 連関構造からみた特徴のまとめ

	宮古市	釜石市	塩釜市	多賀城市	南相馬市
影響力係数上位5産業	水産食料品,電子部品,化学製品,情報・通信機器,パルプ・紙・木製品	鉄鋼,金属製品,水産食料品,一般機械,鉱業	飲食店,宿泊業,鉄鋼,水道・廃棄物処理,金融・保険	電子部品,精密機械,電気機械,宿泊業,水道・廃棄物処理	情報・通信機器,電子部品,鉱業,精密機械,宿泊業
感応度係数	対事業所サービス,金融・保険,運輸,商業,教育・研究	対事業所サービス,鉄鋼,運輸,金融・保険,商業	金融・保険,対事業所サービス,運輸,商業,情報通信	対事業所サービス,運輸,金融・保険,教育・研究,電子部品	対事業所サービス,運輸,金融・保険,商業,電子部品
ともに1を超える産業数	4産業 化学製品,電子部品,運輸,情報通信	5産業 パルプ・紙・木製品,鉄鋼,建設,運輸,情報通信	9産業 飲食料品,鉄鋼,電力・ガス・熱供給,水道・廃棄物処理,商業,金融・保険,運輸,情報通信,対事業所サービス	10産業 パルプ・紙・木製品,電子部品,建設,電力・ガス・熱供給,水道・廃棄物処理,金融・保険,運輸,情報通信,公務	5産業 農業,電子部品,電力・ガス・熱供給,運輸,公務
市内歩留率代表的な産業	65.1% 林業,漁業,水産食料品,繊維製品	70.8% 林業,漁業,鉄鋼,金属製品,鉱業,水産食料品	64.6% 特になし	63.0% 電子部品	62.5% 林業,農業,漁業,飲食料品,窯業・土石製品,電子部品

出所:筆者作成。

　現在,地域経済の復興にむけて,さまざまな計画や政策が実施されている。これらが想定どおり効果を発揮し,一刻も早く事態を改善することを願うばかりではあるが,その際には総花的に事業を推し進めるのではなく,どのような地域経済の姿を作り出すのか,被災自治体における地域経済の中長期的なビジョンと戦略が必要となる。その際に本章で行ったような産業連関表による地域経済の特徴の把握やそれらを活用した指標化による政策評価は,地域経済の復興に非常に有用なデータを提供してくれることとなる。

補論　宮城県産業連関表の延長推計について

　われわれは5被災自治体の産業連関表を直接的に推計するのではなく、ベースとなる県レベルの産業連関表を推計し、按分指標を用いて地域分割する手法を採用した。宮城県産業連関表の最新年度は平成17年であり、われわれが推計する平成21年基準の表は推計されていないため何らかの手法で平成21年基準の宮城県産業連関表データを推計する必要がある。そのためわれわれは別途、延長推計を行い、平成21年宮城県産業連関表（延長表）を簡易推計している。

　簡易推計の方法を説明すると、第1に、平成17年宮城県産業連関表の産業別県内生産額の延長推計である。これは表1-4にまとめた延長指標（平成17年から平成21年の変化率）を別途推計し、これを対応する産業別県内生産額に乗じて推計している。第2に、各最終需要項目計の延長推計である。これも同じく、表1-5にまとめた延長指標を別途推計し、これに対応する各最終需要項目計を乗じて推計を行った。第3に、投入係数と粗付加価値係数、最終需要項目の産業別構成比の推計である。投入係数と粗付加価値係数については、平成17年全国産業連関表と経済産業省が公表している平成21年延長産業連関表（平成17年基準）のデータを用いて投入係数と粗付加価値係数の変化率を求めた。これに、平成17年宮城県産業連関表の投入係数と粗付加価値係数を乗じることで、産業構造の変化を織り込んだ平成21年の投入係数と粗付加価値係数を求めた。なお、変化率を乗じた段階では投入係数と粗付加価値係数の列和が1にならないので、列和が1になるよう調整を加えている。これに、先に求めた平成21年産業別県内生産額を乗じることで、中間投入額、粗付加価値額が求まる。同じように、最終需要項目の構成比についても調整を行い、平成21年の各最終需要項目計と乗じることで産業別の最終需要項目を求めた。なお、在庫純増に関してはこの方法によらず、平成21年延長産業連関表（平成17年基準）の産業別在庫純増率（在庫純増/国内生産額）を算出し、別途推計した平成21年ベースの産業別県内生産額を乗じることで、平成21年基準の在庫純増額を推計した。

移輸出，移輸入については，直接データとして必要ないため純移輸出のかたちで推計を終えている。

注
(1) AFLQ法の詳細については，Flegg and Tohmo（2010）を参照のこと。
(2) ここで用いられている代表的な4種類の立地係数は，SLQ法，CILQ法，RLQ法，FLQ法である。SLQについては特化係数として知られ，地域経済の産業の特化度を表す指標としてよく利用されている。詳細については Lehtonen and Tykkyläinen（2012）を参照のこと。
(3) Lehtonen and Tykkyläinen（2012）の方法を参考に，日本において同様のNon-survey法の有効性に関する評価を実施したが，結論を得るまでには至っていない。
(4) 以下の推計手法は，これまでにわれわれが小地域レベルでの産業連関表の推計を行った知見に基づいているが，移輸出入の推計に関しては柴田浩喜氏（中国地方総合研究センター）にご指導頂いた。詳細については，柴田（2005），柴田（2009），中小企業基盤整備機構（2008），（財）ちゅうごく産業創造センター（2007）を参照のこと。
(5) 詳細については章末の「補論　宮城県産業連関表の延長推計について」を参照のこと。
(6) C.T.は，コントロールトータルの略である。産業連関表作成においては，行と列の端にある域内生産額をもとに，投入内訳と産出内訳の整合性を調整するため，域内生産額をC.T.と呼ぶ。
(7) 「e-Stat　政府統計の総合窓口」サイト（http://www.e-stat.go.jp/）では，これらのデータが容易に入手できるばかりではなく，データの抽出，表象形式の設定等の編集が可能である。
(8) 詳しくは日本標準産業分類（平成19年11月改定）「中・小・細分類項目新旧対照概要」を参照のこと。
(9) なお，移輸出，移輸入が想定されていない建設，公務，事務用品については，域内生産額＝域内需要額となるようにバランス調整を行っている。
(10) ただし，南相馬市については水産食料品とその他の飲食料品の区別はせずに飲食料品としているため部門数が異なる。また，岩手県については平成21年岩手県産業連関表が公表されており，独自に延長推計せずに公表されている延長表を利用した。

表1-4 産業別県内生産額の延長推計

(単位：dを除いて100万円)

産業	県内生産額 2005 a	2005 b	2009 c	伸び率 d=c/b	県内生産額 2009 e=a*d	按分指標	出典
農業	242,016	94,846	77,345	81.5%	197,359	県内総生産	県民経済計算（名目）
林業	18,448	7,043	7,075	100.5%	18,531	県内総生産	県民経済計算（名目）
漁業	82,970	50,792	47,962	94.4%	78,347	県内総生産	県民経済計算（名目）
鉱業	12,937	3,847	1,257	32.7%	4,226	県内総生産	県民経済計算（名目）
飲食料品	868,304	73,942,058	75,838,025	102.6%	890,568	製造品出荷額等	工業統計
繊維製品	109,671	3,416,449	2,250,520	65.9%	72,244	製造品出荷額等	工業統計
パルプ・紙・木製品	339,487	28,317,783	26,751,628	94.5%	320,711	製造品出荷額等	工業統計
化学製品	85,858	7,865,182	8,690,081	110.5%	94,863	製造品出荷額等	工業統計
石油・石炭製品	482,875	39,319,357	4,768,827	12.1%	58,565	製造品出荷額等	工業統計
窯業・土石製品	92,972	9,275,724	7,718,743	83.2%	77,366	製造品出荷額等	工業統計
鉄鋼	244,308	18,248,316	16,794,548	92.0%	224,845	製造品出荷額等	工業統計
非鉄金属	102,087	7,461,414	8,204,269	110.0%	112,251	製造品出荷額等	工業統計
金属製品	172,302	17,734,312	15,462,874	87.2%	150,233	製造品出荷額等	工業統計
一般機械	47,352	85,912	75,877	88.3%	41,821	県内総生産	県民経済計算（名目）
電気機械	305,982	25,332,379	11,460,845	45.2%	138,432	製造品出荷額等	工業統計
情報・通信機器	187,356	13,547,983	14,705,408	108.5%	203,362	製造品出荷額等	工業統計
電子部品	404,603	43,661,495	33,448,801	76.6%	309,964	製造品出荷額等	工業統計
輸送機械	161,606	15,564,880	15,717,794	101.0%	163,194	製造品出荷額等	工業統計
精密機械	30,266	8,282	8,171	98.7%	29,860	県内総生産	県民経済計算（名目）
その他の製造工業製品	209,583	28,597,159	32,518,996	113.7%	238,325	製造品出荷額等	工業統計
建設	1,195,310	516,309	437,101	84.7%	1,011,936	県内総生産	県民経済計算（名目）
電力・ガス・熱供給	257,480	4,970	5,474	110.1%	283,591	従業者数	経済センサス、事業所・企業統計
水道・廃棄物処理	153,944	8,569	9,676	112.9%	173,827	従業者数	経済センサス、事業所・企業統計

第1章　地域経済の分析手法としての産業連関分析

産業	a	b	c	c/b		指標	出所
商業	1,825,717	1,258,556	1,073,912	85.3%	1,557,865	県内総生産	県民経済計算（名目）
金融・保険	711,595	404,413	318,454	78.7%	560,344	県内総生産	県民経済計算（名目）
不動産	1,308,528	1,192,448	1,275,536	107.0%	1,399,704	県内総生産	県民経済計算（名目）
運輸	875,055	61,047	65,427	107.2%	937,832	従業者数	経済センサス、事業所・企業統計
情報通信	606,484	28,089	32,704	116.4%	706,139	従業者数	経済センサス、事業所・企業統計
公務	823,958	634,038	647,152	102.1%	841,000	県内総生産	県民経済計算（名目）
教育・研究	668,546	62,343	63,531	101.9%	681,286	従業者数	経済センサス、事業所・企業統計
医療・保健・社会保障・介護	779,326	86,844	105,783	121.8%	949,278	従業者数	経済センサス、事業所・企業統計
その他の公共サービス	83,837	15,734	14,278	90.7%	76,077	従業者数	経済センサス、事業所・企業統計
対事業所サービス	1,109,100	95,051	105,810	111.3%	1,234,636	従業者数	経済センサス、事業所・企業統計
対個人サービス	847,896	128,812	141,956	110.2%	934,415	従業者数	経済センサス、事業所・企業統計
事務用品	24,729						中間需要計
分類不明	63,458						中間需要計
内生部門計	15,535,946				14,772,997		

注：b、cはそれぞれ2005年及び2009年における按分指標の当該産業の数値データである。
出所：筆者作成。

表1-5 各最終需要項目の延長推計

(単位：dを除いて100万円)

	県内最終需要 2005 a	2005 b	2009 c	伸び率 d=c/b	県内最終需要 2009 e=a*d	出典
家計外消費支出	269,291	5,177,079	5,163,514	99.7%	293,580	家計外消費支出の行和
民間最終消費支出	5,336,536	5,177,079	5,163,514	99.7%	5,322,553	県民経済計算（名目）
政府最終消費支出	1,707,335	1,805,694	1,781,602	98.7%	1,684,555	県民経済計算（名目）
総固定資本形成（公的）	430,778	416,409	398,364	95.7%	412,110	県民経済計算（名目）
総固定資本形成（民間）	1,213,764	1,227,680	996,805	81.2%	985,506	県民経済計算（名目）
在庫品増加	17,138	764	-30,523	-3993.5%	-684,408	県民経済計算（名目）
移輸出	5,150,991	5,058,337	4,276,848	84.6%	4,355,187	県民経済計算（名目）
移輸入	-5,648,228	-5,458,008	-4,888,546	89.6%	-5,058,919	県民経済計算（名目）
	8,477,605				7,310,165	

注：b、cは出典における当該需要項目の2005年、2009年の数値データである。
出所：筆者作成。

⑾　本書では紙幅の都合で地域別産業連関表を掲載することができなかったが，必要とされる方は，中澤純治（nakazawa@kochi-u.ac.jp）まで。

⑿　各地域の市内生産額・特化係数・域際収支・自給率（いずれも産業別）をまとめて巻末資料の表資-1から表資-5に掲載しているので参照されたい。また各地域の産業別影響力係数及び感応度係数は同資料の表資-6，表資-7を参照のこと。

⒀　経済が安定的に成長しているときには，地域にとって正の影響が生じるが，いったん成長が減退してしまうとその影響力は諸刃の刃となりうる。最も典型的な事例が，企業城下町型集積と考えてよいだろう。こうした集積が2000年以降の10年の間にいとも簡単に崩壊したことは記憶に新しい。産業集積の質の問題については，別稿に譲るとしてここではひとまず政策的な誘導目標として設定する。

第**2**章

将来推計人口と持続可能な定常的人口

1 コーホート変化率法による将来人口の推計方法

(1) 将来推計人口の主な仮定と推計式の事例

　ここでは2010年を基準年次として，コーホート変化率法によって，5地域の将来人口の推計を行う。将来推計人口にコーホート変化率法を採用する場合，男女別年齢階級別コーホート変化率，婦人子ども比，出生性比について，具体的な数値を与える必要がある。

　年齢階級別コーホート変化率は，あるコーホート（同じ期間に生まれた人々の集団）の5年間における人口増減率を示し，ここでは，2005年と2010年の国勢調査による男女別年齢階級別人口をもとに求める。例えば，2010年の25～29歳男性人口を2005年の20～24歳の男性人口で割れば，2010年における25～29歳男性人口のコーホート変化率を求めることができる。

　0～4歳の出生数を規定していく婦人子ども比については，2005年と2010年それぞれについて，0～4歳の子ども数を15～49歳の女性数で除し，2つの年次の平均値を求めて採用した。出生児の男女比（女児100に対する男児の比率）を示す出生性比についても，2005年と2010年のそれぞれの0～4歳の男女比を求め，その平均値を採用した。

　将来人口の推計は，まず基準年次のコーホート変化率をもとに，0～4歳年齢階級別以外について行われ，次に0～4歳出生数が推計される。

　2010年を基準年次として，2015年の人口を推計する場合を考える。1つの事

例として，2015年の25〜29歳男性人口の推計は，2010年時点の20〜24歳男性人口に25〜29歳男性人口のコーホート変化率を乗じることによって求まる。この作業をすべての男女別年齢階級別について行えば，0〜4歳年齢階級別以外の将来人口の推計が完了する。

2015年における0〜4歳出生数は，2015年時点の15〜49歳女性数がすでに求まっているので，これに婦人子ども比を乗じて求める。さらに，出生性比で男子と女子の生まれる割合がわかるので，それぞれに0〜4歳出生数を乗じて，2015年の0〜4歳男子出生数及び0〜4歳女子出生数が求まる。このようにして，2015年時点の将来推計人口が求まり，以上の作業を2020年以降についても行えば，長期的な将来推計人口が求まる。

（2） 基準年次の人口設定について

将来推計人口を行う場合，基準年次人口を与える必要があるが，東日本大震災により多数の人が死亡し，また多くの人が原発事故により故郷を離れざるをえない事態が発生したので，基準年次人口の修正を勘案する。

宮古市及び釜石市については，東日本大震災による死亡者数を勘案し，国勢調査における2010年の男女別年齢階級別人口から，東日本大震災により死亡が確定した人数を，死亡者が2010年に属していた男女別年齢階級別人口から差し引き，それをもって調整後の基準年次である2010年の人口とした。塩釜市及び多賀城市については，死亡者数が相対的に少なかったこともあり，基準年次人口の調整は行わない(1)。

南相馬市は，他の4自治体と違って，震災による死亡者数と原発災害により故郷を離れた人たちの両方の人口減少を勘案する必要があるので，2013年9月30日時点の住民基本台帳における男女別年齢階級別人口を，2010年時に属していたコーホートに変換して，基準年次の人口とした。故郷を離れた避難者のうち，住民票を南相馬市から他地域に移した人たちは，住民基本台帳では転出として処理されるが，住民票を南相馬市におきながら，他地域に避難している人たちは依然として多数にのぼり，これらの避難者は，住民基本台帳に当然なが

ら登録されている。

　したがって，2013年段階の住民基本台帳をもとに，基準年次の人口を設定するということは，住民票を南相馬市におき，他地域に避難している人たちが将来全員帰還するということを前提にしている。しかし，現状では全員帰還には困難が伴い，帰還の程度が将来推計人口に及ぼす影響を分析することは，南相馬市の独自の課題として位置付ける必要がある。(2)

2　被災自治体の将来推計人口

　被災自治体ごとの将来推計人口の試算結果は，表2-1で示される。

　宮古市の2010年における人口は，59,385人であったが，震災による死亡者数を修正した将来推計人口は，2030年には39,334人となり，2010年人口比で約35％減，2050年には22,365人で，2010年人口比で60％以上減少する。このまま推移すると，2100年には4,379人となり，宮古市は地方都市としては消滅する可能性がある。

　釜石市も同様の推移をたどる。釜石市の2010年の人口は39,574人であったが，死亡者数を修正した将来推計人口は，2030年には24,116人となり，2010年人口比では約40％減，2050年に13,096人，2010年人口比で約67％減少，2100年には2,413人まで減少する。釜石市もまた2100年には自立した地方都市として存続することの困難に直面する。

　塩釜市の場合，2010年人口は56,406人であったが，2030年の将来推計人口は40,638人（2010年人口比で約28％減），2050年には24,589人（2010年人口比で約56％減），2100年には5,207人まで減少し，地方都市として消滅の危機に直面する。

　多賀城市は，2010年人口が63,060人であり，これが2030年には57,364人となり，2010年人口比で約9％減にとどまり，2050年には46,254人（2010年人口比で約20％減少），2100年には22,941人になる。多賀城市は，宮古市・釜石市・塩釜市と違って，2030年までは人口減少は比較的穏やかに推移し，2030年以降減

表2-1 被災自治体の将来推計人口

(単位：人)

	2010年	2015年	2020年	2030年	2050年	2100年
宮古市	59,385	54,392	49,438	39,334	22,365	4,379
釜石市	39,574	35,183	31,408	24,116	13,096	2,413
塩釜市	56,406	53,042	49,182	40,638	24,589	5,207
多賀城市	63,060	62,304	61,248	57,364	46,254	22,941
南相馬市（全帰還）	70,396	61,744	58,815	51,271	34,558	11,226

注：基準年次である2010年の人口は、震災による死亡者・避難者数を修正する以前の国勢調査のデータである。
出所：筆者推計。

少率は大きくなるが、2100年段階でも22,941人の人口規模を維持できるので、地方都市として存在し続けると思われる。

　南相馬市の場合、2010年の人口は70,396人であったが、2013年の住民基本台帳に基づく人口規模を基準に考えると、住民票を南相馬市におきながら、避難している人々が、2015年までにすべて帰還すると仮定した場合、2015年には61,744人となる。その後、2020年に58,815人、2030年に51,271人（2010年人口比で約27％減）となる。2050年が34,558人（2010年人口比で約51％減）、2100年には11,226人となる。大幅な人口減少は不可避であるが、2015年に全員帰還を実現した場合、多賀城市と同様、地方都市として存続する可能性はある。

　宮古市・釜石市・塩釜市の将来推計人口は、2050年には、2010年比で50％〜70％減少し、その後も人口減少が続き、2050年以降は地方都市の崩壊過程が顕著になると予想される。他方、多賀城市と南相馬市は、2100年時点でも万単位の人口規模を維持すると思われる。

3　急速な将来推計人口減少の要因

(1)　2000年代の被災自治体の出生数低下の実態分析

　本推計における婦人子ども比は、2005年と2010年の実績値データをもとに設定している（表2-2参照）。各被災自治体の婦人子ども比は、宮古市0.214、釜

表2-2 被災自治体の婦人子ども比等の設定

	宮古市	釜石市	塩釜市	多賀城市	南相馬市
婦人子ども比	0.214	0.215	0.167	0.231	0.243
合計特殊出生率	1.500	1.508	1.172	1.620	1.699
出生性比　男	0.512	0.512	0.506	0.514	0.510
出生性比　女	0.488	0.488	0.494	0.486	0.490

出所：国勢調査データ（2005年，2010年）をもとに筆者計算。

石市0.215，塩釜市0.167，多賀城市0.231，南相馬市0.243である。婦人子ども比を合計特殊出生率に換算すると，宮古市1.5，釜石市1.51，塩釜市1.17，多賀城市1.62，南相馬市1.7である[3]。

合計特殊出生率でみると，塩釜市は全国平均値より低いが，その他の地域は比較的高い値をとっており，特に南相馬市は1.7にせまる数値である。しかし，いずれの地域も人口置換水準である2.08には及ばない。

このように婦人子ども比の実績値にみる出生率の相対的低さが出生数の減少傾向をもたらす1つの大きな要因である。同時に，

出生数（0～4歳）＝出生率（婦人子ども比）×（15～49歳女性人口）

であるから，出生数（0～4歳）には，出生率（婦人子ども比）だけでなく，その地域に居住する15～49歳の女性数も大きく影響する。

ところで，震災前の2000年から2010年にかけて，すべての被災自治体で出生数（0歳児）が減少している。出生数（0歳児）が減少した要因はどこにあるのであろうか。以下では，出生数（0歳児）減少の要因について，コーホート変化率法とは別の角度から実証分析を行い，被災自治体別に，出生数減少の要因について詳述する。なお，以下での出生数は0歳児のみの出生数である。

出生率を定式化すると次のように変形することができる。

出生率＝出生数/15～49歳女性人口
＝（出生数/15～49歳の女子有配偶者）/（15～49歳の女子有配偶者/15～49歳女性人口）

ここで，

女子有配偶出生率＝出生数/15～49歳の女子有配偶者

女子有配偶率＝15〜49歳の女子有配偶者/15〜49歳女性人口
であるから，結局，
出生率＝女子有配偶出生率×女子有配偶率
となる。したがって，
出生数＝出生率×(15〜49歳女性人口)
　　　＝女子有配偶出生率×女子有配偶率/1000×(15〜49歳女性人口)

　地域における出生数は，女性人口（15〜49歳）に占める既婚女性の割合を示す「女子有配偶率」と15〜49歳の既婚女子の1,000人あたり出生数を示す「女子有配偶出生率」及び「15〜49歳女性人口」によって決まることになる。女子有配偶率は，結婚行動の変化によって，女子有配偶出生率は，夫婦の出生行動の変化によって，それぞれ変わってくる。

　コーホート変化率法におけるパラメータのうち，「婦人子ども比」は，「女子有配偶出生率」に，「コーホート変化率」は，長期的に「15〜49歳女性人口」にそれぞれ影響を与える。ただし，「女子有配偶率」はコーホート変化率法では捨象しているという限界がある。

　表2-3は，被災自治体の2000年と2010年の出生数の変化を示したものである。これによると，宮古市27.9％減，釜石市39.2％減，塩釜市28.4％減，多賀城市10.4％減，南相馬市19.1％の減で，すべての被災自治体で減少している。ただし，多賀城市の出生数の減少率は相対的に低く，釜石市は相対的に高いなど，自治体によって相違がみられる。

　宮古市の27.9％減少は，同期間に，15〜49歳の女性人口が25.8％減少したことが大きな要因になっている。また，女子の結婚行動の変化（晩婚化・未婚化）で女子有配偶率が10.3％減少していることも要因であるが，他方，女子有配偶出生率はむしろ上昇しており，子どもを産みたいという夫婦の意欲は衰えていない。

　釜石市における出生数の減少率は，宮古市と比較して著しいが，これは，15〜49歳女子人口の減少率が28.4％と宮古市より大きいこと，女子有配偶出生率がプラスではなく，5.9％のマイナスになっていることに起因する。

第2章　将来推計人口と持続可能な定常的人口

表2-3　被災自治体別の出生数決定要因に関する直近の数値データ

		出生数（人）	15～49歳女性人口（人）	女子有配偶率（小数点）	女子有配偶出生率（人）
宮古市	2000年	544	13,194	0.58	71.52
	2010年	392	9,789	0.52	77.47
	変化率（％）	-27.9	-25.8	-10.3	8.3
釜石市	2000年	388	8,390	0.58	79.31
	2010年	236	6,006	0.53	74.64
	変化率（％）	-39.2	-28.4	-9.7	-5.9
塩釜市	2000年	455	13,602	0.52	63.96
	2010年	326	10,734	0.45	66.95
	変化率（％）	-28.4	-21.1	-13.3	4.7
多賀城市	2000年	720	14,915	0.57	85.03
	2010年	645	13,829	0.53	87.45
	変化率（％）	-10.4	-7.3	-6.1	2.8
南相馬市	2000年	690	15,813	0.60	72.29
	2010年	558	12,462	0.56	80.09
	変化率（％）	-19.1	-21.2	-7.4	10.8

注：女子有配偶出生率は15～49歳既婚女子人口1,000人あたりの人数。
出所：「国勢調査（2000年，2010年）」データをもとに筆者作成。

　塩釜市の出生数は，28.4％減少しているが，これは，15～49歳の女性人口が21.1％減少したことが大きな要因であり，女子有配偶出生率は4.7％の増加で宮古市の状況に類似している。

　多賀城市は，出生数の減少率が10.4％にとどまっており，他地域とは違いがみられる。15～49歳の女性人口の減少率が7.3％，女子有配偶率の減少率が6.1％にとどまっている。多賀城市も女子有配偶出生率は増加しており，夫婦の出生意欲の後退はみられない。

　南相馬市の出生数の減少率は19.1％で，5地域では中間的である。南相馬市の場合，15～49歳の女性人口の減少率が21.2％と高いが，女子有配偶出生率は10.8％も上昇しており，子どもを産みたいという夫婦の意欲は5地域の中でも最も高まっているという状況である。

被災自治体の2000～2010年の出生数の減少は，女子有配偶率の低下も1つの要因であることは全国の傾向と同様であるが，多賀城市を除いて，15～49歳女性人口の大幅流出が大きく影響していることを確認できる。15～49歳女性人口の流出をいかに抑止するかが，少子化対策として最も重要な政策課題の1つである。他方，夫婦の子どもを生みたいという出生意欲には衰えがあまりみられないことは，1つの希望である。しかし，出生率自身は低位のままであり，急速な人口減少が生じる原因は，出生率にあることはいうまでもない。将来の出生数を増やすためには，コーホート変化率法でいうと，「出生率（婦人子ども比）の上昇」と「15～49歳女性人口の増加」に着目することが特に重要である。

（2）　若い世代のコーホート変化率の実態分析

　若い世代のコーホート変化率は，将来の15～49歳女性数に直接影響を与えるとともに出生数を変化させる。以下では若い世代に注目して，15～19歳年齢階級，20～24歳年齢階級，25～29歳年齢階級のコーホート変化率の実態分析を行う。

若い世代のコーホート変化率と学歴モデル

　図2-1は，若い世代の年齢階級と標準的な学歴の関係を示したものである。各年齢階級の学歴をみると，10～14歳の年齢階級は，小学4・5・6年生と中学1・2・3年生であり，15～19歳は，中学3年生，高校1・2・3年生，大学1・2回生及び高卒社会人である。20～24歳は，大学2・3・4回生，大卒社会人及び高卒社会人であり，25～29歳はすべて社会人である。

　15～19歳のコーホート変化率は，10～14歳が15～19歳に達したときの人口の増減率である。10～14歳のうち，中学2・3年生が15～19歳に達したときは，大学在学中もしくは高卒社会人である。したがって，中学2・3年生の生徒たちが，高校卒業後，大学進学か就職かという進路を決定し，進路先として地元に残るか離れるかを選択した結果が15～19歳のコーホート変化率に反映される。

　20～24歳のコーホート変化率は，15～19歳が，20～24歳に達したときの人口

第2章　将来推計人口と持続可能な定常的人口

10～14歳		15～19歳		20～24歳		25～29歳
小学4年生	⇒	中学3年生	⇒	大学2回生	⇒	大卒社会人
				高卒社会人	⇒	高卒社会人
小学5年生	⇒	高校1年生	⇒	大学3回生	⇒	大卒社会人
				高卒社会人	⇒	高卒社会人
小学6年生	⇒	高校2年生	⇒	大学4回生	⇒	大卒社会人
				高卒社会人	⇒	高卒社会人
中学1年生	⇒	高校3年生	⇒	大卒社会人	⇒	大卒社会人
				高卒社会人	⇒	高卒社会人
中学2年生	⇒	大学1回生	⇒	大卒社会人	⇒	大卒社会人
		高卒社会人	⇒	高卒社会人	⇒	高卒社会人
中学3年生	⇒	大学2回生	⇒	大卒社会人	⇒	大卒社会人
		高卒社会人	⇒	高卒社会人	⇒	高卒社会人

図2-1　年齢階級別コーホートの学歴モデル

出所：筆者作成。

の増減率である。15～19歳のうち，中学3年生及び高校1・2・3年生が20～24歳に達したときは，大学在学中か大卒社会人もしくは高卒社会人である。彼らが高校卒業後，大学進学か就職かという進路決定とそれに伴う地元に残るか離れるかという選択が，20～24歳のコーホート変化率に大きな影響を与えることになる。[4]

　20～24歳のうち，大学2・3・4回生が25～29歳に達したときは，大卒社会人である。彼らが大学卒業後地元に戻るかどうかという選択は，25～29歳のコーホート変化率に影響を与えることになる。

　もし，15～19歳のコーホート変化率が1より小さくなるなら，それは，中学2・3年生が，高校卒業後，就職か大学進学で地元を離れる場合などを反映している。20～24歳のコーホート変化率が1より小さい場合は，中学3年生及び高校1・2・3年の生徒が，高校卒業後，就職か大学進学で地元を離れるという現象などを反映する。また，25～29歳のコーホート変化率が1より大きくなれば，それは，地域外の大学に在籍していた大学2・3・4回生が，大学卒業後地元にＵ・Ｉターンするときなどにみられる。

宮古市・釜石市における若い世代のコーホート変化率の特徴

　表2-4は，被災自治体別に，男女別のコーホート変化率を示したものである。宮古市・釜石市は，15～19歳の男性コーホート変化率が，それぞれ0.8，0.75で，その他の地域より低い値をとっている。このことは，宮古市では，主に中学2・3年生を中心とする10～14歳の20％前後が，15～19歳に達し高校を卒業した後地元を離れ，釜石市ではそれが約25％であったということになる。

　20～24歳の男性コーホート変化率は，宮古市0.57，釜石市0.59であり，きわめて低い値をとっている。15～19歳男性コーホートに属していた人が，20～24歳男性コーホートに達したときには，両市で40％以上減少することを意味する。このことは15～19歳のうち，中学3年生，高校1・2・3年生であった生徒を中心に40％以上が高校卒業後地元を離れるとみなすことができる。

　25～29歳のコーホート変化率をみると，宮古市1.15，釜石市1.23であるから，地域外の大学に在籍していた大学2・3・4回生が，大学卒業後，地元へのU・Iターンする現象がみられることがわかる。両市とも，20～24歳で特に大学2・3・4回生の一定層が，卒業後地元の主要事業所（市役所や金融機関など）に就職するためU・Iターンする結果であると思われる。

　30～34歳及び35～39歳のコーホート変化率も1を超えており，それ以降の年齢階級でも0.9以上の値であり，30～34歳年齢階級以降の地元定着率は相対的に落ち着きを示す。

　両市における女性の年齢階級別コーホート変化率もおおむね男性と同様の動きがみられる。15～19歳の女性のコーホート変化率は，宮古市0.82，釜石市0.76，20～24歳の女性のコーホート変化率は宮古市0.63，釜石市0.67となっている。その後，25～29歳のコーホート変化率は宮古市1.02，釜石市1.07で，男性にみられたU・Iターン現象は，あまりみられない。これは一度地元を離れると，結婚などによって他地域で生活を定着させていることを反映していると思われる。

第2章 将来推計人口と持続可能な定常的人口

表2-4 被災自治体別の男女別年齢別コーホート変化率

(単位：小数点)

男	宮古市	釜石市	塩釜市	多賀城市	南相馬市
5〜9歳	0.96	0.92	1.04	0.92	1.01
10〜14歳	0.95	0.93	1.00	0.96	0.98
15〜19歳	0.80	0.75	0.99	1.18	0.87
20〜24歳	0.57	0.59	0.76	0.99	0.68
25〜29歳	1.15	1.23	0.86	0.90	1.17
30〜34歳	1.00	1.01	0.92	0.98	1.01
35〜39歳	1.01	1.01	0.97	0.93	1.02
40〜44歳	0.98	0.96	0.97	0.95	0.99
45〜49歳	0.96	0.95	0.98	0.97	0.98
50〜54歳	0.96	0.98	0.98	0.95	0.99
55〜59歳	0.96	0.93	0.99	0.96	0.99
60〜64歳	0.96	0.93	0.98	0.95	0.99
65〜69歳	0.93	0.94	0.95	0.96	0.94
70〜74歳	0.90	0.88	0.89	0.90	0.92
75〜79歳	0.84	0.81	0.83	0.84	0.85
80〜84歳	0.73	0.72	0.76	0.76	0.77
85〜89歳	0.58	0.56	0.59	0.61	0.63
90〜94歳	0.40	0.43	0.41	0.42	0.39
95〜99歳	0.31	0.28	0.21	0.15	0.26
100歳以上	0.12	0.11	0.00	0.00	0.11

女	宮古市	釜石市	塩釜市	多賀城市	南相馬市
5〜9歳	0.97	0.96	1.00	0.90	0.98
10〜14歳	0.97	0.93	1.02	0.96	0.97
15〜19歳	0.82	0.76	0.95	0.99	0.86
20〜24歳	0.63	0.67	0.86	0.93	0.68
25〜29歳	1.02	1.07	0.76	1.09	1.04
30〜34歳	0.99	0.94	0.86	1.00	1.01
35〜39歳	0.94	0.95	0.98	0.93	1.00
40〜44歳	0.96	0.94	0.99	0.98	0.98
45〜49歳	0.97	0.96	0.98	0.96	0.98
50〜54歳	0.97	0.96	0.98	0.99	0.99
55〜59歳	0.98	0.97	0.97	1.00	0.99
60〜64歳	0.97	0.96	0.98	0.98	0.99
65〜69歳	0.96	0.97	0.96	0.98	0.97
70〜74歳	0.96	0.93	0.94	0.95	0.96
75〜79歳	0.91	0.91	0.91	0.94	0.94
80〜84歳	0.86	0.84	0.87	0.91	0.88
85〜89歳	0.74	0.70	0.75	0.80	0.76
90〜94歳	0.55	0.53	0.60	0.60	0.58
95〜99歳	0.38	0.32	0.36	0.42	0.35
100歳以上	0.25	0.18	0.19	0.13	0.18

出所：国勢調査データに基づき筆者作成。

塩釜市・多賀城市における若い世代のコーホート変化率の特徴

　塩釜市における男性の15～19歳のコーホート変化率は0.99で，宮古市や釜石市と違って，15～19歳のコーホート変化率の急減はみられない。20～24歳の男性のコーホート変化率は0.76ある。宮古市・釜石市・南相馬市より高い値ではあるが，15～19歳が20～24歳の時期に他地域に純流出していくという現象がみられる。

　ところが，宮古市や釜石市では25～29歳のコーホート変化率は1以上であり，25～29歳の年齢階級別に達すると地元へのＵ・Ｉターン現象がみられるが，塩釜市の場合，0.86と低い値にとどまる。また，30～34歳の男性コーホート変化率も0.92で，30～34歳でも他地域への純流出が止まらない傾向がみられる。塩釜市の男性の場合，20～24歳，25～29歳，30～34歳の年齢階級に達するとき，域外への純流出傾向がみられるのが特徴である。

　塩釜市の女性について，15～19歳及び20～24歳のコーホート変化率は，それぞれ0.95，0.86で，男性と同様な傾向を示している。25～29歳及び30～34歳のコーホート変化率は，それぞれ0.76，0.86で男性より低い値を示している。結婚などを機に，他地域へ生活の場を移す人が多いことを示している。

　多賀城市の15～19歳の男性のコーホート変化率は1.18で，他地域と違って，1を超えている。多賀城市の場合，東北学院大学があり，他地域から学生が純流入するためである。20～24歳の男性のコーホート変化率は0.99であるから，15～19歳の年齢階級別が20～24歳の時期になったときの純流出はほとんどないことがわかる。

　ところが，塩釜市と同様，25～29歳のコーホート変化率は0.9であり，20～24歳の人が，25～29歳に達するとき，1割の人が，他地域に純流出することになる。35～39歳年齢階級別のコーホート変化率も0.93と他地域に比して低い値をとっている。

　多賀城市の女性の場合，若い世代から高齢者世代まで，コーホート変化率の値が高く，女性の地元への定着率は非常に高いことがわかる。

南相馬市における若い世代のコーホート変化率の特徴

　南相馬市の場合，20〜24歳男性のコーホート変化率が小さく，宮古市や釜石市と同様，中学3年生及び高校1・2・3年生に，高校卒業後，大学進学や就職のため地元を離れる人が多いことを示している。宮古市や釜石市と違うのは，15〜19歳のコーホート変化率が0.87で相対的に高い点である。中学2・3年生であった人のうち，高校を卒業後，地域外の大学進学者は一定数あるが，地域外で就職する人は，宮古市や釜石市に比べると少なく，当面地元で就職する人が多いことを示していると思われる。25〜29歳では，コーホート変化率が1.17であるから，一定数の大卒者が地元に戻ってくることがわかる。女性の動きは男性とほぼ同じである。

（3）　持続可能な定常的人口を実現するための被災自治体別の課題

　将来推計人口の減少に歯止めをかけ，持続可能な定常的人口を実現するためには，「出生率（婦人子ども比）の上昇」と「15〜49歳女性数の増加」による出生数の増加は，5つの被災自治体の共通する課題である。

　若い世代のコーホート変化率については，宮古市・釜石市では，男女とも15〜19歳及び20〜24歳年齢階級別のコーホート変化率の極端な低さにどう対応するかが課題である。塩釜市の場合，男女とも，20〜24歳，25〜29歳，30〜34歳の年齢階級に達したときの域外へ純流出する傾向への対応が課題である。

　多賀城市の場合は，25〜29歳及び35〜39歳の男性コーホート変化率が相対的に低い状況への対応が必要である。南相馬市の場合，男女とも特に20〜24歳年齢階級のコーホート変化率の低さに対応する必要がある。

4　持続可能人口を実現するための条件

　被災自治体では当面人口減少が起こることは不可避である。しかし，人口減少に何とか歯止めをかけ，長期的にみると人口が一定の値に収束するような定常的人口を実現することは，地域社会の存亡をかけた最大の政策課題である。

以下では，どのような条件のもとで，定常的人口が実現できるかを考察する。

(1) 定常的人口の見通しにかかるパラメータの設定値

　将来推計人口は，婦人子ども比及び年齢階級別コーホート変化率という2つのパラメータの値の取り方によって相当違ってくる。本章では，長期的（2200年）に一定数に収束する定常的人口を実現する2つのパラメータ値の組み合わせを設定する。2つのパラメータ値の組み合わせは無数にあるが，コーホート変化率の1を大きく上回る設定による純流入人口の過度の見積り，婦人子ども比（合計特殊出生率）を現実的でない高い数値に設定することなどは好ましくない。

　本章ではまず，多くの地域に共通にみられる若い世代のコーホート変化率の低さを政策的誘導によって，1近傍まで高めることを優先する。その上で，定常的人口を達成するように現実的に妥当な範囲で婦人子ども比を徐々に上昇させることを基本方針とする。

　基本方針に基づき，パラメータ値の多数の組み合わせについて試行錯誤的にシミュレーションを行い，5地域の2つのパラメータ値を最終的に表2-5及び表2-6のように設定した。

(2) 婦人子ども比の設定値について

　婦人子ども比については，宮古市・釜石市は，2015年から2055年まで，5年ごとに，0.015増加，塩釜市は，婦人子ども比の増分を宮古市・釜石市と同様5年ごとに0.015増加させるが，その時期が2015年から2065年まで続くと想定している。その理由は，塩釜市の婦人子ども比が，他地域に比して低く，婦人子ども比の増加に相当の時間を要するためである。逆に多賀城市は婦人子ども比が相対的に高いので，宮古市・釜石市・塩釜市同様5年ごとに0.015増加するが，その時期は2015～2050年としている。南相馬市は，他地域に比して婦人子ども比が高いため，2015年から2055年まで5年ごとに0.01増加すると想定する（表2-5参照）。

第2章　将来推計人口と持続可能な定常的人口

表2-5　婦人子ども比の設定値

宮古市	2015年	2020年	2025年	2030年	2035年	2040年	2045年	2050年	2055年		
婦人子ども比	0.214	0.229	0.244	0.259	0.274	0.289	0.304	0.319	0.334		
合計特殊出生率	1.500	1.605	1.710	1.815	1.920	2.025	2.130	2.235	2.340		

釜石市	2015年	2020年	2025年	2030年	2035年	2040年	2045年	2050年	2055年		
婦人子ども比	0.215	0.230	0.245	0.260	0.275	0.290	0.305	0.320	0.335		
合計特殊出生率	1.508	1.613	1.718	1.823	1.928	2.033	2.138	2.243	2.348		

塩釜市	2015年	2020年	2025年	2030年	2035年	2040年	2045年	2050年	2055年	2060年	2065年
婦人子ども比	0.167	0.182	0.197	0.212	0.227	0.242	0.257	0.272	0.287	0.302	0.317
合計特殊出生率	1.172	1.277	1.382	1.487	1.592	1.697	1.802	1.907	2.012	2.117	2.222

多賀城市	2015年	2020年	2025年	2030年	2035年	2040年	2045年	2050年
婦人子ども比	0.231	0.246	0.261	0.276	0.291	0.306	0.321	0.336
合計特殊出生率	1.620	1.725	1.830	1.935	2.040	2.145	2.250	2.355

南相馬市	2015年	2020年	2025年	2030年	2035年	2040年	2045年	2050年	2055年
婦人子ども比	0.243	0.253	0.263	0.273	0.283	0.293	0.303	0.313	0.323
合計特殊出生率	1.699	1.769	1.839	1.909	1.979	2.049	2.119	2.189	2.259

注：2015年から5年ごとの婦人子ども比の増加分は，0.015（南相馬市以外），0.01（南相馬市）である。
出所：筆者作成。

　このとき，婦人子ども比を合計特殊出生率に換算すると，長期的には，2.34（宮古市），2.35（釜石市），2.22（塩釜市），2.36（多賀城市），2.26（南相馬市）まで増加することになる。人口置換水準の2.08に比べるとやや高くなっているが，定常的人口を実現するためのぎりぎりの数値であり，政策的テコ入れによって環境整備を行えば決して非現実的な数値ではなく，時間をかけて着実に実現していくことが望まれる。

（3）　若い世代のコーホート変化率の設定値について

　年齢階級別コーホート変化率のうち，15〜19歳のコーホート変化率の増分はわずかである。2015年から2030年まで5年ごとに，宮古市と釜石市のみそれぞ

表2-6 若い世代の年齢階級別コーホート変化率の増分

	宮古市	釜石市	塩釜市	多賀城市	南相馬市
15～19歳	0.01	0.03	0	0	0
20～24歳	0.2	0.2	0.075	0	0.15
25～29歳	0.03	0.02	0.05	0.03	0.025

注：2015年から2030年まで5年ごとの増分。

れ0.01，0.03増加し，他の3地域の増分はゼロである。15～19歳のコーホート変化率の増分は，宮古市と釜石市では，中学2・3年生のうち，高校卒業後地元に就職する人が増加すると想定することになる。

20～24歳年齢階級別のコーホート変化率の増分は，2015年から2030年まで5年ごとに，宮古市と釜石市は0.2，南相馬市は，0.15と大きく増加する一方，塩釜市は0.075の増加にとどめ，多賀城市は据え置きと想定している。この場合，すべての被災自治体における20～24歳年齢階級別のコーホート変化率は，2030年までにほぼ1になる（以上，表2-6参照）。

20～24歳年齢階級別のコーホート変化率が上昇するのは，15～19歳年齢階級の中学3年生及び高校1・2・3年生で，高卒後地元を離れずに地元に残って就職する人が増加する場合，地域外の大学に在籍する大学1・2回生で，大学卒業後地元に戻って就職する人が増加するときなどである。他方，同年齢階級別のコーホート変化率が減少するのは，15～19歳年齢階級別の中学3年生及び高校1・2・3年生が高校卒業後，地域外で就職するか地域外の大学に進学する場合である。

したがって，同年齢階級別コーホート変化率が1に近づくという状況は，これまでであれば，高校卒業後地域外で就職希望をしていた中学3年生及び高校1・2・3年生のほぼ全員が，地元就職に志望を切り替え，かつ中学3年生及び高校1・2・3年生で大学進学のため地元を離れる人数と，地域外の大学に在籍していた学生で大学卒業後地元に戻る人数がほぼ同じになるような場合である。若い世代の地元雇用拡大政策が功を奏して，このような状況が可能と想定することになる。

第2章　将来推計人口と持続可能な定常的人口

　25～29歳については，塩釜市のコーホート変化率が一番低いので，塩釜市は，0.05増加，宮古市と多賀城市が0.03増加，南相馬市が0.025増加，釜石市が0.02増加としている。この年齢階級のコーホート変化率が減少するのは，多賀城市のように当該地域にある大学の2・3・4回生が卒業後，当該地域外で就職するため転出する場合，20～24歳の若い社会人で，これまで当該地域の支社などの事業所で一定の勤務経験をしたものが，経験を積み，25～29歳に達すると本社機能がある事業所など地域外に転勤する場合などが考えられる。

　したがって，25～29歳年齢階級別のコーホート変化率を上昇させるためには，地元密着の事業所を増やしてそこに就職する若い世代を定着させ，転勤族を少なくするという政策が重要になる。

　以下では，本章で議論した地域別の婦人子ども比及び若い世代のコーホート変化率の具体的設定値に基づいて，将来人口の推計を行う。

5　5地域の定常的な将来推計人口

　将来人口を推計するにあたり，このまま推移する「趨勢」の場合を「ケース1」，若い世代のコーホート変化率のみを変化させた場合を「ケース2」，婦人子ども比のみを変化させた場合を「ケース3」，若い世代のコーホート変化率と婦人子ども比を同時に変化させた場合を「ケース4」として，5地域の将来推計人口を計算し，定常的人口への到達可能性を考察する。[5]

（1）宮古市・釜石市の場合

　「ケース2」による将来推計人口をみると，2030年において宮古市は，41,579人と「ケース1」より2,200人以上増加，釜石市は25,535人で，「ケース1」より約1,400人増加する。「コーホート変化率上昇」と「趨勢」を比較したときの人口の差は，時間とともには拡大し，例えば2050年には宮古市6,000人以上，釜石市では約4,000人の差が生まれている。このように，若い世代のコーホート変化率をあげることは人口減少に一定の歯止めをかける意味では意義

表2-7 宮古市・釜石市の将来推計人口のシミュレーション事例

(単位：人)

宮古市	2015年	2020年	2030年	2040年	2050年	2100年	2110年	2120年	2150年	2200年
ケース1	54,392	49,438	39,334	30,004	22,365	4,379	3,152	2,273	854	167
ケース2	54,392	49,809	41,579	34,426	28,597	13,475	11,630	10,113	6,588	3,230
ケース3	54,392	49,548	39,840	30,964	23,763	7,035	5,815	4,837	2,793	1,117
ケース4	54,392	49,922	42,145	35,704	30,957	24,105	24,027	24,120	24,284	24,571

釜石市	2015年	2020年	2030年	2040年	2050年	2100年	2110年	2120年	2150年	2200年
ケース1	35,183	31,408	24,116	17,907	13,096	2,413	1,715	1,223	443	81
ケース2	35,183	31,644	25,535	20,680	16,969	7,951	6,864	5,971	3,887	1,905
ケース3	35,183	31,473	24,407	18,447	13,879	3,843	3,133	2,571	1,422	529
ケース4	35,183	31,710	25,863	21,422	18,350	14,242	14,192	14,241	14,298	14,405

注：「ケース1」：趨勢
　　「ケース2」：コーホート変化率のみ増加
　　「ケース3」：婦人子ども比のみ上昇
　　「ケース4」：コーホート変化率増加＋出生率上昇
出所：筆者作成。

がある（表2-7参照）。

しかし長期的人口減の傾向は「趨勢」と同じである。宮古市では，2050年には28,597人，2100年には13,475人まで減少，その後も減少傾向が続く。釜石市も同様に，16,969人（2050年）が，7,951人（2100年）と減少傾向に変わりはない。両市とも，地元を離れた若い世代の多くがU・Iターンしてきても出生数が減少していく状況が続く限り，地方都市崩壊のプロセスは確実に進むことになる。

「ケース3」では，宮古市の場合2030年の人口は39,840人，2050年23,763人，2100年7,035人であり，釜石市は，24,407人（2030年），13,879人（2050年），3,843人（2100年）となる。いずれも「ケース2」と同様，人口減少の歯止め傾向はみられず，「趨勢」と比べた人口増は，「ケース2」と比べても少ない。合計特殊出生率は着実に上昇し，置換人口水準を2040年ごろから上回るにもかかわらず人口は減り続ける結果になっている。これは，若い世代のコーホート変化率が低いことにより，出生数が増えても地元に残る若者が減少することに

よる。

　このように，若い世代のU・Iターンと婦人子ども比の上昇が想定どおり実現されたとしても，単独の実現では，人口減少に歯止めをかけ，持続可能な定常的人口に近い状態に持っていけないことがわかる。

　「ケース4」は，「ケース2」と「ケース3」が同時に達成されるケースであるが，この場合，状況は大きく変わる。宮古市の場合，2030年の人口は42,145人，2050年には30,957人となり，その後も減少傾向は続くが，その減少幅は徐々に小さくなり，2110年に24,027人まで落ち込んだ後回復基調をたどって人口減少傾向に歯止めがかかり，2200年ごろまでに24,000人台の定常的人口を実現する。

　釜石市の場合，将来推計人口は25,863人（2030年）から，18,350人（2050年）と減少傾向は続き，2110年に14,192人まで落ち込んだ後回復基調に乗り，2200年ごろまでに14,000人台の定常的人口を実現する。

　宮古市も釜石市も，今後人口減少は不可避であるが，宮古市の場合は，何とか24,000人台，釜石市の場合14,000人台の人口を持続的に可能にする状況を作り出すことを目標にする必要がある。

　長期的な持続可能人口目標を24,000人（宮古市），14,000人（釜石市）とおき，この人口にソフトランディングできるような長期的な政策が望まれる。そのためには，出生率を高めかつ若い世代のU・Iターン率上昇を同時達成することが不可欠であり，若い世代が子育てしやすい環境整備を行うことと同時に若い世代の就業機会の確保を経済復興政策にしっかり位置付けることが必要である。

（2）　塩釜市・多賀城市の場合

　塩釜市の場合「ケース2」は，宮古市・釜石市同様，「趨勢」に比べると，人口増に寄与するが，2050年には28,534人，2100年には10,142人まで減少，その後も減少傾向が続き，やがて地方都市としては崩壊せざるをえない状況に変わりはない（表2-8参照）。

　「ケース3」の将来推計人口も，41,230人（2030年），26,494人（2050年），

表2-8 塩釜市・多賀城市の将来推計人口のシミュレーション事例

(単位：人)

塩釜市	2015年	2020年	2030年	2040年	2050年	2100年	2110年	2120年	2150年	2200年
ケース1	53,042	49,182	40,638	32,130	24,589	5,207	3,780	2,746	1,057	215
ケース2	53,042	49,508	42,249	35,015	28,534	10,142	8,179	6,631	3,518	1,224
ケース3	53,042	49,305	41,230	33,366	26,494	10,053	8,891	7,941	5,778	3,393
ケース4	53,042	49,633	42,886	36,472	31,116	21,134	20,873	20,809	20,853	20,902

多賀城市	2015年	2020年	2030年	2040年	2050年	2100年	2110年	2120年	2150年	2200年
ケース1	62,304	61,248	57,364	52,022	46,254	22,941	19,841	17,180	11,180	5,458
ケース2	62,304	61,355	58,038	53,363	48,239	26,670	23,574	20,875	14,499	7,894
ケース3	62,304	61,435	58,298	54,198	50,212	38,305	37,434	36,676	34,469	31,074
ケース4	62,304	61,543	58,988	55,615	52,447	44,841	44,779	44,838	44,937	45,103

注：「ケース」は，表2-7と同様。
出所：筆者作成。

10,053人（2100年）となり，その後も人口減少の歯止め傾向はみられない。合計特殊出生率は着実に上昇するが，置換人口水準を超えるのは2060年以降で，出生率の上昇が緩やかであるため，人口が減り続ける状況を打開できない。

ところで，「ケース3」による将来推計人口は2110年に8,891人になり，「ケース2」のそれが2110年は8,179人で「ケース3」が上回り，その差は時間とともにさらに拡大する。2110年ごろから，出生率上昇が人口増に与える影響が顕著になってくることに留意する必要がある。

「ケース4」の場合，塩釜市の人口は，2030年に42,886人，2050年には31,116人，その後も減少するが，減少幅は徐々に縮小，2120年の20,809人をボトムとして回復基調に入り，その後2200年ごろまで20,000人前後の定常的人口を実現する。

多賀城市の場合，若い世代のコーホート変化率の上昇はあまり見込んでいないので，「ケース2」の人口増効果は小さい。それに対して，出生率上昇による人口増効果は比較的大きい。2030年段階では，趨勢である「ケース1」が57,364人で「ケース3」が58,298人で900人ほどの増加にとどまっているが，2050年には「ケース1」が46,254人であるのに対して，「ケース3」は50,212

人に達し，4,000人程度の差が開き，その後差の拡大はますます大きくなる。多賀城市の場合，定常的人口への接近には，出生率の上昇が大きく寄与することになる。

「ケース4」では，人口の逓減傾向が続き，2050年に52,447人まで減少，さらに逓減するが，2110年の44,779人がボトムとなり，その後増加，2200年にかけて45,000人程度の定常的人口規模を維持することになる。

(3) 南相馬市（全員帰還）の場合

南相馬市の場合，南相馬市に住民票をおきながら，原発災害によって市外に避難している人たちの帰還の程度が，将来推計人口に与える影響を考察しなければならない点が，他4地域にはない独自の分析課題である。以下では，まず2015年まで市外に避難している人が全員帰還した場合を考察する（表2-9参照）。

南相馬市の場合，若い世代（特に，20～24歳年齢階級）のコーホート変化率の増分を宮古市や釜石市なみに大きく設定しているために，「ケース2」の人口増効果は大きい。2050年時点では，「ケース1」が34,558人であるのに対し，「ケース2」は42,158人と7,600人程度増加している。それに対して，「ケース3」は，出生率上昇により出生数が増えても若い世代のコーホート変化率の低さによる若者の純流出効果が大きいので，人口増にはほとんど寄与しない。2050年時点で，「ケース1」が34,558人であるのに対して，「ケース3」は35,758人でその増分は1,200人程度である。

「ケース4」は，婦人子ども比の着実な上昇と若い世代の純流出が大幅に減少するという相乗効果によって，人口の減少傾向に歯止めをかけ，将来推計人口を定常的規模に持っていくことが可能になる。「ケース4」では，54,109人（2030年）が44,348人（2050年）と減少，2110年に37,575人でボトムになりその後増加傾向を回復し，2200年まで38,000人台の定常的人口を実現することができる。

表2-9 南相馬市の将来推計人口のシミュレーション事例

(単位：人)

南相馬市	2015年	2020年	2030年	2040年	2050年	2100年	2110年	2120年	2150年	2200年
ケース1	61,744	58,815	51,271	42,631	34,558	11,226	8,935	7,117	3,619	1,169
ケース2	61,744	59,176	53,622	47,658	42,158	26,264	23,891	21,851	16,647	10,582
ケース3	61,744	58,907	51,720	43,507	35,758	13,735	11,511	9,632	5,666	2,337
ケース4	61,744	59,269	54,109	48,804	44,348	37,701	37,575	37,679	37,891	38,243
ケース5	54,736	52,171	46,475	40,414	35,318	28,480	28,384	28,410	28,591	28,847

注：「ケース5」以外は，表2-7と同じ。
「ケース5」は，「コーホート変化率増加＋婦人子ども比上昇」で帰還率50％。
出所：筆者作成。

（4） 南相馬市（半分帰還）の場合

現在住民票を南相馬市におきながら，市外に避難している人のうち，南相馬市に帰還しないことを決めている人は多数にのぼっている。全員帰還という目標達成は困難な状況にある。そこで，もし帰還する人が2015年段階で半分にとどまり，その状況で，若い世代のコーホート変化率上昇と婦人子ども比の増加を同時に達成できたとき，将来推計人口がどうなるかを考察する。

この場合，震災による死亡及び原発被害によって，南相馬市にすでに住民票がない人たち及び2015年段階で帰還しない人たちが人口減少分になる。この人口減少が，基準年次である2010年に起こったと仮定して，2010年人口を調整する必要がある。

2013年9月30日現在の住民基本台帳の人口は，震災及び原発災害による減少を反映しており，まず2013年9月30日現在の住民基本台帳男女別年齢別人数を2010年時の男女別年齢に置き換える。その上で，2010年国勢調査による男女別年齢別人口から2010年時点に置き換えた住民基本台帳の男女別年齢別人口を引くことによって，男女別年齢別人口減少を求め，これを5年の年齢階級別に集計する。この数字は，すでに南相馬市に住民票がない人たちの減少分である。

次に2015年段階で，帰還をあきらめ現在ある南相馬市の住民票を市外に移した場合，それだけ南相馬市の人口は減少する。2014年5月29日時点，市外避難者が13,636人であり，もし帰還率が半分であれば，6,818人が帰還しないこと

第2章　将来推計人口と持続可能な定常的人口

表2-10　福島県から県外移動者の
男女別年齢階級別構成比率

構成比率		男	女
0～4歳	0.171	0.083	0.088
5～9歳	0.114	0.055	0.059
10～14歳	0.068	0.033	0.035
15～19歳	0.024	0.012	0.013
20～24歳	0.054	0.026	0.028
25～29歳	0.104	0.050	0.054
30～34歳	0.110	0.053	0.057
35～39歳	0.104	0.050	0.054
40～44歳	0.066	0.032	0.034
45～49歳	0.032	0.015	0.016
50～54歳	0.024	0.012	0.012
55～59歳	0.020	0.010	0.010
60～64歳	0.026	0.012	0.013
65～69歳	0.017	0.008	0.009
70～74歳	0.014	0.007	0.007
75～79歳	0.024	0.012	0.012
80～84歳	0.018	0.009	0.009
85～89歳	0.009	0.004	0.004
90～94歳	0.003	0.001	0.001
95歳以上	0.000	0.000	0.000
	1.000	0.484	0.516

出所：「福島県の推計人口（福島県現住人口調査
年報）平成24年版」より筆者作成。

になる。問題は，帰還しない人の総数は決まるが，その男女別年齢階級別分布はわからないので，何らかの近似的な分布を仮定せざるをえない。

ここでは，2013年3月に刊行された福島県企画調整部統計課編「福島県の推計人口（福島県現住人口調査年報）平成24年版」をもとに，2010年から2011年にかけて福島県から県外へ移動した人たちの年齢階級別構成比率を用いる（表2-10参照）。同統計では，南相馬市から県外に移動した人たちの男女比を求め

表 2-11 南相馬市の基準年次（2010年）における人口減少分の試算

	①住民票移動による男女別年齢階級別人口減 (人)			②非帰還者の男女別年齢階級別人口減 (人)			①＋② (人)		
	男	女	計	男	女	計	男	女	計
0〜4歳	－332	－286	－618	－563	－600	－1,163	－895	－886	－1,781
5〜9歳	－206	－189	－395	－374	－399	－774	－580	－588	－1,169
10〜14歳	－121	－114	－235	－224	－238	－462	－345	－352	－697
15〜19歳	－185	－111	－296	－81	－86	－167	－266	－197	－463
20〜24歳	122	－83	39	－180	－192	－371	－58	－275	－332
25〜29歳	－195	－254	－449	－342	－365	－707	－537	－619	－1,156
30〜34歳	－203	－274	－477	－364	－389	－753	－567	－663	－1,230
35〜39歳	－183	－238	－421	－343	－366	－709	－526	－604	－1,130
40〜44歳	－89	－138	－227	－216	－231	－447	－305	－369	－674
45〜49歳	－60	－62	－122	－105	－112	－217	－165	－174	－339
50〜54歳	－51	－70	－121	－80	－85	－164	－131	－155	－285
55〜59歳	－71	－73	－144	－66	－71	－137	－137	－144	－281
60〜64歳	－110	－96	－206	－84	－90	－174	－194	－186	－380
65〜69歳	－117	－84	－201	－55	－58	－113	－172	－142	－314
70〜74歳	－212	－146	－358	－45	－48	－93	－257	－194	－451
75〜79歳	－293	－261	－554	－79	－84	－162	－372	－345	－716
80〜84歳	－343	－381	－724	－61	－65	－125	－404	－446	－849
85〜89歳	－239	－377	－616	－29	－30	－59	－268	－407	－675
90〜94歳	－75	－268	－343	－8	－9	－17	－83	－277	－360
95歳以上	－30	－128	－158	－2	－2	－3	－32	－130	－161
合計	－2,993	－3,633	－6,626	－3,299	－3,519	－6,818	－6,292	－7,152	－13,444

注：いずれも2010年時年齢換算。
出所：筆者作成。

ることができる。そこでまず，帰還しない人の総数について，この男女比データをもとに男女別人数を求め，年齢階級別構成比率は男女同じと仮定して，男女別の人数に年齢階級別構成比率を乗じて男女別年齢階級別人数を求める。これが，帰還率50％としたときの帰還しない人たちの男女別年齢階級別人数である。

震災及び原発災害によって，死亡及び住民票の市外移動で減少した男女別年齢階級別人数と帰還しないことによる男女別年齢階級別の減少分を足して，帰還率50％のときの男女別年齢階級別人口減少分を求めることができる。この数字は，2010年時点に置き換えた減少分であるから，これを2010年の国勢調査の男女別年齢階級別人口から差し引くことにより，震災後の人口減分を調整した基準年次の男女別年齢階級別人口が求まる（表2-11参照）。それをもとに将来推計人口を行った結果が「ケース5」である（表2-9参照）。

この場合，2015年時点で「ケース4」の将来推計人口が61,744人であるのに対し，帰還率が半分のときである「ケース5」は，54,736人にとどまり，その差は約7,000人である。基本的にはその差が定常的人口の差として現れる。帰還率が半分のとき，将来推計人口は，46,475人（2030年）から35,318人（2050年）へと減少，2110年にボトムに近い28,374人になるが，その後上昇傾向を回復し，2200年ごろまで28,000人台の定常的人口を実現する。南相馬市の場合の定常的人口は，帰還率が100％の場合は38,000人台，帰還率50％のとき，28,000人台ということになり，帰還率の程度が定常的人口の水準に大きな影響を与えることは明らかである。しかし重要なことは，全員帰還が困難で帰還者数が少なくなっても，将来人口の規模は小さくなるが，定常的人口の実現は十分可能だという点である。

（5） 15～49歳の女性数について

出生数を増やすためには，出生率（婦人子ども比）の上昇のみならず，15～49歳の女性数の動向が大きく左右する。表2-12は，5地域で「ケース4」（南相馬市は「ケース4」と「ケース5」）が実現したときの15～49歳の女性

表2-12 被災自治体における15～49歳女性数の将来推計

(単位：人)

	2015年	2020年	2025年	2030年	2050年	2060年	2065年	2070年	2075年	2080年	2100年
宮古市	8,581	7,488	6,559	6,064	5,325	4,972	4,916	4,924	4,956	4,990	5,020
釜石市	5,181	4,442	3,870	3,556	3,163	2,946	2,906	2,910	2,932	2,954	2,962
塩釜市	9,492	8,341	7,198	6,350	4,876	4,427	4,320	4,239	4,206	4,219	4,235
多賀城市	13,310	12,535	11,395	10,553	9,175	8,918	8,920	8,896	8,914	8,950	8,954
南相馬市（全員帰還）	10,089	9,321	8,296	7,707	7,218	6,923	6,831	6,788	6,817	6,868	6,913
南相馬市（半分帰還）	8,287	7,467	6,336	5,903	5,277	5,379	5,214	5,115	5,144	5,177	5,227

出所：筆者作成。

表2-13 被災自治体の定常的人口にむけた推移

(単位：人)

	2010年	2015年	2020年	2030年	2050年	2100年
宮古市	59,385	54,392	49,922	42,145	30,957	24,105
釜石市	39,574	35,183	31,710	25,863	18,350	14,242
塩釜市	56,406	53,042	49,633	42,886	31,116	21,134
多賀城市	63,060	62,304	61,543	58,988	52,447	44,841
南相馬市（全員帰還）	70,396	61,744	59,269	54,109	44,348	37,701
南相馬市（半分帰還）	70,396	54,736	52,171	46,475	35,318	28,480

出所：筆者作成。

数の動向を示したものである。

どの地域も2015年から2060年にかけて15～49歳女性数の減少傾向が続き，宮古市と釜石市は2065年がボトム，塩釜市は2075年がボトム，多賀城市と南相馬市は2070年がボトムで，その後逓増傾向に転じる。この逓増傾向が，各地域の将来推計人口の減少傾向から逓増傾向への転換を可能にする。2065年以降の15～49歳の女性数の逓増傾向は，若い世代のコーホート変化率が，どの地域も相当に高くなるという仮定から生じている。若い世代のコーホート変化率の上昇は，15～49歳女性数を増やし，出生数を増やすという面からもみてもきわめて重要であることがわかる。

6　本章のまとめ

本章における主な分析結果は以下のとおりである。

・宮古市・釜石市の場合，人口増政策のうち若い世代のコーホート変化率を増加させる政策は，出生率上昇の政策よりも人口増に大きな効果がある。しかし，コーホート変化率が増加してもそれだけでは人口減少の趨勢を止めることができない。コーホート変化率と出生率の増加を同時達成することによって，将来的には定常的人口へ収束していく可能性がある。

・塩釜市の場合は，出生率の上昇を穏やかに設定しているため，2100年ごろまでは，コーホート変化率上昇が出生率上昇の政策より人口増加への効果が大きいが，長期的には出生率上昇の効果が上回る。しかし，コーホート変化率と出生率の増加の同時達成が，定常的人口へ収束させるために不可欠であることに変わりはない。

・多賀城市の場合は，出生率上昇の人口増加効果が大きく，この点は他の地域との相違である。しかし，出生率上昇の現実的可能性を考慮した場合，社会人になったあとの多賀城市からの人口の純流出を一定抑止しなければ，人口減の趨勢を修正することができない。したがって，やはりコーホート変化率の限定的増加と出生率の上昇の同時達成が必要である。

・南相馬市のコーホート変化率増加と出生率上昇の人口増への効果は，宮古市や釜石市と同様である。南相馬市にとっては，帰還率が低くても将来的には定常的な人口に持っていくことは可能である。

・被災自治体の持続可能な社会を保証する人口規模は，われわれの推計では，宮古市が24,000人台，釜石市14,000人台，塩釜市20,000人台，多賀城市が45,000人台である。南相馬市の場合は，例えば，帰還率が100％であれば，38,000人台，帰還率が50％であれば，28,000人台がそれぞれ目標とすべき定常的人口である。

注
(1) 宮古釜石の男女別年齢階級別死亡者数について警察庁のホームページに掲載されていた被災地別死亡者名簿に基づいて，死亡者の2010年時点の年齢をもとに，男女別年齢階級別の死亡者数を集計したものが，表2-14である。宮古市では413人，釜石市では786人の死亡が確認されている。両市とも，中高年層の死亡者

表2-14 宮古市・釜石市の男女別年齢階級別死亡者数

(単位：人)

	宮古市			釜石市		
	合計	男	女	合計	男	女
0～4歳	7	3	4	7	1	6
5～9歳	1	1	0	4	3	1
10～14歳	0	0	0	4	0	4
15～19歳	3	1	2	8	5	3
20～24歳	1	1	0	6	4	2
25～29歳	10	6	4	10	6	4
30～34歳	8	4	4	23	9	14
35～39歳	10	4	6	21	7	14
40～44歳	19	8	11	22	11	11
45～49歳	12	3	9	33	14	19
50～54歳	26	14	12	46	18	28
55～59歳	38	17	21	65	31	34
60～64歳	44	21	23	75	34	41
65～69歳	51	27	24	108	49	59
70～74歳	65	31	34	123	55	68
75～79歳	42	17	25	87	39	48
80～84歳	40	18	22	86	33	53
85～89歳	23	9	14	39	15	24
90～94歳	9	1	8	13	4	9
95～99歳	4	1	3	5	3	2
100歳以上	0	0	0	1	1	0
合計	413	187	226	786	342	444

注：現在は，死亡者名簿は警察庁ホームページから削除されている。
出所：警察庁ホームページに掲載された死亡者名簿をもとに筆者が集計。

数が圧倒的であり，それと対照的に若い世代の死亡者数は非常に少ないことがわかる。このことを反映して，われわれの予備的シミュレーションでは，東日本大震災による死亡者数が将来推計人口規模に与える影響は限定的であることを確認している。

(2) 南相馬市の帰還問題について南相馬市の避難状況をみると，2014年5月29日時点で13,636人が市外避難者である。2014年10月9日現在では，12,910人であり，4か月あまりで，約730人減少するなど，着実に帰還する人たちが増えている。

ところで南相馬市は，旧警戒区域及び旧計画的避難区域に住民登録している世帯を対象に，2013年8月23日〜9月6日の調査期間を設定して住民意識調査を行い，その結果を，「南相馬市住民意向調査　調査結果速報」（2013年10月）で公表している（有効回答数3,543世帯）。

この住民意識調査は「問11」で，「旧警戒区域の避難指示が解除された後に，震災前の地域または近隣地域への帰還について，現時点でどのようにお考えですか。」という帰還の意向を聞いている。

これに対する回答では，「現時点でまだ判断がつかない」が44％，「現時点で戻ることを決めている」29.3％，「現時点で戻らないと決めている」26.1％という結果である。戻ると決めている世帯と戻らないと決めている世帯がいずれも30％弱で，40％強の世帯が判断を保留しているという状況である。

これらのデータから，市外避難者（ここでは，2014年5月29日時点のデータをベースにしている）のうち帰還する人の割合を帰還率と定義すると，3割弱の人は帰還しないと表明しているので，最大の帰還率は70％ぐらいと予想される。帰還するかどうか判断に迷っている人がすべて帰還しない場合，最小の帰還率で30％弱ということになる。しかし，着実に帰還者数が増加している実態から判断して，迷っている人の半分は帰還すると想定し，われわれは最小の帰還率を50％程度と想定する。以下では，全員帰還率100％，現実的な最大帰還率70％，最小帰還率50％を想定して，各章でシミュレーション分析を行っている。なお，帰還現象は，2015年から数年間に集中すると思われるが，われわれの分析の時点が，2015年，2020年，2030年であるから，便宜上2015年に帰還現象はほぼ終結すると想定して分析を進めている。

(3) 婦人子ども比と合計特殊出生率の関係について，埼玉県のホームページで，合計特殊出生率の解説に利用されている資料をもとに説明する。表2-15の資料は，ある年の埼玉県在住の女性の出産可能年齢（15〜49歳）別に，人口，出生数，出生率を示したものである。合計特殊出生率は，出生率の列に注目し，各年齢にお

表2-15 合計特殊出生率の試算事例

年齢	女性の人口 A	出生数 B	出生率 C=B/A
15	39,344	5	0.000127
16	40,106	36	0.000898
17	40,676	87	0.002139
18	41,811	17	0.000407
19	46,389	435	0.009377
…	…	…	…
46	51,558	9	0.000175
47	53,871	2	0.000037
48	59,589	2	0.000034
49	67,541	0	0
計	1,726,544	65,507	1.240455

出所:埼玉県ホームページ。

ける出生率を1人の女性が、各年齢で産む子どもの数とみなし、15〜49歳の間に産む子どもの数を集計して求め、この事例では、1.240455となる。

　婦人子ども比は、各年齢における出生率を、1人の特定の人ではなく、各年齢の不特定の人が産む子どもの数とみなして導出する。例えば、Dさん(15歳)が0.000127人を産み、Eさん(16歳)が0.000898人、Fさん(17歳)が0.002139人産む、等々である。この場合、結局15歳から49歳の35人が、1.240455人を産むことになるので、婦人子ども比は、1.240455÷35=0.03544になる。しかし、一般的に婦人子ども比は、0〜4歳の子ども数を15〜49歳の婦人数で除して求めるので、1年あたりの婦人子ども比を5年分加算する必要がある。0歳児から4歳児の出生年次における合計特殊出生率がすべて等しいとした場合、この事例では、0.03544×5=0.1772が婦人子ども比ということになる。結局合計特殊出生率と婦人子ども比の関係は、(合計特殊出生率÷35)×5=婦人子ども比であるから、合計特殊出生率=7×婦人子ども比、ということになる。

(4) 15〜19歳の高校3年生及び大学1回生・2回生は、20〜24歳では、その多くが大卒社会人であると思われる。もし彼らが、地域外の大学を卒業し地元に戻れば、20〜24歳のコーホート変化率に影響をもたらすことになる。

(5) 2100年ごろにおける将来推計人口が、100年後の2200年時点においても、収束

第2章　将来推計人口と持続可能な定常的人口

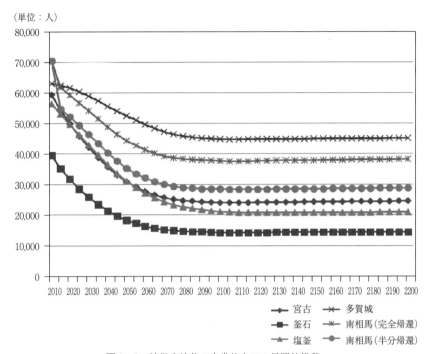

図2-2　被災自治体の定常的人口の長期的推移

傾向を持ち安定した数値で推移する場合，これを「定常的人口」と呼ぶ。各被災自治体の将来推計人口が，定常的人口に収束し，その状態が2200年まで続くことは，図2-2で確認することができる。

第3章

震災前の産業と雇用

1 被災自治体の基盤産業

(1) 基盤産業選定の視点

　第1章では，推計した5被災自治体の産業連関表を用いて各地域経済の特徴をみてきたが，今度はそれらの指標を組み合わせて「競争力」と「生産波及効果」の観点から指標化し，こうした基準を満たす基盤産業の検討を行ってみよう。分析方法及び指標化の方法については日本政策投資銀行旭川支店・旭川市・旭川市企業誘致推進委員会（2003）及び山口（2001）を参考にした。以下では，各評価指標の説明を行った後，各被災自治体の基盤産業の選定を行う。

　第1章でも触れた地域経済成長論の伝統的な学説である需要主導型の「経済基盤モデル」では，地域の産業を「基盤産業」と「非基盤産業」とに区別し，当該地域内で生産された財・サービスを域外市場に移出する産業を「基盤産業」，この基盤産業の生産活動から波及する需要や地域住民の日常生活から派生する需要などの域内市場に依存した産業を「非基盤型産業」と位置付けている（日本政策投資銀行旭川支店・旭川市・旭川市企業誘致推進委員会 2003：2）。

　「基盤産業」では，域外からの新たな財・サービスに対する需要が増加すると，当該産業に関係する生産や雇用が増加し，それに伴い「非基盤産業」の生産や雇用も誘発され，地域全体における生産や雇用の増加につながる。一方で，仮に当該地域における産業が「非基盤産業」だけであった場合，域外からの新たな需要は発生せず，地域住民の需要に対応した生産活動のみが行われるため，

新たに域外から所得を稼ぎ，地域経済を拡大させることはできない。そのため「基盤産業」の発展こそが当該地域の成長を促すとしている。

こうした学説に基づくならば，今後，被災自治体においても域外に対する競争力を持つ基盤産業（移輸出産業）を選定し，域内における波及効果を強めつつ振興していくことがきわめて重要な方策といえる。第1章でみたとおり，各自治体ともに地域資源を活かした特色のある産業，企業誘致などによる産業集積，文化・歴史を生かした観光関連産業など，特徴のある産業が地域には存在している。こうした産業の中から基盤産業を選定し，既存の産業をうまく活用しながら，復興につなげていくことが非常に重要なポイントとなろう。

以上をふまえ，今後，各被災自治体が基盤産業として振興していくべき産業の選定について，域外からどの程度マネーを稼ぐことができるかという「競争力」の視点，稼いだマネーを地域内で循環させる「域内への生産波及」の視点，伝統的な経済基盤モデルに基づく地域経済成長を規定する「移輸出の規模」の視点，以上の3つの視点より検討を加えていく。

（2） 評価基準の設定

RIC指数とは，より競争力のある産業の財・サービスは域外に移輸出されるという考え方に基づき，移輸出から移輸入を差し引いた純移輸出（域際収支）をもとに分析する考え方である。その際，域際収支の実額ではなく，域内で生産された財・サービスがどの程度移輸出されたかを示すRIC（Revealed Interregional Competitiveness；顕示域際競争力）指数を，競争力をみるための指標とする（前掲書 2003：4）。RIC指数は，次式のように定式化することができる。

$$\text{RIC指数} = (\text{移輸出} - \text{移輸入}) \div \text{域内生産額} \times 100 (\%)$$

「域内への生産波及」を考える場合，ある産業に1単位の最終需要が発生したとき，それが域内需要か域外需要（移輸出）かを区別する必要がある。域内

表3-1 「基盤産業」及び「準基盤産業」の評価基準

基盤産業	評価基準
競争力の観点から	RIC指数≧0
生産波及の観点から	影響力係数≧1
移輸出力の観点から	移輸出≧10億円

準基盤産業	評価基準
競争力の観点から	RIC指数≧0
移輸出力の観点から	移輸出≧10億円

需要であれば，1単位の最終需要が増加したとき，移輸入による調達で域外へ漏れた需要分を考慮する必要がある。しかし，移輸出の場合は，その必要がないので，「域内への生産波及」を評価する指標としては影響力係数が妥当である。われわれは，最終需要のうち移輸出が域内にもたらす生産波及効果に注目するので，「域内への生産波及」の評価指標として，影響力係数を採用する。

「移輸出の規模」は，文字どおり移輸出の大きさを基準とした。基盤産業の考え方に基づけば，移輸出そのものの大きさが地域経済の成長に大きな影響を与える。しかしながら，先に述べた「RIC指数」は生産1単位あたりの域際収支の黒字をみるための指標であり，規模についての情報は捨象されている。そこで，基盤産業の考え方をふまえ，移輸出そのものの大小も別途分析し，一定規模以上の移輸出（10億円）を計上しているかどうかを判断基準とした。

各被災自治体の基盤産業の選定にあたり，評価基準をまとめたものが表3-1である。競争力の観点から「RIC指数≧0」，域内の生産波及効果が一定以上あるという観点から「影響力係数≧1」，移輸出力が一定以上あるという観点から「移輸出≧10億円」，という3つの条件をすべて満たす場合，その産業を「基盤産業」と選定する（以下表3-1参照）。

ところで，競争力及び移輸出力の観点からみると，当該地域の代表的移輸出産業であるにもかかわらず，域内における生産波及効果が域内産業の平均に比して小さい移輸出産業も存在する。域内への生産波及効果が相対的に小さくて

も，移輸出規模が大きければ，域内生産額の増大に寄与すると期待される。そこで，「影響力係数≧1」の条件は満たさないが，「RIC 指数≧0」と「移輸出≧10億円」という2つの条件を満たす産業を「準基盤産業」とみなす。「準基盤産業」も域内生産額と域内雇用に大きな影響を与えるので，「基盤産業」とともに域外から資金を獲得する有力な移輸出産業とみなすことができる。

(3) 各被災自治体における基盤・準基盤産業の選定結果

表3-2から表3-6は各被災自治体における基盤・準基盤産業の選定結果をまとめたものである。なお推計結果の詳細については巻末資料の表資-8から表資-12を参照していただきたい。

宮古市

宮古市では，水産食料品，パルプ・紙・木製品，電子部品，宿泊業の4産業が基盤産業，漁業，金属製品の2産業が準基盤産業となった。このうち，水産食料品と電子部品については，3つの評価基準の数値がいずれも高く，宮古市を代表する産業といってよいだろう。

漁業は，RIC 指数と移輸出規模の数値は高いが，影響力係数が1を下回り，漁業における移輸出が1単位増加したとしても，域内の生産波及効果は若干弱いことになる。宮古市産業連関表によると，これは，漁業の供給構造において中間投入比率そのものが低いこと，漁業は中間財として特に必要な石油・石炭製品や輸送機械などを域外で調達せざるをえないことなどが理由である。

ところで，域内需要は，最終需要と中間需要の合計であるが，漁業は，域内需要のうち域内で供給できる割合を示す自給率がきわめて高い[1]。漁業に対する域内需要のうち中間需要の多くは水産食料品で生まれるが，水産食料品が必要とする漁業中間財の多くは域内で調達されることになる。このことから，水産食料品の域内における生産波及効果は特に漁業に波及して大きくなっていると考えることができる。漁業とそれを加工し域外へ販売する水産食料品製造業の強力な産業連関が宮古市には存在しており，いわば"水産食料品クラスター"

第3章　震災前の産業と雇用

表3-2　宮古市の基盤・準基盤産業

基盤産業	RIC 指数	移輸出	影響力係数	準基盤産業	RIC 指数	移輸出	影響力係数
水産食料品	0.77	9,697	1.29	漁業	0.48	4,518	0.93
パルプ・紙・木製品	0.51	9,768	1.09	金属製品	0.05	3,755	0.95
電子部品	0.64	22,889	1.24				
宿泊業	0.33	1,829	1.04				

注：移輸出の単位は100万円。
出所：筆者作成。

ともいうべき産業集積が確認できる。宮古市の漁業は，基盤産業である水産食料品に牽引されながら発展してきたということもできる。

電子部品については，基本的には宮古市内で最も移輸出が大きい産業（約229億円）であり，域外からのマネーを稼ぎ出す重要な産業であり，影響力係数も大きく，域内での生産波及効果も大きいことがわかる。電子部品では，自部門投入が最大の中間投入部門であることから，電子部品産業の集積が域内で一定程度進み，その集積効果が生産波及効果を大きくしている1つの要因であると考えられる（表3-2）。

釜石市

釜石市では，水産食料品，鉄鋼，一般機械，運輸の4産業が基盤産業，漁業，電子部品，電力・ガス・熱供給の3産業が準基盤産業という結果であった。なかでも鉄鋼は3つの評価基準の数値が高い。鉄鋼は自部門投入が最大の中間投入部門であり，その自給率もきわめて高い（95.5％）ことから，鉄鋼部門間における産業集積が存在しており，新日鉄釜石を中心とする「鉄の町」としての姿は往年の勢いはないとしても健在であることを示している。

釜石市では一般機械が鉄鋼と並んで有力な基盤産業として定着している。一般機械については，鉄鋼に比して影響力係数は低いが1を超えており，域内の生産波及効果が一定程度あることがわかる。釜石市産業連関表によると，一般機械の中間投入係数では，自部門が0.165で一番大きく，2番目は鉄鋼で0.074である。鉄鋼からの原材料供給が容易であるという1つの「強み」によって一

表3-3 釜石市の基盤・準基盤産業

基盤産業	RIC指数	移輸出	影響力係数	準基盤産業	RIC指数	移輸出	影響力係数
水産食料品	0.53	2,507	1.21	漁業	0.82	7,883	0.88
鉄鋼	0.43	14,879	1.75	電子部品	0.44	4,753	0.98
一般機械	0.69	12,628	1.16	電力・ガス・熱供給	0.03	1,537	0.93
運輸	0.05	3,666	1.03				

注:移輸出の単位は100万円。
出所:筆者作成。

般機械の産業集積が進み,その産業集積効果が生産波及効果を大きくしていると考えることができる。一般機械は,基盤産業として非常に高いポテンシャルを有しているといえる。

水産食料品は基盤産業であるが,宮古市と比較すると,移輸出額が相当に小さく,基盤産業としては「小粒」ということになる。

漁業は,宮古市と同様に準基盤産業であるが,移輸出額は約78億円で宮古市の約45億円を大きく上回っている。漁業の自給率は,宮古市と同様100%に近いので,水産食料品から漁業に派生する中間需要を含めて,市内需要のほとんどを賄っていることになる。漁業は,宮古市と同様の理由で域内への生産波及効果はそれほど大きくないが,市内需要のみならず,多額の移輸出ができる供給体制を確立しており,準基盤産業ではあるが,有力な移輸出産業として地域経済の活性化に大きく貢献しているということができる(表3-3)。

塩釜市

塩釜市では,水産食料品と鉄鋼の2産業が基盤産業であり,輸送機械と医療・保健・社会保障・介護が準基盤産業となった。水産食料品については,影響力係数は,域内産業の平均的数値であるが,RIC指数(0.88)が高く,移輸出額(約431億円)は他産業を圧倒した数値を示しており,塩釜市を代表する産業といってよいだろう。しかし,原材料供給としての漁業は宮古市や釜石市に比べるとほとんど機能しておらず,水産食料品の原材料はほぼすべて域外に依存している状況である。そのため,影響力係数がそれほど大きくなく,域内の

第3章　震災前の産業と雇用

表3-4　塩釜市の基盤・準基盤産業

基盤産業	RIC指数	移輸出	影響力係数	準基盤産業	RIC指数	移輸出	影響力係数
水産食料品	0.88	43,085	1.01	輸送機械	0.19	5,490	0.98
鉄鋼	0.22	1,801	1.11	医療・保健・社会保障・介護	0.28	8,044	0.98

注：移輸出の単位は100万円。
出所：筆者作成。

生産波及効果は低調な結果となっている。

鉄鋼が基盤産業，輸送機械が準基盤産業として抽出された。鉄鋼と輸送機械を比較すると，移輸出額では，輸送機械が鉄鋼を圧倒している。影響力係数は，鉄鋼が輸送機械をやや上回り1を超えているが決して高い数値というわけではない。鉄鋼は基盤産業としては発展途上にあり，輸送機械は基盤産業になるポテンシャルを持っていると思われる。鉄鋼及び輸送機械を水産食料品につづく第2，第3の基盤産業として成長させていくように今後振興をはかる必要がある（表3-4）。

多賀城市

多賀城市では，パルプ・紙・木製品，電気機械，電子部品，水道・廃棄物処理，運輸，飲食店の6産業が基盤産業，不動産が準基盤産業である。その中でも電子部品，電気機械については，3つの評価基準の数値が高く，多賀城市を代表する産業といってよいだろう。特に電子部品のRIC指数（0.74）と移輸出（約276億円）は，多賀城市で最も高い数値となっている。電子部品の自給率も70.5％と非常に高く，自部門投入が最大の原材料取引となることから，電子部品の産業集積が機能しており，それを背景として影響力係数が他産業より比較的高い数値を示し，一定の域内生産波及効果を発揮していると考えられる。

電気機械は電子部品と同じような特徴を持つが，移輸出額は電子部品に遠く及ばず，ポテンシャルとしては有望なものの移輸出規模をいかにして拡大するかが課題となる。

パルプ・紙・木製品は，移輸出額が2番目に高く（約118億円），RIC指数も

表3-5 多賀城市の基盤・準基盤産業

基盤産業	RIC指数	移輸出	影響力係数	準基盤産業	RIC指数	移輸出	影響力係数
パルプ・紙・木製品	0.47	11,761	1.03	不動産	0.17	7,032	0.90
電気機械	0.69	5,390	1.14				
電子部品	0.74	27,584	1.22				
水道・廃棄物処理	0.39	1,919	1.08				
運輸	0.27	13,906	1.05				
飲食店	0.01	1,802	1.07				

注:移輸出の単位は100万円。
出所:筆者作成。

良好(0.47)である。供給構造をみると,自部門の中間投入係数がきわめて高く,これは,多くの自部門中間財を必要とすることを意味するが,自給率は24.1%と低く,自部門に必要な自部門中間財の多くは結局移輸入で賄っているということになる。したがって,せっかく域外から移輸出によって資金を獲得しても,域内でそのマネーが循環せず,域外に流出しやすい構造となっており,基盤産業として十分ポテンシャルを発揮するためには,自給率向上などの課題がある(表3-5)。

南相馬市

南相馬市は,多くの基盤・準基盤産業が存在する。農業,パルプ・紙・木製品,電気機械,電子部品,精密機械,電力・ガス・熱供給,水道・廃棄物処理,宿泊業が基盤産業,その他の製造工業製品,不動産,教育・研究,医療・保健・社会保障・介護,その他対個人サービスが準基盤産業にそれぞれ選定され,選定総数は13産業にのぼる。

南相馬市は原町火力発電所の存在によって,電力・ガス・熱供給が,RIC指数(0.85),移輸出(約646億円)において飛び抜けて高い数値を示し,南相馬市を代表する産業となっている。電力・ガス・熱供給は圧倒的なポテンシャルを有しているが,影響力係数をみると1で,生産波及効果は大きいというわけではない。南相馬市産業連関表をもとに,電力・ガス・熱供給の供給構造につ

いて中間投入係数に注目すると，鉱業（0.085），石油・石炭製品（0.032）など原材料関係産業が高くなっているのは当然であるが，それ以上に，対事業所サービスの中間投入係数が0.101で，一番高い数値を示している。原町火力発電所の運営とメンテナンスに多くの下請け事業所が参加し，このことが対事業所サービスの中間投入係数を高くしていると考えられる。他方，対事業所サービスの自給率は約48％であり，移輸入によって賄われる部分も大きい現状である。このことから，南相馬市以外の下請事業所が原町火力発電所の運営とメンテナンスにかかわっていると思われる。したがって，移輸出によって域外から稼いだマネーを域内で循環させる観点からみれば，域外に漏れる部分が相当あり，生産波及効果があまり強くない結果になっている。

　それに比べると移輸出や市内生産額の規模は小さいが，製造業の集積がみられ，基盤・準基盤産業に５産業がランクインしている点は他地域にない特徴である。他の４地域の製造業に属する基盤・準基盤産業は，地域の代表的産業であったが，南相馬市では規模は小さいものの，コアとなる多業種の製造業が立地しているところに大きな特徴がある。

　さらに他の４地域と違って，農業が基盤産業になっている。また，宿泊業やその他対個人サービスといったサービス業にも基盤・準基盤産業が確認され，第１次産業，第２次産業，第３次産業と，偏りなく基盤・準基盤産業が存在することも南相馬市の特徴の１つである。

　しかし，例えば，素材を供給する農業や観光客にサービスを提供する宿泊業及びその他対個人サービス業が基盤・準基盤産業として選定されているにもかかわらず，その間をつなぐ飲食料品製造業などに弱さがみられる。飲食料品製造業などを基盤産業として育成し，第１次産業，第２次産業，第３次産業それぞれに属する基盤・準基盤産業間のリンケージを強化しポテンシャルを十分発揮できるようにすることが課題といえる（表3-6）。

　さて，本節では，「競争力」，「域内への生産波及」，「移輸出の規模」という３つの視点から個別産業を評価し，被災自治体別に基盤・準基盤産業を選定した。その上で，地域別に主要な基盤・準基盤産業を考察して，今後の可能性や

表3-6 南相馬市の基盤・準基盤産業

基盤産業	RIC指数	移輸出	影響力係数	準基盤産業	RIC指数	移輸出	影響力係数
農業	0.48	6,835	1.04	その他の製造工業製品	0.02	10,025	0.98
パルプ・紙・木製品	0.56	19,572	1.03	不動産	0.05	1,568	0.85
電気機械	0.10	4,477	1.04	教育・研究	0.11	3,016	0.94
電子部品	0.48	5,086	1.18	医療・保健・社会保障・介護	0.12	4,055	0.95
精密機械	0.60	3,826	1.12	その他対個人サービス	0.20	3,689	0.96
電力・ガス・熱供給	0.85	64,598	1.00				
水道・廃棄物処理	0.38	2,607	1.00				
宿泊業	0.24	1,782	1.05				

注:移輸出の単位は100万円。
出所:筆者作成。

課題について考察した。第6章では,本節で選定した基盤・準基盤産業から,被害の大きかった産業を抽出して,経済復興のため産業振興策を必要とする主な重点産業と位置付けて分析を進めることになる。

2 地域における雇用決定の分析モデル

地域全体の労働需要は,市内生産額や市内総生産などの地域マクロ経済の規模によって規定されていく。産業別の市内生産額が決まり,労働生産性の大きさをはかる産業別の就業係数が与えられれば,産業別就業者数を求めることができ,それらを集計すれば,地域全体の労働需要が求まる。産業別就業者数を推計するため,本書で利用するモデルは,移輸入及び民間消費支出を内生化した次式によって示される。[2]

$$X=[I-(I-M)(A+cV)]^{-1}\times[(I-M)F_d+EX] \quad (1)\text{式}$$
$$L=LX\times X \quad (2)\text{式}$$

X：産業別市内生産額の列ベクトル（36×1）

I：単位行列（36×36）

A：中間投入係数行列（36×36）

c：粗付加価値合計に対する産業別商品の消費比率

V：各産業における粗付加価値率に係る行列

M：産業別の移輸入率に係る行列

F_d：市内独立支出に係る列ベクトル（36×1）

EX：産業別移輸出の列ベクトル（36×1）

L：従業者数の列ベクトル（36×1）

LX：産業別の生産額1単位あたりの従業者数（就業係数）に係る行列

$$A=\begin{bmatrix} a_{11} & a_{12} & a_{13} & \cdots & \cdots & \cdots & a_{136} \\ a_{21} & a_{22} & a_{23} & \cdots & \cdots & \cdots & a_{236} \\ a_{31} & a_{32} & a_{33} & \cdots & \cdots & \cdots & a_{336} \\ \vdots & \vdots & \vdots & \ddots & \ddots & \ddots & \vdots \\ \vdots & \vdots & \vdots & \ddots & \ddots & \ddots & \vdots \\ \vdots & \vdots & \vdots & \ddots & \ddots & \ddots & \vdots \\ a_{361} & a_{362} & a_{363} & \cdots & \cdots & \cdots & a_{3636} \end{bmatrix}$$

a_{ij}：中間投入係数

$$C=\begin{bmatrix} c_1 & c_1 & c_1 & \cdots & \cdots & c_1 & c_1 & c_1 \\ c_2 & c_2 & c_2 & \cdots & \cdots & c_2 & c_2 & c_2 \\ c_3 & c_3 & c_3 & \cdots & \cdots & c_3 & c_3 & c_3 \\ \vdots & \vdots & \vdots & \ddots & \ddots & \ddots & \vdots & \vdots & \vdots \\ \vdots & \vdots & \vdots & \ddots & \ddots & \ddots & \vdots & \vdots & \vdots \\ \vdots & \vdots & \vdots & \ddots & \ddots & \ddots & \vdots & \vdots & \vdots \\ c_{36} & c_{36} & c_{36} & \cdots & \cdots & c_{36} & c_{36} & c_{36} \end{bmatrix}$$

c_i：i 産業商品に対する民間消費支出÷粗付加価値
　　＝平均消費性向×i 産業商品消費比率
ただし，平均消費性向＝民間消費支出÷粗付加価値
　　i 産業商品消費比率＝i 産業商品に対する民間消費支出÷民間消費支出

$$V = \begin{bmatrix} v_1 & 0 & 0 & \cdots & \cdots & \cdots & 0 \\ 0 & v_2 & 0 & \cdots & \cdots & \cdots & 0 \\ 0 & 0 & v_3 & \cdots & \cdots & \cdots & 0 \\ \vdots & \vdots & \vdots & \ddots & \ddots & \ddots & \vdots \\ \vdots & \vdots & \vdots & \ddots & \ddots & \ddots & \vdots \\ \vdots & \vdots & \vdots & \ddots & \ddots & \ddots & \vdots \\ 0 & 0 & 0 & \cdots & \cdots & \cdots & v_{36} \end{bmatrix}$$

v_i：i 産業の粗付加価値率

$$M = \begin{bmatrix} m_1 & 0 & 0 & \cdots & \cdots & \cdots & 0 \\ 0 & m_2 & 0 & \cdots & \cdots & \cdots & 0 \\ 0 & 0 & m_3 & \cdots & \cdots & \cdots & 0 \\ \vdots & \vdots & \vdots & \ddots & \ddots & \ddots & \vdots \\ \vdots & \vdots & \vdots & \ddots & \ddots & \ddots & \vdots \\ \vdots & \vdots & \vdots & \ddots & \ddots & \ddots & \vdots \\ 0 & 0 & 0 & \cdots & \cdots & \cdots & m_{36} \end{bmatrix}$$

m_i：i 産業移輸入÷i 産業市内需要（i 産業の移輸入率）

$$F_d = \begin{bmatrix} CG_1+IG_1+IP_1+Z_1 \\ CG_2+IG_2+IP_2+Z_2 \\ CG_3+IG_3+IP_3+Z_3 \\ \vdots \\ \vdots \\ CG_{36}+IG_{36}+IP_{36}+Z_{36} \end{bmatrix} \quad EX = \begin{bmatrix} EX_1 \\ EX_2 \\ EX_3 \\ \vdots \\ \vdots \\ EX_{36} \end{bmatrix} \quad X = \begin{bmatrix} X_1 \\ X_2 \\ X_3 \\ \vdots \\ \vdots \\ X_{36} \end{bmatrix}$$

CG_i：i 産業商品に対する一般政府消費支出
X_i：i 産業の市内生産額
IG_i：i 産業商品に対する市内総固定資本形成（公的）
IP_i：i 産業商品に対する市内総固定資本形成（民間）
EX_i：i 産業商品の移輸出
Z_i：i 産業商品に対するその他独立支出

$$L = \begin{bmatrix} L_1 \\ L_2 \\ L_3 \\ \vdots \\ \vdots \\ \vdots \\ L_{36} \end{bmatrix} \quad LX = \begin{bmatrix} LX_1 & 0 & 0 & \cdots & \cdots & \cdots & 0 \\ 0 & LX_2 & 0 & \cdots & \cdots & \cdots & 0 \\ 0 & 0 & LX_3 & \cdots & \cdots & \cdots & 0 \\ \vdots & \vdots & \vdots & \ddots & \ddots & \ddots & \vdots \\ \vdots & \vdots & \vdots & \ddots & \ddots & \ddots & \vdots \\ \vdots & \vdots & \vdots & \ddots & \ddots & \ddots & \vdots \\ 0 & 0 & 0 & \cdots & \cdots & \cdots & LX_{36} \end{bmatrix}$$

L_i：i 産業の従業者数
LX_i：就業係数（i 産業の市内生産額一単位あたり従業者数）

ここで，F_d は，市内一般政府消費支出，市内総固定資本形成（公的），市内総固定資本形成（民間）などの合計を示す市内独立支出であり，$(I-M)F_d$ は，市内独立支出のうち，移輸入というかたちで市外に漏れる需要部分を除いた市内独立支出（以下「自給率調整済市内独立支出」と呼ぶ）である。$[(I-M)F_d + EX]$ は，自給率調整済市内独立支出と市外からの独立支出を示す移輸出の和であり，市内におけるトータルの独立支出である。

なお，市内独立支出 F_d のうち，i 産業商品の「その他独立支出」を示す Z_i は，主に在庫であるが，人口減少に伴う民間消費支出は，市内総生産額ではなく，人口減少という社会現象によって発生するものであるから，独立支出の減少と捉えることができるので，「その他独立支出」を構成する1つとみなす。

$[I-(I-M)(A+cV)]^{-1}$ は,移輸入及び民間消費支出を内生化したときの,レオンティエフ逆行列で,多部門乗数を示す。この行列のある列（j産業）の各要素の和である列和は,j産業の独立支出が1単位増加したとき,経済全体に何単位の生産を誘発するか（生産誘発額）を示す。

今,(1)式において,V,c,Mが一定であるとすれば,多部門乗数も一定値をとり,市内生産額Xは,結局,市内一般政府消費支出,市内総固定資本形成（公的）,市内総固定資本形成（民間）,その他独立支出及び移輸出で決定されることになる。

(2)式 L=LX×X は,各産業の就業係数が与えられればそれに各産業の市内生産額を乗じることによって,各産業の従業者数が求まることを行列表示したものであり,労働需要式である。

3 震災前の地域雇用の特徴と雇用創出の規定要因

(1) 震災前の各地域の雇用の特徴

表3-7は,「平成21年経済センサス（基礎調査）」をベースに,各被災地域において,従業者数上位10産業の従業者数が,全産業の従業者数に占める割合を示している。上位10産業の従業者数は,どの地域も全産業の7割〜8割台を占めており,上位10産業の動向が地域雇用に大きく影響を与えていることがわかる。[3]

表3-8は,従業者が多い上位10産業の従業者数を示している。従業者の多い産業は,地域によって非常に共通している。第1に,どの地域も,医療・保健・社会保障・介護,公務,教育・研究など公的サービス関連産業が大きな雇用の受け皿になっている。第2に,建設もまた重要な雇用の受け皿である。第3に,どの地域でも,第3次産業のうち,商業,対事業所サービス,飲食店,運輸,その他対個人サービスなどが雇用の大きな受け皿になっている。

その上で,農業・漁業・製造業などで,地域によって特徴ある産業が,雇用の受け皿になっている。地域別にみると,宮古市が,漁業,農業,水産食料品,

表3-7 被災自治体の上位10産業の全産業に占める従業者数の割合

	上位10産業（人）	全産業（人）	割合（小数点）
宮古市	18,015	25,003	0.72
釜石市	14,235	19,510	0.73
塩釜市	19,547	23,366	0.84
多賀城市	21,163	25,622	0.83
南相馬市	23,908	32,863	0.73

出所：「平成21年経済センサス（基礎調査）」より筆者作成。

釜石市は漁業及び一般機械，塩釜市が水産食料品，多賀城市が飲食料品，南相馬市が，農業，その他の製造工業製品，宿泊業などである。

どの地域も公的サービス関連産業を含めて第3次産業と建設業が雇用の大きな受け皿となり，製造業は地域雇用の直接の受け皿として，大きな役割を果たしているというわけではない。なぜ，第3次産業や建設業が地域雇用で大きなシェアを占めるのか，製造業は本当に雇用の受け皿としての役割は小さいのか，これらの疑問に答えるためには，そもそも地域における雇用は何が決定しているのか，雇用決定要因を明らかにする必要がある。

（2） 産業別の雇用決定要因とその貢献度

市内の雇用はほとんど，市内一般政府消費支出，市内総固定資本形成（公的），市内総固定資本形成（民間），移輸出の4つの独立支出項目で創出されている[4]。

表3-9は，各被災地域において，従業者が多い上位10産業の雇用創出に，各独立支出項目がどの程度貢献しているかを示したものである。個別の独立支出にどの程度の雇用創出効果があるかをみるためには，当該の独立支出項目のみに2009年の実績額を残し，その他の独立支出の金額はすべてゼロとして，当該独立支出のみの雇用創出量を求める。各独立支出項目について，同様な手続で計算を行い，市内一般政府消費支出，市内固定資本形成（公的），市内固定資本形成（民間），移輸出それぞれの雇用創出量を求める。こうして，各産業

表3-8 従業者数が多い上位10産業

(単位:人)

宮古市	従業者数	釜石市	従業者数
商業	4,979	商業	3,507
医療・保健・社会保障・介護	3,134	医療・保健・社会保障・介護	2,307
建設	1,894	建設	1,677
教育・研究	1,254	一般機械	1,350
漁業	1,220	対事業所サービス	1,151
農業	1,210	運輸	959
対事業所サービス	1,183	漁業	939
飲食店	1,096	飲食店	798
公務	1,047	公務	785
水産食料品	999	その他対個人サービス	762
総従業者数	25,003	総従業者数	19,510

塩釜市	従業者数	多賀城市	従業者数	南相馬市	従業者数
商業	5,415	商業	5,575	商業	6,047
医療・保健・社会保障・介護	3,086	運輸	2,285	医療・保健・社会保障・介護	3,435
水産食料品	2,528	公務	2,248	建設	3,281
運輸	1,618	医療・保健・社会保障・介護	2,061	農業	2,548
建設	1,521	飲食店	1,904	対事業所サービス	2,241
飲食店	1,337	教育・研究	1,798	その他対個人サービス	1,566
その他対個人サービス	1,229	建設	1,698	宿泊業	1,317
教育・研究	1,061	対事業所サービス	1,506	教育・研究	1,285
公務	964	その他対個人サービス	1,285	運輸	1,232
対事業所サービス	788	飲食料品	803	その他の製造工業製品	956
総従業者数	23,366	総従業者数	25,622	総従業者数	32,863

出所:「平成21年経済センサス(基礎調査)」より筆者作成。

の全体の従業者に対する各独立支出項目の雇用創出量の割合を求めてまとめたものが，表3-9である。表3-9は，各産業における各独立支出項目の雇用創出の貢献度を示していることになる。

例えば，宮古市における商業の雇用創出では，市内一般政府消費支出が16％，市内総固定資本形成（公的）が7％，市内総固定資本形成（民間）が10％，移輸出が65％，それぞれ貢献していることを示している。

この貢献度の程度について，医療・保健・社会保障・介護，公務，教育・研究など公的サービス関連産業をみると，雇用創出量の多くを市内一般政府消費支出が生み出している。

建設の雇用創出については，どの地域もほとんどが，市内総固定資本形成（公的）及び市内総固定資本形成（民間）による貢献である。

各地域において従業者が多い，商業，対事業所サービス，飲食店，運輸，その他対個人サービスなど第3次産業の民間部門の雇用創出の貢献度は，どの地域も移輸出の貢献度が一番高い。これは，個別産業の移輸出増から派生する生産誘発効果とそれに伴う雇用者所得誘発効果によって民間消費支出が増加し，第3次産業民間部門のサービスに対する需要の増加によって生産が増え，雇用が創出されるのである。

ただし，地域によっては，移輸出以外の独立支出項目の雇用創出の貢献度も無視できない。商業，その他対個人サービス，飲食店などについては，どの地域も市内一般政府消費支出が一定程度貢献している。対事業所サービスでは，多くの地域で，市内一般政府消費支出，市内固定資本形成（公的）及び市内固定資本形成（民間）の3つが一定の貢献度を示している。

(3) 市内一般政府消費支出と市内総固定資本形成の雇用創出効果

次に，各独立支出項目がどの産業で雇用創出しているかをみると，市内一般政府消費支出による雇用創出が大きい産業は，医療・保健・社会保障・介護，公務，教育・研究など公的サービスを提供する分野である。また，市内一般政府消費支出は公的サービス産業以外に，商業，その他対個人サービス，対事業

表3-9 上位10産業における主な独立支出項目の雇用創出への貢献度

(単位:小数点)

宮古市	一般政府消費支出	公的固定資本形成	民間投資	移輸出	合計	釜石市	一般政府消費支出	公的固定資本形成	民間投資	移輸出	合計
商業	0.16	0.07	0.10	0.65	1.00	商業	0.12	0.06	0.14	0.67	1.00
医療・保健・社会保障・介護	0.86	0.02	0.01	0.09	1.00	医療・保健・社会保障・介護	0.83	0.02	0.03	0.11	1.00
建設	0.04	0.64	0.28	0.04	1.00	建設	0.02	0.47	0.47	0.04	1.00
教育・研究	0.66	0.02	0.01	0.31	1.00	一般機械	0.00	0.01	0.14	0.90	1.00
漁業	0.02	0.01	0.00	0.96	1.00	対事業所サービス	0.20	0.15	0.19	0.44	1.00
農業	0.12	0.04	0.05	0.76	1.00	運輸	0.12	0.08	0.11	0.67	1.00
対事業所サービス	0.26	0.19	0.11	0.41	1.00	漁業	0.01	0.00	0.00	0.98	1.00
飲食店	0.23	0.07	0.04	0.34	1.00	飲食店	0.17	0.06	0.08	0.37	1.00
公務	0.97	0.01	0.00	0.02	1.00	公務	0.96	0.01	0.01	0.03	1.00
水産食料品	0.03	0.01	0.01	0.94	1.00	その他対個人サービス	0.27	0.09	0.11	0.47	1.00

塩釜市	一般政府消費支出	公的固定資本形成	民間投資	移輸出	合計	多賀城市	一般政府消費支出	公的固定資本形成	民間投資	移輸出	合計
商業	0.10	0.02	0.06	0.80	1.00	商業	0.14	0.01	0.07	0.76	1.00
医療・保健・社会保障・介護	0.54	0.01	0.01	0.43	1.00	運輸	0.18	0.02	0.04	0.75	1.00
水産食料品	0.01	0.00	0.00	0.99	1.00	公務	0.99	0.00	0.00	0.01	1.00
運輸	0.16	0.03	0.05	0.74	1.00	医療・保健・社会保障・介護	0.73	0.01	0.01	0.25	1.00
建設	0.05	0.42	0.44	0.08	1.00	飲食店	0.23	0.01	0.02	0.51	1.00
飲食店	0.20	0.03	0.04	0.51	1.00	教育・研究	0.63	0.01	0.01	0.35	1.00
その他対個人サービス	0.25	0.03	0.04	0.63	1.00	建設	0.10	0.35	0.41	0.13	1.00
教育・研究	0.70	0.01	0.02	0.26	1.00	対事業所サービス	0.34	0.03	0.06	0.55	1.00
公務	0.97	0.00	0.00	0.02	1.00	その他対個人サービス	0.32	0.02	0.03	0.59	1.00
対事業所サービス	0.27	0.05	0.09	0.57	1.00	飲食料品	0.23	0.01	0.02	0.70	1.00

第3章　震災前の産業と雇用

南相馬市	一般政府消費支出	公的固定資本形成	民間投資	移輸出	合計
商業	0.11	0.04	0.10	0.72	1.00
医療・保健・社会保障・介護	0.69	0.02	0.01	0.27	1.00
建設	0.01	0.60	0.32	0.07	1.00
農業	0.04	0.01	0.02	0.92	1.00
対事業所サービス	0.18	0.09	0.10	0.61	1.00
その他対個人サービス	0.16	0.05	0.04	0.71	1.00
宿泊業	0.08	0.03	0.02	0.70	1.00
教育・研究	0.52	0.02	0.01	0.45	1.00
運輸	0.13	0.06	0.06	0.73	1.00
その他の製造工業製品	0.02	0.01	0.01	0.96	1.00

出所：筆者推計。

所サービス，飲食店など民間サービス産業への雇用創出の波及効果も小さくない。

　市内総固定資本形成（公的）及び市内総固定資本形成（民間）は，雇用創出の多くは建設であり，それ以外では，対事業所サービスなどに創出効果の広がりがみられる。

　市内一般政府消費支出は，行政サービス，教育・医療・福祉関連サービスなど市民の日常生活に不可欠な公的サービスを提供する分野で雇用を創出しており，同時に多様な民間サービス産業への雇用創出にも寄与している。他方，市内総固定資本形成（公的）は，建設業など一部の産業の雇用創出には寄与するが，他産業への広がりは市内一般政府消費支出ほどではない。

　市内総固定資本形成（民間）は，市内総固定資本形成（公的）と同じで，雇用創出の多くは建設であり，それ以外では，商業，対事業所サービスなどに広がりがみられる。

（4）　移輸出の雇用創出効果

　移輸出による雇用創出効果は非常に大きく，その地域における多くの産業の雇用に幅広い影響を与えている。表3-10は，地域ごとに10億円以上の移輸出実績のある第1次産業と第2次産業を一覧したものである。一覧した産業の移輸出合計額が地域産業すべての移輸出額に占める割合をみると，塩釜市と多賀城市が6割以上，宮古市と釜石市が7割以上，南相馬市の場合は8割に達しており，どの地域も一覧した産業の移輸出が地域の雇用創出に大きな影響を与えていることになる。

　注目すべきは，一覧表にある産業は，従業者数が多い上位10産業に入らない製造業などを多く含んでいるということである。宮古市の場合，パルプ・紙・木製品，化学製品，金属製品，一般機械，電子部品などの製造業は，従業者数は決して多くないが，移輸出によって市内生産額を獲得し，雇用者所得誘発効果を通じて域内の他産業とりわけ第3次産業の雇用創出に貢献しているのである。特に電子部品の移輸出額は宮古市では群を抜いており，地域の雇用への貢

第3章 震災前の産業と雇用

表3-10 震災前（2009年）における10億円以上の移輸出実績産業

宮古市		釜石市		塩釜市		多賀城市		南相馬市	
農業	1,109	漁業	7,883	漁業	7,881	飲食料品	5,121	農業	6,835
漁業	4,518	飲食料品	5,495	飲食料品	3,775	パルプ・紙・木製品	11,761	飲食料品	8,933
飲食料品	2,883	水産食料品	2,507	水産食料品	43,085	化学製品	6,881	繊維製品	1,902
水産食料品	9,697	パルプ・紙・木製品	2,014	パルプ・紙・木製品	1,452	石油・石炭製品	2,298	パルプ・紙・木製品	19,572
パルプ・紙・木製品	9,768	鉄鋼	14,879	化学製品	1,786	金属製品	2,253	化学製品	5,494
化学製品	1,925	一般機械	12,628	鉄鋼	1,801	電気機械	5,390	窯業・土石製品	1,538
金属製品	3,755	電子部品	4,753	輸送機械	5,490	電子部品	27,584	金属製品	3,941
一般機械	1,762	その他の製造工業製品	2,716	合計	101,990	その他の製造工業製品	6,804	一般機械	4,937
電子部品	22,889	電力・ガス・熱供給	1,537			合計	114,094	電気機械	4,477
電力・ガス・熱供給	1,162	合計	71,631					電子部品	5,086
合計	79,284							精密機械	3,826
								その他の製造工業製品	10,025
								電力・ガス・熱供給	64,598
								水道・廃棄物処理	2,607
								合計	177,832

全移輸出にしめる割合

宮古市	釜石市	塩釜市	多賀城市	南相馬市
0.75	0.76	0.64	0.6	0.81

注：単位は、「全移輸出に占める割合」が小数点、その他は100万円。
出所：「2009年地域産業連関表」より抽出。

献度は高いといえる。

　釜石市では，漁業と一般機械以外は，従業者数上位10位産業に入ってはいない。なかでも，鉄鋼は従業者が多い一般機械とともに移輸出の金額が断トツに大きい。釜石市は，経済規模の大きい鉄鋼や一般機械，中小企業が多い飲食料品，水産食料品，パルプ・紙・木製品，電子部品などが，移輸出を通じて地域の雇用創出をけん引しているといえる。

　塩釜市は，従業者が多い水産食料品の移輸出が430億に達しており，断トツの存在であり，それ以外には，漁業，飲食料品，輸送機械などの移輸出が雇用創出に大きな貢献をしていることがわかる。

　多賀城市は，電子部品の移輸出が275億円で一番多いが，従業者数自体は上位10位内には入っていない。続いて，パルプ・紙・木製品が117億円であるが，これも従業者数上位10位内に入っていない。しかし，これらの産業の移輸出が当該地域の雇用者所得誘発効果を経由して，第3次産業民間部門の雇用創出に貢献しているのである。

　南相馬市は，原町火力発電所があり，地域外に送電しており，電力・ガス・熱供給の従業者数は上位10位内に入ってはいないが，移輸出が645億円にも達し，その雇用創出効果は多くの他産業に波及している。また，パルプ・紙・木製品の移輸出額も大きく，さらには，移輸出額が40〜50億円程度の製造業が多数存在している。南相馬市の場合は，電力・ガス・熱供給や40〜50億円規模の移輸出実績のある多数の製造業の集積が，地域雇用創出に貢献しているといえる。

（5）　独立支出項目別の雇用創出効果の貢献度

　各独立支出項目が地域の雇用創出にどの程度貢献しているかという貢献度をまとめると，表3-11のとおりである。

　宮古市の場合，移輸出が50％，市内一般政府消費支出30％，市内総固定資本形成（公的）10％，市内総固定資本形成（民間）7％である。宮古市の場合，移輸出の貢献度が一番高いが，市内一般政府消費支出も30％と高く，市内総固

第3章 震災前の産業と雇用

表3-11 各独立支出項目の貢献度

	一般政府消費支出	公的固定資本形成	民間投資	移輸出	市内従業者総数（人）
宮古市	0.30	0.10	0.07	0.50	25,003
釜石市	0.25	0.09	0.12	0.52	19,510
塩釜市	0.25	0.05	0.06	0.62	23,366
多賀城市	0.33	0.03	0.06	0.55	25,622
南相馬市	0.19	0.09	0.08	0.62	32,863

注：各独立支出項目の貢献度は，市内従業者総数に対して，各独立支出項目による雇用創出数の割合である。
出所：筆者試算。

定資本形成（公的）とあわせて公的支出によって，実に地域雇用の40％が支えられているところに特徴がある。

　釜石市の場合，移輸出が52％，市内一般政府消費支出25％，市内総固定資本形成（公的）9％，市内総固定資本形成（民間）12％である。釜石市の場合，市内総固定資本形成（民間）の貢献度が他地域に比べて高いところに特徴がある。また，鉄鋼や一般機械などで規模の大きい工場があり，これらの産業が民間設備投資を誘引していると思われる。

　塩釜市は，移輸出62％，市内一般政府消費支出25％，市内総固定資本形成（公的）5％，市内総固定資本形成（民間）6％である。塩釜市の場合は，移輸出が5地域でみると高いが，市内総固定資本形成（民間）の貢献度は釜石市ほど高くはない。これは，基盤産業である水産食料品産業などは労働集約的であり，民間設備投資をけん引する産業が，育成されていないことによる。塩釜市は，労働集約的産業の移輸出が地域の雇用に大きく貢献しているといえる。

　多賀城市は，移輸出が55％，市内一般政府消費支出約33％，市内総固定資本形成（公的）3％，市内総固定資本形成（民間）6％である。市内一般政府消費支出の割合が5地域で一番高くなっている。これは，自衛隊が市内に駐屯しているためであり，自衛隊による雇用創出が多賀城市の1つの特徴である。

　南相馬市は，移輸出が62％，市内一般政府消費支出19％，市内総固定資本形成（公的）9％，市内総固定資本形成（民間）8％である。前述したように，南

相馬市は40～50億円規模の移輸出実績のある多産業の製造業が集積しており，移輸出の貢献度が高くなっている。南相馬市の場合，公的支出の貢献度は相対的に低い。

（6） 本節における分析結果

・従業者数の多い産業は，どの地域も非常に共通しており，医療・保健・社会保障・介護，公務，教育・研究など公的サービス産業，建設，第3次産業のうち，商業，対事業所サービス，飲食店，運輸，その他対個人サービスなどが雇用の大きな受け皿になっており，雇用の受け皿としての製造業の役割はそれほど大きくない。

・地域全体の労働需要を示す雇用量は，独立支出である市内一般政府消費支出，市内総固定資本形成（公的），市内総固定資本形成（民間），移輸出などによって規定されている。独立支出項目でみると，どの地域も移輸出の雇用創出効果が一番大きいことがわかる。

・どの地域も移輸出額の大きい産業は，製造業など第2次産業に集中している。製造業などの移輸出増は，生産誘発効果を通じて各産業の粗付加価値を増やすので，雇用者所得が増え民間消費支出が増大する。民間消費支出における各種サービス財への支出のウエイトが高いので，第3次産業民間業種の生産と雇用を誘発することになる。製造業などの移輸出は，第3次産業の雇用創出に大きな役割を果たすことによって，地域の雇用創出に多大な影響をもたらしている。

・市内一般政府消費支出が雇用に与える影響も大きく，医療・保健・社会保障・介護や教育・研究など公的サービス関連産業のみならず民間の産業にも雇用を創出するという広がりがある。市内総固定資本形成（公的）の雇用創出効果は建設中心で，一般政府消費支出に比べると他産業への広がりに欠け，市内総固定資本形成（民間）も同様の性質を持っている。公的支出のうち市内一般政府消費支出が雇用の受け皿として大きな役割を果たしていることに特に留意する必要がある。

・日本経済は中央政府の累積債務が膨大な額にのぼり，地方交付金を中心として，地方の財政支出を削減しようとする圧力は今後ますます高まる可能性がある。しかし，財政支出削減が一般政府消費支出に及べば，日常の生活不安のみならず雇用不安を助長する可能性が高い。

4　地域の社会経済の特性

（1）　昼夜の人口移動からみた地方圏における5地域の位置

　各被災自治体における社会経済の特性を鳥瞰的に把握するために，まず1日の人の移動動向を示す夜間人口と昼間人口の違いに注目する（表3-12参照）。

　表3-12によると，宮古市と釜石市は，夜間人口と昼間人口の差がそれほど大きくないが，いずれも昼間人口が夜間人口を上回っている。昼夜の人口移動をみると，両市では，周辺地域から通勤・通学のため流入している人たちが多いことを示し，沿岸部における中心的地方都市であることがわかる。

　塩釜市と多賀城市は夜間人口と昼間人口に大きな違いがあり，夜間人口が昼間人口を大きく上回る。両市では，両市以外の地域（特に仙台市）に通勤・通学する人が多数にのぼり，昼夜の人の移動が活発な地域である。両市は，仙台市の社会経済に強く依存した大都市依存型の周辺地域であることがわかる。

　南相馬市は，相双地域の中心的地方都市であるが，昼間人口が夜間人口を1,400人ほど下回っており，社会経済において他地域へ依存している部分も大きい。他方，塩釜市や多賀城市のように，昼間人口が大きく夜間人口を下回っているわけではないので，強い社会経済力を持つ地域に包含されているのではない。南相馬市は相双地域という広域において中心的地方都市であると同時に広域的な社会経済の相互依存関係を維持していたことがわかる。

（2）　地域経済圏の特徴

　5地域の地域経済圏における特徴をみるためには，常住地ベース及び従業地ベースの就業者動向をみることが有用である。

表3-12 被災自治体の夜間人口と昼間人口

(単位:人)

	夜間人口	昼間人口
宮古市	59,430	60,406
釜石市	39,574	41,514
塩釜市	56,490	51,027
多賀城市	63,060	57,531
南相馬市	70,878	69,455

出所:平成22年国勢調査。

表3-13 常住地及び従業地による就業者数

(単位:人)

	常住地による就業者数	うち市内	うち市外	従業地による就業者数	うち市内	うち市外
宮古市	25,669	23,995	1,674	26,155	23,995	2,160
釜石市	16,900	15,489	1,411	18,691	15,489	3,202
塩釜市	24,993	10,822	14,171	20,853	10,822	10,031
多賀城市	29,930	10,655	19,275	21,937	11,283	10,654
南相馬市	33,279	27,422	5,857	31,722	27,422	4,300

出所:平成22年国勢調査。

宮古市・釜石市

　宮古市では,同市に常住しながら市外で就業している人が1,674人,市外に常住しながら宮古市に就労の場がある人は2,160人で,ネットで,他地域に486人の雇用機会を提供している(表3-13参照)。

　宮古市と周辺地域との相互関係をみてみると,宮古市から山田町へ640人,岩泉町に179人が働きに出,山田町から宮古市へ1,357人,岩泉町から150人が働きに来ている。宮古市と釜石市との社会経済関係は弱い。宮古市は山田町や岩泉町と連携関係が密接であり,特に山田町の雇用に大きな役割を果たしていることがわかる。宮古市は,山田町や岩泉町など周辺地域を包含して自立した宮古地域経済圏を形成していることが確認できる(表3-14参照)。

　表3-13によると,釜石市は,同市に常住しながら市外で就業している人が

表3-14 宮古市を中心とする就業者の
主な地域間移動
(単位：人)

宮古市から		宮古市へ	
山田町	640	山田町	1,357
盛岡市	203	盛岡市	159
岩泉町	179	岩泉町	150
		大槌町	107

出所：平成22年国勢調査。

表3-15 釜石市を中心とする就業者の
主な地域間移動
(単位：人)

釜石市から		釜石市へ	
大槌町	676	大槌町	1,838
遠野市	219	山田町	381
大船渡市	164	大船渡市	321
		遠野市	254

出所：平成22年国勢調査。

1,411人，市外に常住しながら宮古市に就労の場がある人は3,202人である。ネットで周辺地域に1,791人もの雇用機会を提供しており，宮古市より他地域への雇用機会提供に大きな役割を果たしている。

　釜石市から大槌町へ676人，遠野市に219人，大船渡市に164人が働きにいっている。他方，釜石市へ大槌町から1,838人，遠野市から254人，大船渡市から321人，山田町から381人が働きに来ている。釜石市は，大槌町との相互関係が特に強いが，大船渡市や山田町などの沿岸部のみならず内陸部の遠野市などとの相互関係も密接で，宮古市と比較して，釜石市を中心とした広域の自立的地域経済圏を形成していることがわかる（表3-15参照）。

　このように，宮古市と釜石市は周辺地域に多くの雇用機会を提供する中心的役割を果たしている。このことから，宮古市と釜石市は，それぞれの市を中心として，周辺地域と社会経済関係を密にして相対的に自立した地域経済圏を形成しているということができる。

塩釜市・多賀城市

　表3-13によると，塩釜市では，同市に常住しながら市外で就業している人が14,171人，市外に常住しながら塩釜市に就労の場のある人が10,031人で，ネットで，他地域から4,140人の雇用機会を得ている。

　塩釜市から仙台市へは8,382人，多賀城市に2,269人，利府町に1,250人，松島町に364人，七ヶ浜町に281人が働きにいっている。他方，塩釜市へは，多賀

表3-16 塩釜市を中心とする就業者の主な地域間移動

(単位：人)

塩釜市から	
仙台市	8,382
多賀城市	2,269
利府町	1,250
松島町	364
七ヶ浜町	281

塩釜市へ	
多賀城市	2,665
仙台市	2,526
七ヶ浜町	1,224
利府町	1,111
松島町	629
東松島市	478
石巻市	323

出所：平成22年国勢調査。

表3-17 多賀城市を中心とする就業者の主な地域間移動

(単位：人)

多賀城市から	
仙台市	12,928
塩釜市	2,665
利府町	769
七ヶ浜町	323

多賀城市へ	
仙台市	5,090
塩釜市	2,269
七ヶ浜町	1,617
利府町	961

出所：平成22年国勢調査。

城市から2,665人，仙台市から2,526人，七ヶ浜町から1,224人，利府町から1,111人が働きに来ている（表3-16参照）。

多賀城市では，同市に常住しながら市外で就業している人が19,275人，市外に常住しながら多賀城市に就労の場のある人が10,654人で，他地域からネットで8,621人もの雇用機会を得ている（表3-13参照）。

多賀城市から仙台市へ12,928人，塩釜市に2,665人，利府町に769人，七ヶ浜町に323人が働きにいっている。他方，多賀城市へは仙台市から5,090人，塩釜市2,269人，七ヶ浜町から1,617人，利府町から961人が働きに来ている。多賀城市も塩釜市と同様仙台市から多くの雇用機会を得ている（表3-17参照）。

多賀城市と塩釜市及び利府町は相互依存関係が強い。両市とも，七ヶ浜町に多くの雇用機会を提供している。塩釜市と多賀城市は，仙台市に経済的に強く依存し，多賀城市・塩釜市・利府町の2市1町の相互依存関係が強く，七ヶ浜町など周辺地域の雇用の受け皿という3つの重層的経済関係を内包している。

南相馬市

南相馬市では，同市に常住しながら市外で就業している人が5,857人，市外に常住しながら南相馬市に就労の場のある人が4,300人，ネットで，他地域から1,557人の雇用機会を得ている。南相馬市は，相双地域の中心的地方都市で

第3章　震災前の産業と雇用

表3-18　南相馬市を中心とする就業者の主な地域間移動

(単位：人)

南相馬市から		南相馬市へ	
相馬市	1,737	相馬市	1,809
浪江町	1,052	浪江町	852
大熊町	878	新地町	259
富岡町	346	飯舘村	246
双葉町	247		

出所：平成22年国勢調査。

あるが，雇用機会は他地域に依存している部分があり，自立的地域経済圏を形成しているとはいいがたい（表3-13参照）。

　南相馬市から相馬市へ1,737人，浪江町に1,052人，大熊町に878人，富岡町に346人，双葉町に247人が働きにいっている。南相馬市へは相馬市から1,809人，浪江町から852人，新地町から259人，飯舘村から246人が働きに来ている（表3-18参照）。

　南相馬市は，相馬市との相互依存関係が一番強く，また浪江町との相互依存関係も強い。南相馬市は，他地域の原発関連事業所の多くに雇用機会を得ている。他方，飯舘村や新地町など原発関連事業所がないところに雇用機会を提供している。南相馬市は，相馬市とともに相双地域の中心的地方都市を形成する一方，原発関連事業所のある地域に雇用機会を得るとともに，原発関連事業所のない地域に雇用機会を提供している。

（3）　**地域経済圏と経済復興政策**

　復興計画は市町村別に策定され実施に移されているが，経済復興政策を実施する場合，地域経済圏の存在に留意する必要がある。

　宮古市と釜石市は，それぞれが自立的地域経済圏を形成する中心的地方都市である。両市が力強く経済復興を推進することが，周辺地域の経済復興，特に雇用創出に大きな影響を与えることになる。経済復興にあたっては，沿岸地域

における自立的地域経済圏の再生という視点から，自地域の住民の雇用機会の保障のみならず，周辺地域の住民の雇用機会も一定数創出する努力が両市には必要である。

　塩釜市と多賀城市は，3層の地域経済連携関係を内包していることに留意する必要がある。両地域の雇用は他地域（仙台市）の経済に大きく依存しているため，自らの経済復興政策に消極的であっても，両市の就労者が急速に減少するとは考えにくい。他方，自らが経済復興政策を推進しても，雇用創出が他地域に漏れ，地元住民の雇用創出効果は限定される面もある。

　今後人口減少が見込まれる中，仙台市の居住環境などが改善されれば，ベッドタウンとしてのこれまでの役割が薄れ，仙台市への人口流出が加速する可能性がある。その結果，両市とも地域経済の空洞化の危険性がある。将来の人口流出を避けるためには，「職住近接」の体制を強化し，域内の産業振興に力をいれ，広域的な視点からお互いの相乗効果によって雇用を創出していく必要がある。

　南相馬市の場合，これまで，原発関連事業所のある地域に雇用機会を得ていたことが大きな特徴であった。しかし，原発災害後は，それを望むことは不可能である。相馬市との相互依存関係は今後とも大きな変化がないとした場合，震災前に原発関連事業所のある地域に依存していた雇用の受け皿を，南相馬市自体が創出していかねばならないことになる。

（4）　域際収支の動向とファイナンス問題

　表3-19は，各被災地域の産業連関表から導出した域際収支（移輸出－移輸入）の金額を示しているが，すべての地域で赤字である。域外との財サービスの取引状況をみると，買い（移輸入）が売り（移輸出）を上回っており，対外取引においては赤字状態ということになる。域際収支の赤字のファイナンスは，財政的援助（交付金や国庫補助金など）や年金の送金などで行われる。

　釜石市，南相馬市及び宮古市の赤字は，財政的支援や年金の送金などで主に賄われていると思われる。釜石市や南相馬市の赤字は，それぞれ91億円，95億

第3章 震災前の産業と雇用

表3-19 各被災自治体の域際収支

(単位：100万円)

	域際収支
宮古市	-29,131
釜石市	-9,100
塩釜市	-48,815
多賀城市	-48,179
南相馬市	-9,562

出所：巻末資料表資-3及び表資-4。

円と他の地域に比べると少なくなっている。これは，両市の公的支出が他地域に比して少なく，したがって財政的援助も少ないことを示す。

これに対して，特に塩釜市と多賀城市の域際収支は大幅な赤字になっている。この赤字をファイナンスする1つのルートは，出稼ぎによる所得である。国際貿易にたとえるなら，貿易収支の大幅赤字を，貿易外収支の1つである所得収支の黒字で穴埋めし，経常収支の赤字幅を小さくしているということができる。

多賀城市を事例とすると，2005年の従業者の昼間における純流出人口は6,236人であった。1世帯あたり有業者数1.53人とすると，4,076世帯が域外で「出稼ぎ所得」を得ていることになる。もしこの全世帯が仙台市で働いているとすると，仙台市の1世帯あたり実収入は約468万円であるから，これを基準にすると，多賀城市の「出稼ぎ所得」は約190億円ということになる。多賀城市は，域外から多額の出稼ぎ所得を獲得し，それをもとに，域外から多額の財・サービスを購入していることになる。(5)

ところで，地域マクロ経済における財・サービス市場では，域内総需要＝域内総供給が成立する。今，域内総需要＝域内需要＋移輸出，域内総供給＝域内供給＋移輸入であるから，域内需要＋移輸出＝域内供給＋移輸入である。したがって，移輸出－移輸入＝域内供給－域内需要が成立する。域際収支が赤字（移輸出超過額の赤字）であるということは，域内供給＜域内需要が成立し，財・サービス市場が超過需要であることを意味する。

域内の人が生活に必要なものを購入して一定の生活水準を維持するためにそれ相当の域内需要が必要になる。しかし，域内の供給基盤が十分ではないため，域内の財・サービス市場は，超過需要状態になるのはやむをえないことであり，域際収支の赤字構造の解消は困難であると思われる。したがって，特に宮古市・塩釜市・南相馬市では，域際収支赤字をファイナンスするために，外部からの財政的支援や年金などの所得移転が不可欠である。

　塩釜市や多賀城市は，域際収支が大幅赤字で，出稼ぎ所得が大きなファイナンスのための手段となっている。しかし，もし移輸出産業の振興を促進することができれば，域際収支の赤字幅を縮小させることになり，それは同時に市内の供給基盤を拡大し雇用を自らの地域で創出することを意味する。塩釜市・多賀城市にとっては，域際収支の赤字幅縮小は，地域経済の自立という視点から特に重要である。

注
(1) 被災自治体の産業別自給率については，巻末資料の表資-5を参照のこと。
(2) 本書で利用するモデルについては，藤川(2005)を参照のこと。また，以下の定式化では，36産業分類を前提として記述している。
(3) ここで利用している「平成21年経済センサス(基礎調査)」における市町村別産業別従業者数は，産業中分類に基づくデータである。他方，地域産業連関表は，37部門あるいは36部門(事務用品，分類不明を除く)の産業分類である。そこで，経済センサスの産業中分類の従業者数を地域産業連関表の産業分類に基づく従業者数に組み替えた。したがって，例えば「上位10産業」という場合の産業は，地域産業連関表の産業分類に基づくものである。
(4) 市内総固定資本形成(民間)は，民間設備投資と民間住宅投資などから構成される。以下で，民間投資といういい方をする場合もあるが，これは市内総固定資本形成(民間)と同義である。
(5) 数値データについて，多賀城市の純流出人口及び1世帯あたり有業者数は「2005年国勢調査」，仙台市の1世帯あたり実収入は，「家計調査結果」(総務省統計局)における2005年の数値である。

第4章

被災自治体における産業の被害実態と経済復興政策の課題

　震災前後の民間事業所の実態について，震災前に関しては，「平成21年経済センサス基礎調査」で2009年7月段階を，震災後に関しては「平成24年経済センサス活動調査」で2012年2月段階を知ることができる。「平成24年経済センサス活動調査」のデータは，震災発生のほぼ1年後の数字であり，被災自治体における民間事業所の被災状況の全体像を知る上で最も貴重なデータである。

　本章では，これら震災前後2期の「経済センサス」のデータをもとに，まず従業者からみた産業別の被害実態と被災事業所の事業再開の状況について分析し，被災自治体における産業被害の特徴を抽出する。具体的には，従業者からみた産業別被害実態分析では，被害が地域の主要産業に幅広く発生し，特に第3次産業民間部門において従業者の減少が著しいことを明らかにする。被災事業所の再開状況にかかわっては，廃業の実態及び資本ストックの毀損状況から，地域の供給基盤が相当に消滅していることを示す。

　このような状況の中で，経済復興のためには需要と供給の両面から地域産業全体の底上げを必要とするが，特に需要サイドからみると，独立支出のコントロールが重要であるから，独立支出を構成する民間設備投資，移輸出及び公的固定資本形成について現状分析を行う。さらに，被災自治体の現行の経済復興政策を検討して問題点を明らかにする。

　産業の被害実態の特徴，震災後の主な独立支出項目の動向及び現行の経済復興政策の問題点をふまえて，長期的視点から経済復興政策を議論する上でのわれわれの分析課題を明らかにする。

1 従業者からみた民間事業所の被害状況と特徴

　震災後，従業者の減少が大きい事業所は，被災により生産設備の破損が激しく生産活動は縮小せざるをえないため，それにあわせて従業者は解雇等により減少することになる。以下では，震災前後の従業者の減少の程度に着目して民間事業所の被害状況を分析する。なお，本節で，「震災前」とは2009年7月段階，「震災後」は2012年2月である。

(1) 宮古市

　民間事業所の震災前の従業者は21,516人であったが，震災後は20,555人で，全体で961人減少，減少率は約4％であり，他の地域と比較すると減少率は小さかった。医療・保健・社会保障・介護や建設で従業者が増加しており，これが減少率を相対的に小さくしている[1]。

　減少数が大きい産業は，商業（561人），宿泊業（267人），漁業（160人），飲食店（145人），運輸（138人），電子部品（136人）などであり，減少率が大きい産業は，宿泊業（46％），電子部品（21％），漁業（16％）などが目立っている。

　2009年に従業者が200人以上の産業は21産業あったが，そのうち，14産業で合計1,982人の従業者が減少している。特定の産業ではなく，宮古市の雇用を支える主な産業の多くで従業者減がみられる。

　従業者が減少した14産業のうち8産業は第3次産業であり，減少数は1,334人と減少数の7割弱を占めている。製造業では，電子部品（136人減），水産食料品（115人減）など合計で444人減少している。製造業より第3次産業において従業者減が大きいことがわかる。

　なお，医療・保健・社会保障・介護の従業者の増加は，復興政策の緊急課題の1つであった医療・介護施設の早期再開を反映しており，建設における従業者増は，公的固定資本形成を中心とする復興特需によるものである[2]（表4-1参照）。

第4章 被災自治体における産業の被害実態と経済復興政策の課題

表4-1 宮古市・釜石市の主要民間部門の従業者数の変化

宮古市	2009年	2012年	変化分	変化率	釜石市	2009年	2012年	変化分	変化率
商業	4,979	4,418	-561	0.89	商業	3,507	2,413	-1,094	0.69
医療・保健・社会保障・介護	2,252	2,716	464	1.21	医療・保健・社会保障・介護	1,878	1,708	-170	0.91
建設	1,894	2,241	347	1.18	建設	1,677	1,670	-7	1.00
対事業所サービス	1,183	1,114	-69	0.94	一般機械	1,350	1,337	-13	0.99
飲食店	1,096	951	-145	0.87	対事業所サービス	1,217	782	-435	0.64
漁業	1,030	870	-160	0.84	運輸	959	624	-335	0.65
農業	1,010	980	-30	0.97	漁業	830	580	-250	0.70
水産食料品	999	884	-115	0.88	飲食店	798	570	-228	0.71
その他対個人サービス	987	860	-127	0.87	その他対個人サービス	762	498	-264	0.65
運輸	931	793	-138	0.85	飲食料品	524	370	-154	0.71
電子部品	644	508	-136	0.79	金融・保険	442	361	-81	0.82
宿泊業	579	312	-267	0.54	電子部品	365	52	-313	0.14
パルプ・紙・木製品	539	541	2	1.00	その他の製造工業製品	339	261	-78	0.77
金融・保険	479	491	12	1.03	水産食料品	325	229	-95	0.71
一般機械	373	321	-52	0.86	その他の公共サービス	309	287	-22	0.93
不動産	353	314	-39	0.89	鉄鋼	297	550	253	1.85
民間部門合計	21,516	20,555	-961	0.96	情報通信	297	379	82	1.28
					宿泊業	270	201	-69	0.74
					民間部門合計	17,494	13,843	-3,651	0.79

注：変化分は2012年従業者数から2009年従業者数を引いた数値。変化率は2012年従業者数を2009年従業者数で除した割合。単位は変化率（小数点）以外は人。以下表4-2, 表4-3も同様。
出所：「平成21年経済センサス基礎調査」及び「平成24年経済センサス活動調査」をもとに筆者作成。

（2） 釜石市

　震災前と比較した震災後の従業者は全体で3,651人減少，減少率は約21%であり，宮古市よりも減少数・減少率ともに大きくなっている。減少数が大きい産業は，商業（1,094人），対事業所サービス（435人），運輸（335人），電子部品（313人），その他対個人サービス（264人），漁業（250人），飲食店（228人）などである。減少率でみると，電子部品の86%減が目立ち，対事業所サービス，その他対個人サービス，運輸，商業，漁業で30%台の減少となっている。なお，

水産食料品では，従業者は95人の減少にとどまっている。

　2009年の従業者が200人以上の産業は20産業であったが，そのうち，実に16産業で，あわせて3,704人の従業者が減少しており，釜石市の雇用の受け皿になっている多くの主要産業で，従業者の減少が確認できる。

　従業者が減少した20産業のうち，11産業は第3次産業で，減少数は2,763人，減少数全体の75％にのぼる。製造業でも，電子部品（313人減），飲食料品（154人減），水産食料品（95人減）などで相当の打撃を受けているが，従業者減少の割合では，宮古市と同様その多くが第3次産業である。

　鉄鋼で従業者が253人と大幅に増加，情報通信も82人増などとなっているが，これは復興需要を反映していると思われる（表4-1参照）。

（3）　塩釜市

　従業者は，震災後全体で2,040人減少し，減少率は10％であり，釜石市より低く，宮古市より高い結果になっている。減少数が大きい産業は，商業（780人），飲食店（300人），その他対個人サービス（223人）などである。減少率でみると，宿泊業（39％），飲食店（22％），その他対個人サービス（18％）などが目立っている。

　2009年に従業者が200人以上の産業は，16産業あったが，そのうち，15産業で従業者が合計2,121人減少している。従業者が減少した15産業のうち，11産業は第3次産業であり，減少数は1,815人，減少数全体の9割弱に達している。製造業では，塩釜市の基幹産業である水産食料品（98人減），輸送機械（18人減）など限定的である。宮古市・釜石市同様，幅広い産業で従業者が減少しているが，特に第3次産業で大幅に減少している。

　医療・保健・社会保障・介護では，宮古市と同様，復興政策の緊急課題に基づく医療介護施設の再開によって従業者が増加している。ところが，建設では従業者が減少しており，復興特需が建設業の従業者を増やしている傾向はみられない（表4-2参照）。

第4章 被災自治体における産業の被害実態と経済復興政策の課題

表4-2 塩釜市・多賀城市の主要民間部門の従業者数の変化

塩釜市	2009年	2012年	変化分	変化率	多賀城市	2009年	2012年	変化分	変化率
商業	5,415	4,635	-780	0.86	商業	5,575	4,156	-1,419	0.75
水産食料品	2,528	2,429	-98	0.96	運輸	2,285	1,481	-804	0.65
医療・保健・社会保障・介護	2,512	2,566	54	1.02	飲食店	1,904	1,251	-653	0.66
運輸	1,568	1,454	-114	0.93	医療・保健・社会保障・介護	1,851	2,820	969	1.52
建設	1,521	1,358	-163	0.89	建設	1,698	1,524	-174	0.90
飲食店	1,337	1,037	-300	0.78	対事業所サービス	1,460	1,046	-414	0.72
その他対個人サービス	1,214	991	-223	0.82	その他対個人サービス	1,277	971	-306	0.76
対事業所サービス	788	667	-121	0.85	教育・研究	1,003	1,228	225	1.22
飲食料品	665	639	-26	0.96	飲食料品	803	784	-19	0.98
金融・保険	597	566	-31	0.95	不動産	782	497	-285	0.64
教育・研究	529	479	-50	0.91	電子部品	725	361	-364	0.50
不動産	383	344	-39	0.90	電気機械	410	400	-10	0.98
その他の公共サービス	346	311	-35	0.90	宿泊業	303	279	-24	0.92
情報通信	341	303	-38	0.89	農業	252	242	-10	0.96
輸送機械	282	264	-18	0.94	その他の製造工業製品	243	37	-206	0.15
宿泊業	215	131	-84	0.61	金属製品	241	80	-161	0.33
民間部門合計	21,027	18,987	-2,040	0.90	その他の公共サービス	209	211	2	1.01
					パルプ・紙・木製品	204	117	-87	0.57
					民間部門合計	22,179	18,359	-3,820	0.83

出所:「平成21年経済センサス基礎調査」及び「平成24年経済センサス活動調査」をもとに筆者作成。

(4) 多賀城市

全体で3,820人減少,減少率は17%であり,隣接する塩釜市と比較すると従業者減の打撃が大きい。減少数が大きい産業としては,商業(1,419人),運輸(804人),飲食店(653人),電子部品(364人)などが目立っている。減少率でみると,その他の製造工業製品(85%減),金属製品(67%減),電子部品(50%減)などで,他の被災自治体に比べて製造業への打撃が目立つ。

2009年に200人以上の従業者規模を持つ産業は18産業あったが,そのうち15

産業で従業者が4,936人減少している。従業者が減少した15産業のうち8産業は第3次産業であり、減少数は3,903人、減少数の8割弱に達している。雇用の受け皿になっていた主要な産業の多くに被害が及び、第3次産業での従業者減が深刻であることは他被災自治体と共通した特徴である。

塩釜市と同様、医療・保健・社会保障・介護の従業者は大幅に増加しているが、建設では従業者が減少しており、復興特需による従業者増はあまりみられない（表4-2参照）。

(5) 南相馬市

震災前に比べて、全体で9,142人の大幅減少、減少率は33％に及び、5被災地域では、最も従業者減の打撃が大きい。減少数が大きい産業は、商業（2,577人）、医療・保健・社会保障・介護（759人）、建設（720人）、運輸（681人）、その他対個人サービス（597人）、飲食店（597人）など、大幅減少が目立つ産業が多い。減少率でみると、化学製品（100％減）と壊滅状態、農業（76％減）、運輸（55％減）など、その他被災地域に比べて壊滅状態を含んで打撃の大きさが目立つ。

2009年に従業者が200人以上の産業は24であったが、そのうち、21産業で従業者が9,170人減少している。従業者が減少した24産業のうち、13産業は第3次産業であり、減少数は6,025人で、減少数全体の7割弱に達している。製造業では、その他の製造工業製品（166人）、繊維製品（400人）、一般機械（409人）、金属製品（316人）、電子部品（276人）、飲食料品（249人）、化学製品（278人）など、他の地域に比べて、製造業の減少規模の大きさが目立っている。電力・ガス・熱供給で従業者が増加しているのは、原町火力発電所の復旧作業に伴うものである。建設の従業者は減少しており、復興特需の効果は弱いと思われる（表4-3参照）。

(6) 産業別被害実態の特徴と政策的課題

・被災自治体における従業者の減少は、特定の産業に集中しているのではなく、

第4章 被災自治体における産業の被害実態と経済復興政策の課題

表4-3 南相馬市の主要民間部門の従業者数の変化

南相馬市	2009年	2012年	変化分	変化率
商業	6,047	3,470	−2,577	0.57
建設	3,281	2,561	−720	0.78
医療・保健・社会保障・介護	2,743	1,984	−759	0.72
対事業所サービス	2,145	2,220	75	1.03
その他対個人サービス	1,561	964	−597	0.62
飲食店	1,317	720	−597	0.55
運輸	1,232	551	−681	0.45
その他の製造工業製品	956	790	−166	0.83
繊維製品	918	518	−400	0.56
金融・保険	785	516	−269	0.66
一般機械	777	368	−409	0.47
金属製品	761	445	−316	0.58
電子部品	751	475	−276	0.63
飲食料品	541	292	−249	0.54
その他の公共サービス	535	370	−165	0.69
教育・研究	373	188	−185	0.50
農業	360	86	−274	0.24
パルプ・紙・木製品	347	334	−13	0.96
不動産	313	239	−74	0.76
宿泊業	296	184	−112	0.62
化学製品	278	0	−278	0.00
情報通信	267	214	−53	0.80
電力・ガス・熱供給	230	270	40	1.17
水道・廃棄物処理	210	214	4	1.02
民間部門合計	27,957	18,815	−9,142	0.67

出所:「平成21年経済センサス基礎調査」及び「平成24年経済センサス活動調査」をもとに筆者作成。

多くの産業で幅広く相当数減少するという事態が発生している。このことは，すべての地域産業に目配りをして，地域雇用を改善する必要性を示しており，産業全体の雇用改善を促すための戦略的取り組みのあり方を考える必要がある。
・第3次産業の従業者減が顕著であるが，第3次産業の振興は，独立支出の生産誘発効果から派生する雇用者所得効果に依拠しており，独自の振興政策をとっても経営が改善し従業者が増加するわけではない。地域マクロ経済の循環構造の中で，どのようにして第3次産業の雇用を回復するかという課題が残る。
・地域マクロ経済を産業連関分析の視点から捉え，独立支出をコントロールしながら，それが産業間に波及する経済効果やそこから派生する所得効果によって経済復興を実現し，産業全体の雇用改善を促すという発想が重要である。

2　事業所の再開状況と民間資本ストックの毀損

(1)　事業所の廃業及び再開状況

「3類型化した事業所」の事業所数の推計方法

震災後，多くの民間事業所は事業を再開したが，廃業した民間事業所も少なからず存在する。ここでは，産業別に民間事業所の再開状況をみるために，震災後の事業所を「廃業・非再開事業所」，「被災再開事業所」，「被災なし事業所」の3つに分類し，それぞれについて事業所数の推計を行う。[3]

推計方法としては，まず震災前（「平成21年経済センサス基礎調査」）の事業所数から震災後（「平成24年経済センサス活動調査」）の事業所数を差し引けば，これを廃業・非再開事業所数とみなすことができる。他方，「平成21年経済センサス基礎調査」をもとにした特別調査によって，被災自治体別に浸水調査区にあった事業所数を産業別に手に入れることができるので，産業別の被災事業所数がわかる。被災事業所数から廃業・非再開事業所数を引くことによって，被災再開事業所数が求まる。また，産業別の被災事業所数を「平成21年経済セン

サス基礎調査」の産業別事業所数から引けば，被災なし事業所数を求めることができる。

以上のような手続で，廃業・非再開事業所数，被災再開事業所数，被災なし事業所数が求まる。なお，農業と漁業は経営体（個人経営体を含む）の数であり，その他の産業は事業所の数を示している。

被災自治体別の「3類型化した民間事業所」の事業所数

宮古市では，2009年に4,961の事業所があり，被災した事業所は3,047で，被災した事業所の割合は61％にのぼる。被災なし及び再開した事業所の割合は，88％にのぼり，復旧・復興にむけて着実な動きがみられる。特に漁業では，漁業経営体はすべてが被災し甚大な被害を受けたにもかかわらず，行政等の懸命な支援によって，84％が短期間のうちに事業を再開したことは特筆に価する。

廃業・非再開事業所は582にのぼり，全体の事業所に占める割合は約12％である。廃業・非再開事業所が多い産業は，卸売・小売業，漁業，サービス業に集中している傾向があり，震災を契機に，零細自営業者の人たちが高齢を理由に廃業に踏み切ったと思われる。また，製造業や金融・保険業の事業所数は，前述した3業種に比べると少ないが，廃業・非再開率でみるとそれぞれ13％，24％で，地域経済の長期的衰退の懸念材料といえる（表4-4参照）。

釜石市では，2009年に3,338の事業所があり，被災した事業所は2,214で被災した事業所の割合は66％にのぼる。被災なし及び再開した事業所の割合は，72％にとどまっている。廃業・非再開の事業所の割合は約28％である。宮古市と比較して，被災した事業所の割合はそれほど変わらないのに，廃業非再開の事業所の割合は宮古市の倍以上であり，釜石市の被害状況の深刻さがうかがえる。

産業別にみると，特に漁業で，被災なし及び再開事業所（経営体）の割合が7割にとどまり，廃業及び廃業の可能性のある事業所（経営体）が250と全体の30％を占めることは深刻である。宮古市に比しても，漁業の長期的衰退が懸念される。また，市の中心部が大きな被害を受けたために，特に卸売・小売業

表4-4 宮古市の「3類型化した民間事業所」の事業所数と割合

	廃業・非再開事業所数	被災再開事業所数	被災なし事業所数	2009年事業所総数	廃業・非再開事業所割合	被災再開事業所割合	被災なし事業所割合
農業	30	30	950	1,010	0.03	0.03	0.94
林業	0	0	11	11	0.00	0.00	1.00
漁業	160	870	0	1,030	0.16	0.84	0.00
鉱業	0	3	0	3	0.00	1.00	0.00
製造業	26	112	68	206	0.13	0.54	0.33
建設	16	106	131	253	0.06	0.42	0.52
電気ガス水道	0	2	0	2	0.00	1.00	0.00
卸小売	168	423	324	915	0.18	0.46	0.35
金融保険	17	36	19	72	0.24	0.50	0.26
不動産	28	120	60	208	0.13	0.58	0.29
運輸通信	4	47	56	107	0.04	0.44	0.52
サービス業	133	716	295	1,144	0.12	0.63	0.26
合計	582	2,465	1,914	4,961	0.12	0.50	0.39
被災事業所合計		3,047					

出所:「経済センサス」データをもとに筆者作成。

やサービス業への影響が大きく、廃業・非再開事業所数(廃業・非再開率)がそれぞれ、232 (34%)、302 (31%) にのぼっている。また、製造業についても、廃業・非再開事業所数が38で廃業・非再開率28%と看過できない状況である。全体の事業所のうち約3割が廃業の危機にあるということは、釜石市における産業の被害の深刻さを示している(表4-5参照)。

塩釜市では、2009年に3,347の事業所があり、被災した事業所は2,579で被災した事業所の割合は77%にのぼり、被災した事業所の割合は、他被災地域に比べて高くなっている。被災なし及び被災再開した事業所経営体の割合は79%にのぼり、被災事業所が多かった割には着実な回復状況といえる。廃業・非再開の事業所の割合は約21%であり、産業別にみると、卸売・小売業が234、サービス産業295など目立ち、第3次産業の復興が重要な課題となっている(表4-6参照)。

多賀城市では、2009年に2,712の事業所があり、被災した事業所は1,487で被災した事業所の割合は55%で、他被災地域に比べて、被災事業所の割合は低い

第4章　被災自治体における産業の被害実態と経済復興政策の課題

表4-5　釜石市の「3類型化した民間事業所」の事業所数と割合

	廃業・非再開事業所数	被災再開事業所数	被災なし事業所数	2009年事業所総数	廃業・非再開事業所割合	被災再開事業所割合	被災なし事業所割合
農業	30	10	178	218	0.14	0.05	0.82
林業	1	0	2	3	0.33	0.00	0.67
漁業	250	580	0	830	0.30	0.70	0.00
鉱業	0	0	1	1	0.00	0.00	1.00
製造業	38	51	48	137	0.28	0.37	0.35
建設	22	62	118	202	0.11	0.31	0.58
電気ガス水道	0	3	0	3	0.00	1.00	0.00
卸小売	232	163	278	673	0.34	0.24	0.41
金融保険	10	36	15	61	0.16	0.59	0.25
不動産	50	31	47	128	0.39	0.24	0.37
運輸通信	16	27	50	93	0.17	0.29	0.54
サービス業	302	300	387	989	0.31	0.30	0.39
合計	951	1,263	1,124	3,338	0.28	0.38	0.34
被災事業所合計		2,214					

出所:「経済センサス」データをもとに筆者作成。

表4-6　塩釜市の「3類型化した民間事業所」の事業所数と割合

	廃業・非再開事業所数	被災再開事業所数	被災なし事業所数	2009年事業所総数	廃業・非再開事業所割合	被災再開事業所割合	被災なし事業所割合
農業	10	0	11	21	0.48	0.00	0.52
林業	0	0	0	0	0	0	0
漁業	10	110	7	127	0.08	0.87	0.06
鉱業	0	0	0	0	0	0	0
製造業	42	195	28	265	0.16	0.74	0.11
建設	51	110	126	287	0.18	0.38	0.44
電気ガス水道	2	1	0	3	0.67	0.33	0.00
卸小売	234	613	208	1,055	0.22	0.58	0.20
金融保険	5	36	12	53	0.09	0.68	0.23
不動産	39	112	75	226	0.17	0.50	0.33
運輸通信	13	70	17	100	0.13	0.70	0.17
サービス業	295	631	284	1,210	0.24	0.52	0.23
合計	701	1,878	768	3,347	0.21	0.56	0.23
被災事業所合計		2,579					

出所:「経済センサス」データをもとに筆者作成。

表4-7 多賀城市の「3類型化した民間事業所」の事業所数と割合

	廃業・非再開事業所数	被災再開事業所数	被災なし事業所数	2009年事業所総数	廃業・非再開事業所割合	被災再開事業所割合	被災なし事業所割合
農業	10	70	172	252	0.04	0.28	0.68
林業	0	0	0	0	0.00	0.00	0.00
漁業	0	0	4	4	0.00	0.00	1.00
鉱業	0	0	0	0	0.00	0.00	0.00
製造業	22	50	20	92	0.24	0.54	0.22
建設	42	88	138	268	0.16	0.33	0.51
電気ガス水道	0	2	0	2	0.00	1.00	0.00
卸小売	90	222	210	522	0.17	0.43	0.40
金融保険	4	7	15	26	0.15	0.27	0.58
不動産	164	59	235	458	0.36	0.13	0.51
運輸通信	26	49	36	111	0.23	0.44	0.32
サービス業	189	393	395	977	0.19	0.40	0.40
合計	547	940	1,225	2,712	0.20	0.35	0.45
被災事業所合計		1,487					

出所:「経済センサス」データをもとに筆者作成。

状況である。被災なし及び再開した事業所の割合も80％で，着実な回復状況である。廃業・非再開の事業所の割合は約20％であり，廃業・非再開事業所数は，サービス業（189），不動産業（164），卸小売（90）など，他地域と同様に第3次産業での廃業が目立つ。多賀城市の場合，製造業の廃業・非再開事業所数22，廃業・非再開率24％でやや高くなっている（表4-7参照）。

南相馬市では，2009年に6,645の事業所があり，被災した事業所は3,607で被災した事業所の割合は54％と，他被災地域と比較した場合，決して高い数値ではない。ところが，被災なし及び被災再開事業所の割合は，55％にとどまっている。その結果，廃業・非再開の事業所の割合は約45％で，他被災地域と比較して一番高い数値である。産業別にみても，卸売・小売業やサービス業の廃業・非再開率が高いだけでなく，南相馬市にとって基幹的できわめて重要な産業である製造業の廃業・非再開率も38％にのぼり，138事業所が廃業及び廃業の危機にあることは看過できない。これはいうまでもなく，津波による被害よりも原発災害による被害が大きく，それによって半数近い事業所が廃業の危機

第4章 被災自治体における産業の被害実態と経済復興政策の課題

表4-8 南相馬市の「3類型化した民間事業所」の事業所数と割合

	廃業・非再開事業所数	被災再開事業所数	被災なし事業所数	2009年事業所総数	廃業・非再開事業所割合	被災再開事業所割合	被災なし事業所割合
農業	1,720	170	1,196	3,086	0.56	0.06	0.39
林業	3	0	6	9	0.33	0.00	0.67
漁業	60	0	0	60	1.00	0.00	0.00
鉱業	2	0	1	3	0.67	0.00	0.33
製造業	138	57	165	360	0.38	0.16	0.46
建設	126	61	212	399	0.32	0.15	0.53
電気ガス水道	0	2	3	5	0.00	0.40	0.60
卸小売	375	117	455	947	0.40	0.12	0.48
金融保険	12	2	57	71	0.17	0.04	0.80
不動産	41	12	123	176	0.23	0.07	0.70
運輸通信	38	19	48	105	0.36	0.18	0.46
サービス業	493	160	771	1,424	0.35	0.11	0.54
合計	3,008	599	3,038	6,645	0.45	0.09	0.46
被災事業所合計		3,607					

出所:「経済センサス」データをもとに筆者作成。

にさらされていることになる(4)(表4-8参照)。

(2) 民間資本ストックの毀損状況

廃業及び廃業の危機にある事業所が全事業所に占める割合は,宮古市12%,塩釜市・多賀城市が約20%,釜石市28%,南相馬市45%である。その割合は,地域によって違いはあるが,短期間のうちに相当数の廃業が発生することによって地域の生産能力のある部分が一瞬のうちに消滅し,地域の供給基盤に大きな揺らぎをもたらしたということができる。

ところで,被災による地域の生産能力の消滅状況をみるためには,生産能力を規定する民間資本ストックの毀損状況を分析することが有用である。民間資本ストックの毀損は,廃業・非再開事業所のみならず被災再開事業所の毀損も含むことになる。以下では,廃業・非再開事業所と被災再開事業所の合計の民間資本ストックの毀損額の推計に基づき,地域の生産能力の消滅がどの程度であるかを明らかにする(5)。

表4-9 宮古市・釜石市の民間資本ストックの毀損額

(単位:100万円)

宮古市	震災前(2009年)	震災後	毀損額	釜石市	震災前(2009年)	震災後	毀損額
農業	22,943	21,330	1,613	農業	7,018	5,677	1,341
林業	44,455	43,466	989	林業	4,565	2,976	1,589
水産業	78,850	22,496	56,354	水産業	125,914	20,233	105,681
鉱業	789	260	529	鉱業	567	540	27
製造業	47,194	23,293	23,901	製造業	66,012	27,549	38,463
建設業	15,479	9,834	5,645	建設業	14,342	9,026	5,315
電気ガス水道	35,631	12,014	23,617	電気ガス水道	26,143	6,001	20,142
卸小売	30,826	15,088	15,738	卸小売	22,105	9,898	12,207
金融保険	8,622	3,583	5,039	金融保険	8,108	2,969	5,140
不動産	8,885	4,226	4,658	不動産	5,474	2,264	3,209
運輸通信	31,057	18,846	12,211	運輸通信	31,227	17,007	14,220
サービス業	59,477	26,627	32,851	サービス業	46,117	20,148	25,969
合計	384,208	201,062	183,146	合計	357,592	124,286	233,305

注:毀損額の評価は、2009年価格による。
出所:筆者作成。

　宮古市は、被災事業所の民間資本ストック毀損額は1,831億円、2009年時点の総額に対する毀損率が47%である。毀損額が大きい産業は、水産業(563億円)、サービス業(328億円)、電気・ガス・水道業(236億円)、製造業(239億円)、卸小売(157億円)、運輸通信(122億円)などとなっている。

　釜石市は毀損額2,333億円、毀損率65%で、宮古市より被害が甚大である。産業別では、宮古市と同様水産業において毀損額が一番大きく、その毀損額は1,056億円に及び、宮古市より倍近い被害額になっている。続いて製造業(384億円)、サービス業(259億円)、電気・ガス・水道業(201億円)、運輸・通信業(142億円)、卸売・小売業(122億円)で、これらの産業で毀損額が100億円を超えている(以上表4-9参照)。

　塩釜市は、全体の毀損額1,610億円、毀損率48%であった。産業別の毀損額は、大きい順に、製造業(463億円)、サービス業(267億円)、水産業(252億円)、電気・ガス・水道業(235億円)、不動産業(155億円)、運輸・通信業(108億円)

第4章　被災自治体における産業の被害実態と経済復興政策の課題

表4-10　塩釜市・多賀城市の民間資本ストックの毀損額

(単位：100万円)

塩釜市	震災前(2009年)	震災後	毀損額	多賀城市	震災前(2009年)	震災後	毀損額
農業	2,350	1,204	1,146	農業	3,949	3,624	325
林業	30	29	1	林業	0	0	0
水産業	57,817	32,532	25,285	水産業	93	91	2
鉱業	0	0	0	鉱業	0	0	0
製造業	98,071	51,685	46,386	製造業	123,663	85,487	38,176
建設業	8,748	5,614	3,133	建設業	10,111	7,927	2,183
電気ガス水道	29,270	5,721	23,549	電気ガス水道	40,950	36,850	4,099
卸小売	5,037	2,621	2,416	卸小売	5,391	4,079	1,311
金融保険	15,121	9,131	5,990	金融保険	6,595	5,179	1,416
不動産	40,385	24,796	15,589	不動産	55,820	34,398	21,422
運輸通信	23,172	12,300	10,872	運輸通信	34,992	23,002	11,990
サービス業	55,370	28,654	26,716	サービス業	48,953	35,834	13,119
合計	335,370	174,286	161,084	合計	330,515	236,472	94,044

注：毀損額の評価は，2009年価格による。
出所：筆者作成。

などであった。

　多賀城市は毀損総額940億円で毀損率28％であった。産業別にみると，製造業（381億円），不動産業（214億円），サービス業（131億円），運輸・通信業（119億円）などが大きな毀損額であった。塩釜市と比較すると，水産業で毀損額がほぼゼロであること，電気・ガス・水道業で毀損額が少なかったことなどが，毀損額が相対的に少ない原因である（以上表4-10参照）。

　南相馬市は，全体の毀損額2,122億円，毀損率35％である。産業別にみると，製造業（537億円），農業（458億円），運輸・通信業（466億円），サービス業（286億円），不動産業（119億円）であり，これらの産業で毀損額が100億円を超えている。製造業及び農業の毀損額が大きいことが，他被災地域と違うところである（表4-11参照）。

表4-11 南相馬市の民間資本ストックの毀損額

(単位：100万円)

南相馬市	震災前(2009年)	震災後	毀損額
農業	80,137	34,323	45,814
林業	3,347	3,273	74
水産業	2,821	0	2,821
鉱業	954	908	45
製造業	126,124	72,347	53,777
建設業	25,974	16,725	9,250
電気ガス水道	113,130	106,736	6,394
卸小売	10,424	5,896	4,529
金融保険	11,117	8,761	2,356
不動産	46,404	34,466	11,938
運輸通信	106,163	59,487	46,676
サービス業	73,115	44,493	28,622
合計	599,711	387,415	212,297

注：毀損額の評価は，2009年価格による。
出所：筆者作成。

(3) 大きな打撃を受けた供給基盤

廃業・非再開率については，宮古市12％，塩釜市・多賀城市が約20％，釜石市28％，南相馬市45％であった。各地域の廃業・非再開事業所及び被災再開事業所の民間資本ストック毀損額を震災前の民間資本ストックに占める割合を示す毀損率でみると，宮古市47％，釜石市65％，塩釜市48％，多賀城市28％，南相馬市35％などとなっており，地域差はあるが，各被災地域とも民間資本ストックは相当の毀損を生んでいることになる。

宮古市の場合，廃業・非再開率は低いが，被災再開事業所の民間資本ストックの毀損額を考慮すると，地域の生産能力の50％弱が消滅していることになる。

釜石市は廃業・非再開率も相対的に高いが，被災再開事業所の民間資本ストックの毀損額が大きく，地域における生産能力の65％が失われるという状況である。

塩釜市の場合，廃業・非再開率に比して，民間資本ストックの毀損率は48％

と高い。これは，製造業（多くは水産加工業）や水産業の被災再開事業所の民間資本ストックの毀損額が大きいことを反映して，地域生産能力の半分程度が消滅したといえる。

多賀城市の場合，廃業・非再開率は塩釜市と同じであるが，多賀城市には水産業がほとんどないこと，電気・ガス・水道業の被害が少なかったことなどにより，民間資本ストックの毀損率は塩釜市より小さく，したがって地域の生産能力の消滅も30％弱にとどまっている。

南相馬市の場合，廃業・非再開の比率は高いが，民間資本ストックの毀損率は35％で，他地域と比較して地域の生産能力の消滅は意外にも相対的に低い。これは，産業立地という点から，南相馬市の原町区などに産業の集積がみられ，原発被害による地域生産能力の落ち込みがある程度抑制されたためである。

廃業事業所のみならず被災再開事業所の民間資本ストックの毀損額を考慮すると，被災自治体の地域生産能力の落ち込みは3割台から6割台に達しており，地域経済の供給基盤は大きく損なわれていることがわかる。

地域の生産能力がどの程度回復するかは，被災再開事業所を中心として，毀損した民間資本ストックがどの程度回復するか，すなわち民間設備投資の今後の動向に大きく左右されることになる。

3　独立支出項目の現状分析の重要性

本章におけるこれまでの考察から，被災自治体における産業の被害実態の特徴について，①特定の産業ではなく多数の産業に幅広く被害が及んでいる，②従業者の減少がみられた産業の多くは第3次産業の民間部門である，③民間資本ストックの相当の毀損によって地域の供給基盤が大きな打撃を受けた，と整理することができる。

このような状況の中で，経済復興を進めるためには，需要と供給の両面から地域産業全体の底上げが必要であるが，需要サイドからみると，独立支出をコントロールしながら域内産業全体の生産を誘発し，生産誘発効果から派生する

雇用所得効果によって，第3次産業の生産と雇用を創出するという産業連関分析の視点が重要である。

供給サイドからみると，独立支出項目のうち，民間設備投資の動向がどの程度将来の供給基盤を回復させるかに注目する必要がある。このようにみてくると，被災自治体における経済復興がどの程度進むかは，独立支出の動向に左右されるということになる。そこで，以下では，独立支出の現状分析について，民間設備投資，移輸出，復興特需（特に公的固定資本形成）に分けて考察することにする。

4　民間設備投資動向に関する現状分析

被災自治体ごとの震災後の民間設備投資動向について時系列的に現状を分析することは，データ等の制約があり現段階では困難を伴う。ここでは，「被災事業所復興状況調査」（岩手県）を手掛かりに，特定の被災地ではなく，被災地における民間設備投資の一般的傾向を知るというかたちで現状分析を行う。

（1）　被災事業所の生産施設の復旧状況

岩手県は，2012年から年2回，被災した岩手県下の市町村を対象に，産業の復旧・復興の進捗状況についてアンケート調査を行っている。調査項目ごとに，一定のまとまった情報を時系列的に把握することができ，それらの一部を分析することによって，被災地における民間事業所の民間設備投資動向についていくつかの重要な知見を得ることができる。

この調査は，岩手県の被災12市町村の商工会議所及び商工会などの会員で被災した事業所を対象としているため，商工業中心のアンケートである。産業分類は，「建設業」「水産加工業」「製造業（水産加工業を除く）」「卸売・小売業」「その他」の5つに分類されている。「その他」の多くは，卸売・小売業以外の第3次産業に属する事業所である[6]。

この調査によると，事業所の復旧状況について，「ほぼ震災前の状態に復旧

した」と回答した事業所は，19.2％（2012年）から34.4％（2014年）へと着実に増加している。「全く復旧しない」と回答した事業所比率は，24.9％（2012年）から21.2％で微減にとどまっている。[7]

産業別に「ほぼ震災前の状態に復旧した」をみると，建設業が21.9％（2012年）から44.5％（2014年），水産加工業が14.7％（2012年）から44.8％（2014年），製造業が，20％（2012年）から41.6％（2014年）である。また，卸売・小売業が17.2％（2012年）から27.2％（2014年），その他が20.3％（2012年）から34％（2014年）となっている。

震災前の状態に復旧した事業所は着実に増えているが，「震災前の状態」及び「4分の3程度」復旧した割合は，どの産業も過半数には至らず，多くの事業所で，いまだ生産施設の復旧に大きな遅れがみられる。

事業所の復旧状況は二極化の様相を示しており，復旧が着実に進み，ほぼ震災前の生産能力を回復した事業所といまだ復旧途上にあり思いどおりに復旧が進まない事業所が併存している状態である。

（2） 売り上げの復旧状況と直面する経営課題

売り上げの変化をみると，「震災前よりよい」と「被災前と同じ」の合計は，全体でみると，2012年段階で28.2％であったが，2013年に37.5％までに増加したあと，2014年には40％と微増にとどまっている。60％の事業所が被災前より売り上げ減少の状態であり，その中には売り上げ大幅減少や未再開の事業所を多く含んでいる。

産業別には，水産加工業において売り上げの落ち込み状態からなかなか脱却できない状況があり，「被災前以上」あるいは「同水準」の売り上げに達したという割合は，2012年10.6％から2014年17.2％とわずかな増加にとどまっている。全体的に，建設業以外の産業における売り上げの落ち込みの回復は遅く，今後多くの事業所で，売り上げの落ち込みの状況が膠着化する可能性がある。売り上げについても，売り上げが着実に増加している事業所と，売り上げ落ち込みが膠着化し，その状況から脱却できない多くの事業所が併存するという

「二極化」が進んでいる。

　産業別に2014年2月段階の課題をみると,「雇用労働力の確保が困難」については, 建設業61.5%, 水産加工業47.9%, 製造業36.2%などとなっている。「取引先の減少」は, 卸売・小売業が38.2%で一番高く, 製造業・水産加工業がそれに続いている。「売り上げの減少利益率低下」は, 卸売・小売業56.7%, 製造業44%, 水産加工業40.8%などといずれも高い数値である。「施設整備資金の不足」は, 製造業やその他（主にサービス業）, 水産加工業で顕著にみられ,「運転資金不足」及び「二重債務」は, 水産加工業で目立つ。事業所が抱えている課題は, 需要不足, 人手不足, 資金不足という「3つの不足」である。[8]

（3）　民間設備投資動向における二極化の様相

　以上のデータから, 岩手県の被災事業所の一般的傾向として, 次の3つの特徴があることがわかる。

①どの産業においても, 生産施設の復旧状況が着実な事業所がある一方, 廃業も含めて, いまだ生産施設の復旧に大きな遅れがみられる事業所が過半数という「二極化」の状況が進んでいる。
②建設業以外の産業において, 売り上げが着実に増加し, 震災前の水準を回復している事業所もあるが, 売り上げ落ち込みの回復も遅く, その状況が膠着化している事業所も多数存在するという「二極化」の様相がみられる。
③事業所が直面する問題は, 需要不足, 人手不足, 資金不足の「3つの不足」である。

　多くの事業所が, 売り上げ落ち込みの膠着状態にあり, 将来の利潤率の確保に確信が持てないため, 生産施設復旧のための民間設備投資拡大に踏み切れないという実態が浮かび上がってくる。
　売り上げの落ち込みから脱却できない原因は, ①財・サービスの購入が少ないという需要不足, ②需要はあっても人手不足あるいは経営者自身の高齢化な

第4章　被災自治体における産業の被害実態と経済復興政策の課題

どによって生産を増やすことができない，③現況の売り上げ停滞や二重債務問題等で資金調達がうまくいかず，生産体制を拡大して生産を増やして売り上げ増に結びつけることができない，などが考えられる。

果たして，被災自治体の民間設備投資は，経済復興の過程でどこまで回復する可能性があるのか，回復にむけた課題は何か，これらについて明らかにすることが分析課題として残されている。

5　「移輸出額10億円以上」産業の震災前後の従業者変化

（1）「移輸出額10億円以上」産業の抽出の考え方

表4-12及び表4-13は，被災自治体別に，2009年の移輸出額が10億円以上あった産業について，移輸出額が多かった順に，震災前の従業数が震災後どの程度変化したかを示したものである。従業者の減少が多い産業が，被害の程度も大きいと考えることができるので，表4-12及び表4-13において，従業者の減少が大きい産業をいかに立て直すかが，経済復興の主要な課題の1つである。

両方の表から明らかなように，どの被災自治体も移輸出が大きい産業として商業と運輸が入っており，かつどの被災自治体でも両産業の従業者が大きく減少していることが観察される。これらの産業の移輸出額は，自治体ごとの移輸出総額（消費者価格）のうちの商業マージン及び運輸マージンの部分であり，移輸出総額（消費者価格）に比例するものである。他産業の移輸出は，自らの主体的な移輸出行動が移輸出額（消費者価格）を決めていくが，商業・運輸の移輸出は，他産業の移輸出総額（消費者価格）によって決まるという受動的部分が大きい。他産業の移輸出を増やさなければ，商業・運輸の移輸出を増やすことができないため，商業運輸は再建テコ入れの直接の対象にはならないので，以下では，再建のテコ入れを必要とする産業には含まないことにする。

表 4-12　宮古市・釜石市の「移輸出額10億円以上」産業の従業者数の変化

宮古市	2009年移輸出額(100万円)	従業者数変化数(人)	釜石市	2009年移輸出額(100万円)	従業者数変化数(人)
電子部品	22,889	−136	鉄鋼	14,879	253
商業	9,788	−561	一般機械	12,628	−13
パルプ・紙・木製品	9,768	2	漁業	7,883	−250
水産食料品	9,697	−115	商業	7,019	−1,094
漁業	4,518	−160	飲食料品	5,495	−154
金属製品	3,755	21	電子部品	4,753	−313
運輸	3,663	−138	運輸	3,666	−335
飲食料品	2,883	−29	その他の製造工業製品	2,716	−78
化学製品	1,925	−68	水産食料品	2,507	−96
宿泊業	1,829	−267	パルプ・紙・木製品	2,014	−186
一般機械	1,762	−52	電力・ガス・熱供給	1,537	25
電力・ガス・熱供給	1,162	13	不動産	1,353	−65
農業	1,109	−30			

出所:「経済センサス」及び「2009年地域産業連関表」をもとに筆者作成。

（2） 被災自治体別の「移輸出額10億円以上」産業の被災状況

宮古市

　2009年段階で移輸出額が10億円を超えているのは13産業であり，特に電子部品が228億円で最も大きいが，この電子部品で従業者減が大きい。また，移輸出額が大きい水産食料品，漁業でも従業者減が，さらに第3次産業では宿泊業の従業者減が顕著である。他方，パルプ・紙・木製品，金属製品，電力・ガス・熱供給では従業者は減少していない。宮古市では，移輸出額の回復という点からは，電子部品，水産食料品，漁業，宿泊業という4つの産業の立て直しが急務である（表4-12参照）。

釜石市

　震災前に移輸出額が10億円を超えていたのは12産業であった。一番移輸出額が大きい鉄鋼は，従業者を増やしており，移輸出産業として健在である。一般

機械も健在であり，心強い。電力・ガス・熱供給なども従業者を増やしており，今後の成長が期待できる。飲食料品，電子部品，水産食料品，パルプ・紙・木製品などで従業者の減少が顕著で，立て直しを必要としている。また，漁業のダメージが大きく，立て直しが必要である（以上表4-12参照）。

塩釜市

2009年段階で移輸出額が10億円を超えているのは13産業である。移輸出産業のうち，一番移輸出額の大きい水産食料品において，従業者が一定数減少して打撃を受けているが，その他に大きなダメージを受けている製造業はない。その他対個人サービスや宿泊業など第3次産業に従業者減のダメージがみられ，これらの産業の立て直しを必要としている（表4-13参照）。

多賀城市

2009年段階で移輸出額が10億円を超えているのは16産業にのぼる。これらの産業のうち，一番移輸出額が大きかった電子部品で従業者減が顕著である。製造業ではその他に，パルプ・紙・木製品，金属製品などで従業者減が起こっている。多賀城市は第3次産業において，移輸出額の大きいいくつかの産業を抱えているが，その中で，飲食店やその他対個人サービス，対事業所サービス，不動産などが従業者減の大きな打撃を受けている（表4-13参照）。

南相馬市

2009年段階で移輸出額が10億円を超えているのは20産業にものぼり，その多くで従業者の減少がみられる。電力・ガス・熱供給の移輸出額が646億円と断トツの有力な移輸出産業であり，この産業が健在であるということは大きな救いである。

しかし，製造業では軒並み生産縮小が起こっている。飲食料品，化学製品，電子部品，一般機械，金属製品，繊維製品など多業種の製造業で従業者減の打撃は深刻である。また，農業及び第3次産業では，その他対個人サービスの衰

表4-13 塩釜市・多賀城市・南相馬市における「移輸出額10億円以上」産業の従業者数の変化

塩釜市	2009年移輸出額(100万円)	従業者数変化数(人)	多賀城市	2009年移輸出額(100万円)	従業者数変化数(人)	南相馬市	2009年移輸出額(100万円)	従業者数変化数(人)
水産食料品	43,085	−99	電子部品	27,584	−364	電力・ガス・熱供給	64,598	40
商業	10,024	−780	運輸	13,906	−804	パルプ・紙・木製品	19,572	−13
漁業	7,881	−10	パルプ・紙・木製品	11,761	−87	その他の製造工業製品	10,025	−166
運輸	6,373	−114	商業	11,086	−1,419	商業	9,411	−2,577
輸送機械	5,490	−18	不動産	7,032	−285	飲食料品	8,933	−249
飲食料品	3,775	−26	化学製品	6,881	2	運輸	6,969	−681
金融・保険	2,065	−31	その他の製造工業製品	6,804	−206	農業	6,835	−274
鉄鋼	1,801	29	電気機械	5,390	−10	化学製品	5,494	−278
化学製品	1,786	48	飲食料品	5,121	−19	電子部品	5,086	−276
パルプ・紙・木製品	1,452	−15	石油・石炭製品	2,298	1	一般機械	4,937	−409
その他対個人サービス	1,321	−223	金属製品	2,253	−161	電気機械	4,477	57
不動産	1,305	−39	水道・廃棄物処理	1,919	−14	金属製品	3,941	−316
宿泊業	1,251	−84	飲食店	1,802	−653	精密機械	3,826	38
			宿泊業	1,763	−24	その他対個人サービス	3,689	−597
			その他対個人サービス	1,346	−306	教育・研究	3,016	−185
			対事業所サービス	1,058	−414	水道・廃棄物処理	2,607	4
						繊維製品	1,902	−400
						宿泊業	1,782	−112
						不動産	1,568	−74
						窯業・土石製品	1,538	−35

出所:「経済センサス」及び「2009年地域産業連関表」をもとに筆者作成。

退も顕著である（表4-13参照）。

早期の移輸出回復を必要とする主要産業

　宮古市においては，漁業及び水産食料品，電子部品，宿泊業の4つの産業の移輸出回復が重要である。

　釜石市では，基盤産業である鉄鋼，一般機械，電力・ガス・熱供給が健在であることが大きな希望である。移輸出額が比較的大きい漁業の他に，水産食料品，飲食料品，電子部品，パルプ・紙・木製品など20～50億円の移輸出額規模を持つ製造業の立て直しを必要としている。

　塩釜市は，水産食料品の再建が何よりも優先課題であり，あとはその他対個人サービスや宿泊業の活性化が重要である。

　多賀城市は，製造業のみならず移輸出額の大きな第3次産業のいくつかの民間部門の産業が打撃を受けており，第3次産業の再生という独自の課題がある。

　南相馬市は，基盤産業で移輸出額が大きい電力・ガス・熱供給が健在であることが1つの希望である。しかし，特定の業種というより，20億円程度から100億円の移輸出規模を持つ多業種の製造業を再建することが課題である。なお，その他対個人サービスがどの程度再建されるかは，「帰還問題」という独自の課題と大きくかかわることに留意する必要がある。

6　公的固定資本形成を中心とする復興特需の経済効果

　独立支出のうち，民間設備投資及び移輸出の現状分析を行ってきたが，本節では，復興特需の大きなウエイトを占める公的固定資本形成の経済効果について分析する。具体的には，産業別に，震災前に比した震災後の粗付加価値の変化に注目する。

　震災によって，地域経済は大きな打撃を受け，各産業は売り上げ額の低迷を余儀なくされるが，他方，復旧復興のための多額の財政支援が行われ，いわゆる復興特需が発生する。復興特需によって特に公的固定資本形成を大幅に増や

し，さらに，民間住宅投資も増やし，民間設備投資意欲を刺激して，地域の総需要を増やし，地域の産業経済を活性化させ，雇用創出に大きく貢献することが期待される。

　復興予算は2011年から2015年にかけて，集中的に執行されることになっているので，復興特需は同期間に生まれることになる。復興特需によって，2011年から2015年にかけて地域経済は回復するのであろうか，復興特需は，地域産業に幅広く経済効果をもたらすのだろうか，というような疑問が生まれる。このような疑問に応えるためには，震災前後の産業別の粗付加価値の変化に着目するのが1つの方法である。

　産業別の粗付加価値の変化に着目するとしても，復興特需の経済効果を正確に知るためには，復興特需期間である5年間程度観察する必要があるかもしれない。しかし，現在のところ，震災後の産業別付加価値を被災自治体別に把握できるデータは，「市町村民所得統計」の2011年の1年分，「工業統計」の2011年と2012年の2年分のみである。時系列からみた場合，データが少ないことは明らかである。

　ただし，2011年，2012年における復興特需の各産業への影響をみることによって，復興特需の経済効果について，ある一定の傾向や特徴を知ることでき，長期的な視点からの経済復興政策を考える際に，有用な知見を提供することが期待される。このような問題意識のもとで，以下では，被災自治体ごとに，産業別の震災前後の付加価値の変化について考察する。

（1）　非製造業の付加価値の動向

　表4-14は，2009年と2011年の「市町村民所得統計」をもとに，非製造業の産業別付加価値の変化率を示している。この表から明らかなことは，どの被災自治体も建設業の市内純生産あるいは市内総生産が，震災前に比べて大幅に増加している点である。震災前に比しての震災後の増加率をみると，宮古市2.26倍，釜石市2.05倍，塩釜市1.29倍，多賀城市2.04倍，南相馬市1.18倍であり，特に宮古市，釜石市，多賀城市の増加率が高くなっている。これは，復興特需

第4章 被災自治体における産業の被害実態と経済復興政策の課題

表4-14 震災前後における非製造業の付加価値の変化

(単位：100万円)

	宮古市 (市内純生産)			釜石市 (市内純生産)			塩釜市 (市内総生産)			多賀城市 (市内総生産)			南相馬市 (市内総生産)		
	2009年度	2011年度	変化率	2009年度	2011年度	変化率	2009年度	2011年度	変化率	2009年度	2011年度	変化率	2009年度	2011年度	変化率
農業	560	512	0.91	134	149	1.11	71	41	0.58	241	172	0.71	4,582	982	0.21
林業	1,213	487	0.40	238	23	0.10	1	1	1.00	―	―		220	39	0.18
水産業	4,075	2,687	0.66	4,245	2,923	0.69	3,723	2,689	0.72	12	5	0.42	310	8	0.03
建設業	11,396	25,793	2.26	10,185	20,850	2.05	6,914	8,952	1.29	7,998	16,348	2.04	17,448	20,584	1.18
電気・ガス・水道業	3,839	3,141	0.82	2,655	2,407	0.91	3,478	2,302	0.66	4,307	2,601	0.60	72,439	9,618	0.13
卸売・小売業	12,905	16,502	1.28	9,269	9,215	0.99	15,166	12,715	0.84	15,244	13,505	0.89	14,829	12,302	0.83
金融・保険業	5,747	5,483	0.95	4,912	4,022	0.82	7,200	6,771	0.94	3,235	2,765	0.85	9,179	7,353	0.80
不動産業	17,553	13,912	0.79	11,395	7,476	0.66	24,388	20,858	0.86	32,765	25,022	0.76	25,848	14,897	0.58
運輸・通信業	6,689	5,648	0.84	6,316	4,607	0.73	6,744	5,843	0.87	13,237	7,028	0.53	16,271	8,481	0.52
サービス業	27,637	24,523	0.89	21,384	15,269	0.71	4,160	4,034	0.97	3,814	3,716	0.97	39,979	31,049	0.78

出所：「市町村民所得統計（2009年、2011年）」をもとに筆者作成。

による公的固定資本形成の大幅増加から派生する需要が建設業に集中的に現れている結果である。

いずれの被災自治体も，その他の産業ではいくつか例外はあるが，総体的に非製造業で，震災後に震災前より付加価値が増加した産業はほとんどみられない。復興特需には，震災後の多くの非製造業の付加価値を増加させるほどの強い経済効果がないことは明らかである。

ただし，付加価値が震災前より震災後に増加していない産業において，復興特需の経済効果がないというわけではない。復興特需の経済効果によって付加価値は増えるが，復興過程における他の要因が負の経済効果をもたらす結果，正と負の経済効果が相殺しあって，付加価値が増加しないこともありうる。復興特需の経済効果は，結果としての付加価値データだけでは判断できないことに留意する必要がある（以上表4-14参照）。

（2） 製造業の粗付加価値の動向

表4-15は，「工業統計表」で各被災自治体の主要な製造業の粗付加価値の変化を，2009年，2011年，2012年について示したものである。

宮古市では，木材及び生産用機械器具の粗付加価値が増加している。木材は，岩手県が木製の仮設住宅の建設増を推進したことにより，自地域はもちろん岩手県の他地域への木材の移輸出が増大したと考えることができる。宮古市産業連関表によると，民間投資が増大すれば，中間投入財として生産用機械器具に対する需要が顕著に増えることが確認できる。したがって，生産用機械器具の粗付加価値の増加は，復興過程における民間投資の増大がもたらしたと思われる。

釜石市では，鉄鋼業が粗付加価値を大幅に増加させている。また，はん用機械器具も2012年は増加傾向にある。釜石市産業連関表を分析すると，鉄鋼業の場合，東北全体の復興に必要な鉄鋼材を釜石市から移輸出している結果ではないかと思われる。はん用機械器具も同様に復興特需が移輸出を増加させたと考えることができる。食料品製造業の粗付加価値が震災前を回復しているが，こ

第4章　被災自治体における産業の被害実態と経済復興政策の課題

表4-15　震災前後における製造業の粗付加価値の変化

(単位：100万円)

宮古市	2009年	2011年	2012年	釜石市	2009年	2011年	2012年
食料品製造業	4,097	3,768	2,636	食料品製造業	4,058	3,432	4,138
飲料・たばこ・飼料製造業	242	198	152	飲料・たばこ・飼料製造業	687	562	889
繊維工業	250	247	219	化学工業	432	383	247
木材・木製品製造業（家具を除く）	2,589	4,115	4,416	プラスチック製品製造業(別掲を除く)	1,070	1,332	776
窯業・土石製品製造業	595	306	658	窯業・土石製品製造業	578	365	702
金属製品製造業	1,105	1,179	1,297	鉄鋼業	5,907	10,404	9,902
生産用機械器具製造業	1,543	2,265	2,204	はん用機械器具製造業	8,933	5,798	9,707
電子部品・デバイス・電子回路製造業	6,158	4,003	3,209	生産用機械器具製造業	980	595	625
印刷・同関連業	218	142	171				

塩釜市	2009年	2011年	2012年	南相馬市	2009年	2011年	2012年
食料品製造業	15,530	13,410	20,049	食料品製造業	2,315	651	402
飲料・たばこ・飼料製造業	1,203	1,057	1,326	繊維工業	2,228	715	775
パルプ・紙・紙加工品製造業	155	209	272	窯業・土石製品製造業	1,867	1,001	893
金属製品製造業	283	305	375	金属製品製造業	1,609	1,835	1,101
はん用機械器具製造業	155	147	178	はん用機械器具製造業	1,106	677	333
輸送用機械器具製造業	3,118	3,142	1,277	生産用機械器具製造業	3,350	1,527	2,297
				業務用機械器具製造業	1,306	672	464
多賀城市	2009年	2011年	2012年	電子部品・デバイス・電子回路製造業	4,116	5,017	1,727
食料品製造業	4,490	1,986	4,520	電気機械器具製造業	3,063	2,293	2,903
パルプ・紙・紙加工品製造業	5,142	208	319	情報通信機械器具製造業	467	798	454
化学工業	3,225	5,063	1,544	家具・装備品製造業	46	80	107
金属製品製造業	1,531	330	290	印刷・同関連業	771	126	349
				ゴム製品製造業	2,127	1,371	1,596
				その他の製造業	798	248	327

出所：「工業統計表（2009年，2011年，2012年）」をもとに筆者作成。

れは復興のための中小企業むけ支援政策が後押しした結果であると思われる[9]。

　塩釜市では，食料品製造業の回復は2011年に一時落ち込みがみられたが，2012年には震災前を上回るほど回復している。これも釜石市と同様復興のための補助金政策が影響していると思われる。

　多賀城市では，製造業の中で堅調な回復をみせる業種は，食料品製造業以外はなく，製造業全体での粗付加価値の落ち込みには改善傾向がみられない。

　南相馬市では，2012年に入って，生産用機械，電気機械，ゴム製品などに回復の兆しがみられるが，製造業全体でみると震災前には程遠い状況である（以

上表4-15参照）。

（3） 波及効果が弱い復興特需

　復興特需の柱である公的固定資本形成の大幅増により，建設業の付加価値増大は著しいが，それ以外には一部を除いて，波及効果の広がりはあまりみられないというのが共通した現象である。

　宮古市の木材，釜石市の鉄鋼業，はん用機械器具などは，地域外の復興特需により移輸出が増大したこと，宮古市の生産用機械器具の付加価値の回復は，復興過程における民間投資の増大というチャンネルにより，釜石市及び塩釜市の食料品製造業などでの付加価値の顕著な回復は，復興支援政策のうち補助金政策の効果が考えられる。多賀城市及び南相馬市では顕著な回復をみせる産業がほとんどない状況である。

　復興特需の経済効果は建設業に集中的にみられ，また地域によっては，製造業のいくつかの産業への経済効果が読み取れる。しかし，その他多くの産業への復興特需の経済効果は弱いというのが現状であると思われる。

7　被災自治体の経済復興政策と問題点

（1）　復興計画の概要

　被災自治体の「復興計画」において，計画期間は2011年度から2020年の10年間であることは共通している。時期区分については，宮古市のように，「復旧期」，「再生期」，「発展期」の3つの期間に区分している自治体と，塩釜市のように，「前期」（5年）と「後期」（5年）の2期に区分するなど，時期区分には違いがみられる[10]。

　時期区分ごとの目標について，宮古市の場合，復旧期は「生活の再建や産業の復旧に不可欠な住宅，インフラ，生活基盤などの再建を中心に取り組む期間」として，破損した住宅ストックや社会資本ストックを震災前の状況に回復することに主眼がおかれている。再生期は，「震災以前の活力を取り戻すため

の取り組みを行う期間」と位置付け，回復した生活基盤や生産基盤を生かして地域のコミュニティの活力や地域経済の活力など震災前の水準までに回復するとしている。発展期は，「震災前より活力があり，魅力あふれるまちとして発展するための取り組みを行う期間」として，震災前より高い地域の活力を実現するとしている。

　塩釜市の場合は，「前期」は早急に復興を必要とする取り組みの実施期間であり，「後期」は復興に長期間を必要とする取り組みの実施期間としている。復興期間を通じて，単に震災前の姿に戻す原状回復の「復旧」ではなく，これまで以上に快適で活気のあるまちの「復興」を目指すとしている。塩釜市の場合，後期を，快適で活力のある地域発展を実現する時期として位置付けていることがわかる。

　両市とも，計画期間の区分に違いはみられるが，宮古市の場合は「発展期」が，塩釜市の場合は「後期」が，地域の創造的発展を目指す期間ということができる。

　「復興計画」の政策の柱については，各被災自治体でほぼ共通しており，「生活再建」，「経済復興」，「災害に強い地域づくり」の3つが柱になっている。雇用問題にかかわっては，当面の雇用維持と確保が「生活再建」における取り組みとして位置付けられる。他方，「経済復興」における多くの取り組みは，雇用の場の喪失に伴う人口流出の懸念という中長期的課題への対応として位置付けられている。

（2）　残された課題

発展期の到来は可能か

　復興計画の時期区分では，どの被災自治体も復興計画の後半期に，創造的復興による地域の新たな発展を実現するとしている。しかし，果たして新たな発展期を迎えることができるかどうかには疑問符がつく。

　どの復興計画も，復旧・再生期から発展期への転換がなぜ可能かについて，明確な理由を説明していない。想定されていることは，復旧・再生期には，復

興特需などが地域経済を下支えすることによって地域産業の再生基盤をつくり，そこから多様な創造的インキュベーションが生まれて新産業の育成が進み，また域外からの企業誘致が活発化して，民間主導の経済発展が軌道に乗り，地域の雇用機会も保障できるという楽観的見通しである。

しかし，先にみたように，復興特需の経済効果は，建設業には強く現れるが，それ以外の産業への波及効果は弱いというのが現状である。また，復興特需にもかかわらず，各産業の毀損した民間資本ストックを回復するための民間設備投資意欲に停滞傾向がみられるのも現実である。これは復興特需などの各産業への波及効果が弱いため，各産業への売上増につながらず，利潤が停滞し，設備投資意欲及び設備投資増に結びつかないためである。

設備投資増がなければ，各産業の供給基盤は震災前より相当縮小する可能性があり，再生基盤の構築は困難である。一方，復興特需などがなくなれば，一気に総需要が縮小し，供給と需要の両面から地域経済が収縮していく可能性がある。復旧・再生期から発展期への転換可能性についての考察が課題として残されている。

産業連関分析の欠落

震災前後の従業者の変化からみた産業実態の特徴は，多業種の主要な産業で広範に従業者が減少する状況がみられ，特に，第3次産業民間部門における従業者の減少が大きいということであった。このような状況の中で，中長期的な雇用問題解決のための産業振興策のあり方が問われている。

被災自治体の産業振興策は，個別産業の振興をベースに議論が展開されているところに共通性がある。しかし，いくら個別産業振興策を積み重ねても，地域全体が必要としている雇用創出に効果があるかどうかはわからない。

重要なことは，独立支出が与えられると，生産誘発効果とそれに伴う雇用所得誘発効果が第3次産業も含めて産業全体に広がり，産業別の市内生産額と雇用量が決まり，地域全体の雇用量が決まるという，経済効果の波及メカニズムを認識することである。したがって，今後の独立支出の動向が，地域経済の水

準と雇用を大きく左右するので，独立支出の項目別分析が重要になる。

　独立支出をコントロールして地域経済の活性化と雇用創出を実現するという産業連関分析の視点に沿ったかたちで，産業振興策を展開していかなければならないが，そのような発想を被災自治体にみることはできない。

人口問題への対応の欠如

　東日本大震災発生後，被災地では，各被災地自治体が策定した復興計画をもとに，復旧復興にむけた懸命の取り組みが行われている。しかし，被災地の多くは，そもそも，震災前から人口減少が顕著であり，地域経済の空洞化が進んでいた地域であり，たとえ復旧が順調に進んだとしても，人口減少に歯止めがかからなければ，「創造的復興」はスローガン倒れに終わる危険性がある。

　被災地が直面する最大の問題は人口減少であり，人口が減少する中で生活再建や経済復興に取り組まなければならない。被災自治体の人口減少に歯止めをかけるためにはどうしたらよいか，その具体的展開についてはまだ十分に議論されておらず，「人口問題」への独自の政策的対応が希薄になっている。

地域労働市場分析の欠如

　地域の雇用を守るための現行の政策は，雇用調整のための補助金政策や，雇用のミスマッチを是正する取り組みなどしか存在しない。企業誘致や新産業創出政策が新たな雇用機会の確保のための有力な手段として重視されている。しかし，地域の雇用を守るためには，地域マクロ経済の視点に立って，どれだけの労働需要が当該地域にあるかという問題に取り組む必要がある。また，今後地域の人口を増やすために若者のＵ・Ｉターンなどを促進した場合，地域の雇用は労働供給にも影響を受けるということになる。

　結局，地域の雇用を守るということは，変化する地域の労働供給に対応して労働需要が確保できるかということになる。労働需要と労働供給はそれぞれ別の要因で決定され，地域労働市場を形成する。労働市場を分析し，需給状況を判断し，需給状況を改善するための政策群が必要である。労働市場の分析は地

域の雇用を守り創出する上では不可欠であるが，そのような問題意識が，被災自治体には希薄であるといわざるをえない。

8　経済復興政策のあり方についての本書の分析課題

雇用問題に焦点をあてながら，経済復興政策を考える場合，現行の被災自治体の経済復興政策の限界は，次の4点にある。

①復旧・再生期から発展期への転換について，具体的展望を十分に示すには至っていない。
②個別産業ごとに産業振興の施策が提起されているが，それらの経済効果をあわせても，地域全体が必要としている雇用創出に効果があるかどうかはわからない。個別産業振興策を実施しても当該産業の雇用が増えるという保障もない。独立支出をコントロールしながら，産業及び市民生活への経済的波及効果を通じて，産業全体で創出される雇用創出目標を実現していくという産業連関分析的発想がない。
③たとえ震災からの復旧復興が一時的にできたとしても，人口減少という地域経済の空洞化にとって致命的な問題についてしっかりした政策の方向性を持っていない。
④長期的に地域社会が持続可能になるためには，定常的人口目標を設定しそれをもとに将来の労働供給を推計しそれに見合った労働需要を提供し，労働市場の均衡状態を長期的に維持していく必要があるが，労働市場の将来像が示されていない。

被災自治体の現行の経済復興政策の「4つの限界」を克服し，中長期的視点から経済復興政策のあり方について，再考することが以下のわれわれの分析課題である。

第4章　被災自治体における産業の被害実態と経済復興政策の課題

注

(1) 以下の産業分類については，第3章注(3)を参照のこと。

(2) 「復興特需」の定義はどの範囲までを考慮するかによって一義的ではないが，復興予算の執行によって直接的に創出される需要の大半は，公的固定資本形成に派生するので，ここでは，復興特需を公的固定資本形成の増分と狭義に定義する。なお，復興予算のうち生活支援金は民間消費支出，住宅再建支援金は民間住宅投資などの需要を増加させるが，この場合以下では，「復興支援政策による需要増」という表現にしている。復興予算の執行によって直接間接に創出される需要は「復興需要」と呼ぶことにする。

(3) ここでの事業所はすべて民間事業所である。「3類型化した事業所」の産業分類は次のような手続きに基づく。「平成21年経済センサス—基礎調査」に基づく特別集計では，被災自治体ごとに被災した事業所数及び従業者が，産業大分類に基づいて記載されている。しかし，ここで，「3類型化した事業所」について事業所数を産業別に推計する場合の産業分類は，「都道府県別民間資本ストック」における産業分類に基づいている。そのため，産業大分類の事業所数データを，「民間資本ストック」の産業分類に組み替える作業を行った。

なお，「都道府県別民間資本ストック」のデータでは，「農林水産」は分割されていない。しかし，被災地では特に水産業の復旧・復興が重要な課題であるので，われわれは，「農林水産」の民間資本ストックを，「農業」「林業」「水産業」に分離する。分離する場合，3つの産業それぞれの資本係数の違いに配慮して，3つの産業の資本係数×市内純生産比率を求めて按分した。

結局，「3類型化した事業所」の事業数は，「都道府県別民間資本ストック」の産業分類をもとに，「農業」「林業」「水産業」「鉱業」「建設業」「製造業」「卸小売業」「金融保険業」「不動産業」「電気・ガス・水道業」「運輸・通信業」「サービス業」に区分して推計した。

経済センサスにおける事業所数には，個人経営者が含まれていない。しかし，農業や漁業は，ほとんど個人経営者であるから，農業及び漁業については，「農林業センサス」及び「漁業センサス」から，同時期の農業経営体数と漁業経営体数を求め，それをもって事業所数とみなすことにした。

(4) 南相馬市の「3類型化した事業所」の数値データは以下のようにして求めた。

南相馬市は，原町区，鹿島区，小高区の3区から構成されているが，小高区は，原発災害によって旧警戒区域に設定されていたので，2012年の経済センサスでは，調査対象からはずされた。そのため，2012年経済センサスにおける南相馬市のデ

ータは，原町区と鹿島区に立地する事業所を対象としていることになる。小高区に立地していた事業所は，震災後，廃業・非再開事業所，南相馬市内の原町区か鹿島区に移転して事業を再開した事業所，南相馬市外で事業を再開した事業所に分けられる。このうち，南相馬市内での再開事業所は，原町区か鹿島区に新規に立地し，2012年の調査対象となり，2012年経済センサスにおける南相馬市の事業所数に含まれる。したがって，震災前（2009年）の事業所数から2012年の事業所数を引いた数値は，小高区も含めた3区の廃業・非再開事業所に南相馬市外で事業を再開した小高区の事業所を含むことになる。小高区に立地していた事業所で南相馬市外において事業再開した事業所数はそれほど多くないと想定して，南相馬市についても，震災前の事業所数から2012年の事業所数を引いた数値は，他地域と同様，近似的に廃業・非再開事業所数とみなすことにする。

(5) 被災地別の民間資本ストック毀損額の推計の手順は以下のとおりである。

被災地別の民間資本ストックの毀損額の推計について，宮古市を事例に説明する。まず「都道府県別民間資本ストック（2000年価格，産業別）」のうち，岩手県民間資本ストックデータを，民間企業設備投資デフレータをもとに，2009年価格に変換する。次に，「2009年岩手県県民経済計算年報」をもとに，産業別宮古市純生産を産業別岩手県内純生産で割って按分比率を求め，2009年岩手県産業別民間資本ストックにこの按分比率を乗じて，2009年宮古市産業別民間資本ストックを求める（なお，農業，林業，水産業の民間資本ストックについては，注(3)を参照のこと）。

宮古市産業別民間資本ストックに，産業別の廃業・非再開事業所数の割合をかけて，廃業・被災事業所の産業別民間資本ストックの毀損額を求める。

再開事業所の産業別民間資本ストックの毀損額の推計は，次のような手順で行う。まず，宮古市産業別民間資本ストックに産業別の再開事業所の割合をかけて，震災前における再開事業所が所有する産業別民間資本ストックが求まる。これを，産業別の再開事業所数で除して，震災前の一事業所あたりの産業別民間資本ストックが求まる。再開事業所の民間資本ストック毀損の程度について，「全大規模損壊」，「半壊」，「一部損壊」それぞれの事業所数を求めて，それぞれの毀損率を1，0.5，0.1とおく。その上で産業別に，震災前の一事業所あたり民間資本ストック×損壊別事業所数×損壊別毀損率で，損壊別の民間資本ストック毀損額が求まり，それらを合計して再開事業所の産業別民間資本ストック毀損額が求まる。

このようにして，産業別に，廃業・非再開事業所と再開事業所の民間資本ストック毀損額の合計が求まるので，全産業について集計することによって，宮古市

の民間資本ストックの毀損額を推計することができる。他被災地の民間資本ストックの毀損額についても同様な手順で求めた。

(6) 以下では，2012年と2014年の調査結果を比較しているが，2012年の調査時点は，2012年2月1日で，調査対象が3,150事業所，回答事業所数は2,305事業所，回収率73.2％であった。2014年の調査時点は，2014年2月1日で，調査対象は2,335事業所，回答事業所数は，1,520事業所で，回収率65.1％であった。2014年段階で調査対象事業所数が減少しているのは，廃業が確定した事業所などを除外したためである。

(7) 「ほぼ震災前の状態に復旧した」と回答した事業所数は，2012年が392事業所，2014年が611事業所であった。「全く復旧していない」と回答した事業所数は，510事業所（2012年），377事業所（2014年）であった。

(8) 「現在の課題」についての問いに対する回答は，3つまで選択可能としている。各産業のパーセント表示は，各産業の回答数に占める割合である。ちなみに回答数は，建設業200，水産加工業71，製造業（水産加工業を除く）116，卸売・小売業432，その他530であった。

(9) 被災した中小企業への支援政策は，「仮設店舗・工場等の整備」と「中小企業等グループ施設・設備復旧事業補助金の創設」という2つが柱になっている。前者は，独立法人中小企業基盤整備機構が自治体からの要望に基づき，仮設施設を整備し，自治体に無償貸与し，1年以内に自治体に無償譲渡するというものである。後者は，水産加工業，製造業，小売業，観光業など地域振興のリード役となりうる中小企業グループの復旧を支援するための補助金政策である。

(10) 宮古市及び塩釜市については，本文のとおりである。釜石市は，「応急・前期」（3年間），「中期」（3年間），「後期」（4年間）という計画区分であり，「後期」が発展期として位置付けられている。多賀城市は，「復旧期」（3年），「再生期」（4年），「発展期」（3年）で，宮古市と同様な考え方である。南相馬市は，復帰・復興期間として「前期実施計画」（5年）を，復興期間として「後期実施期間」（5年）を設定しており，考え方は，塩釜市に類似する。

第5章

経済復興と労働市場の長期的見通し

　被災自治体が，震災・原発災害から立ち直り，長期的な人口減少に歯止めをかけ，持続可能な地域社会へと将来的に発展していくためには，どうしたらよいか。復旧・再生期から発展期への転換の方向性について，具体的な展望を示すことが本書の目的である。

　持続可能な地域社会を構築するためには，住民に地域内で一定の所得保障がなされ，安心して生活できるように雇用機会を確保することが何よりも重要である。特に，人口減少に歯止めをかけ，定常的人口に収斂するためには，若者のU・Iターン率が上昇し，合計特殊出生率を高めることが必要であり，多くの若者が地域に定着するだけの雇用機会の確保を，最優先の政策課題として位置付ける必要がある。

　持続可能な地域社会を実現するためには，定常的人口目標を設定し，それをもとに将来の労働供給を推計し，労働供給に見合った労働需要を提供して雇用機会を確保する必要がある。労働市場の均衡状態を長期的に維持していけるかどうか，労働市場の長期動向の分析が不可欠である。

　地域産業全体で必要な雇用創出ができるかどうかは，地域経済における市内生産額の動向に依存する。市内生産額は市内の総需要に依存し，市内の総需要は独立支出が基本的に規定するというのが産業連関分析の基本的視点である。

　本章では，第2章で求めた将来推計人口に基づいて労働供給を推計し，所与の独立支出によって創出される労働需要を推計して，労働の需給状況が分析できる労働市場モデルを構築する。その上で，現況の復興政策のままで推移した場合，地域経済と雇用はどのような趨勢をたどるのか，2015年，2020年，2030

年の3時点を取り上げて分析する。

　ここで，2015年は，復興予算が執行される集中的復興期間の最終年であり，復興需要がまだ存在しており，地域経済は復興需要に支えられながら，復興の正念場を迎えるといってもいい時期である。2020年は，復興期間の最終年であり，この時期は復興需要が消滅して，地域経済にその反動が現れる可能性がある。2030年は，復興期間が終了して10年目であり，日常生活を取り戻している時期であるが，同時に，人口減少など震災前から抱えていた地域経済の空洞化の危機が進む時期である。

　このように，被災地にとって，2015年，2020年，2030年は，長期的にみるといずれも重要な転換点であるので，この3時点を取り上げることにする。

　以下では，本書で採用する労働市場モデル全体の概要を，労働供給ブロック，労働需要ブロックに分けて説明する。その上で，長期的シミュレーション分析に必要な前提条件を説明し，その前提条件をもとに，2015年，2020年，2030年の3時点の労働市場を展望する。

1　労働市場モデルの概要

（1）　労働供給ブロック

　労働供給は，第2章で求めた各地域における男女別年齢階級別の将来推計人口に，国勢調査のデータをもとにした男女別年齢階級別の労働力率を乗じて，男女別年齢階級別労働供給を求めそれを集計することによって求まる。

　国勢調査では，地域別に15歳以上の男女別年齢階級別に，人口総数，就業者，完全失業者，非労働力人口のデータが得られる。労働力人口は，就業者と完全失業者の和であり，男女別年齢階級別に，労働力人口を人口総数で除することによって，労働力率が求まる。各地域の労働力率は，表5-1で示される。

（2）　労働需要ブロック

　労働需要は，第3章で説明した2009年地域産業連関表をベースとした雇用決

第5章 経済復興と労働市場の長期的見通し

表5-1 被災地域別男女別年齢階級別労働力率

	宮古市		釜石市		塩釜市		多賀城市		南相馬市	
	男	女	男	女	男	女	男	女	男	女
15～19歳	0.13	0.11	0.15	0.12	0.16	0.15	0.18	0.16	0.17	0.13
20～24歳	0.87	0.77	0.93	0.85	0.73	0.74	0.72	0.72	0.87	0.73
25～29歳	0.94	0.75	0.96	0.78	0.97	0.79	0.95	0.72	0.93	0.76
30～34歳	0.96	0.73	0.97	0.73	0.97	0.75	0.97	0.64	0.94	0.75
35～39歳	0.94	0.74	0.96	0.73	0.97	0.73	0.97	0.63	0.95	0.75
40～44歳	0.95	0.74	0.95	0.75	0.97	0.77	0.97	0.69	0.95	0.80
45～49歳	0.94	0.76	0.94	0.75	0.98	0.77	0.97	0.73	0.95	0.81
50～54歳	0.93	0.71	0.95	0.71	0.96	0.72	0.97	0.68	0.95	0.78
55～59歳	0.89	0.61	0.91	0.63	0.93	0.63	0.95	0.59	0.93	0.66
60～64歳	0.72	0.44	0.74	0.44	0.78	0.43	0.80	0.39	0.78	0.44
65～69歳	0.44	0.25	0.45	0.24	0.49	0.21	0.48	0.18	0.50	0.26
70～74歳	0.28	0.15	0.30	0.13	0.26	0.10	0.28	0.11	0.31	0.16
75～79歳	0.20	0.09	0.17	0.07	0.14	0.07	0.14	0.05	0.20	0.08
80～84歳	0.13	0.05	0.10	0.04	0.08	0.04	0.09	0.03	0.11	0.04
85歳以上	0.08	0.02	0.05	0.02	0.06	0.02	0.04	0.01	0.06	0.01

出所:「国勢調査 (2010年)」のデータをもとに筆者作成。

定モデルによって長期的な推計を行う。本書での地域産業連関分析は静学モデルであるから，推計で重要なことは，独立支出を長期的にどの程度に想定するかということになる。

このうち，公的支出は当面，復興予算によって大幅に増加するが，2015年を過ぎたら，震災前の水準に落ち着き，それが継続すると仮定する。人口減による家計消費支出減，世帯数減による住宅投資減を震災前への経済回復のマイナス要因として考慮する。

このような状況の中で，地域経済の回復を左右するのは，民間企業の経済行動であり，民間企業の移輸出行動及び設備投資行動の分析が重要になる。移輸出行動と設備投資行動は相互に関係するが，ここでは，移輸出の回復率が高くなれば，民間企業は売上額と利潤が増えるため，設備投資拡大意欲が高まり，

設備投資も増やすと想定し，移輸出の回復率の程度によって設備投資が変化すると考える。結局当面の人口減少の中で，移輸出の回復の度合（以下「移輸出回復率」と呼ぶ）が，震災前の経済への到達度を大きく左右することになる。

　以上のような考え方に基づき，2015年，2020年，2030年のそれぞれについて，独立支出項目の想定値を設定し，産業連関分析によって産業別に市内生産額を推計する。産業別の市内生産額に就業係数を乗じることによって，産業別の就業者を求めることができ，それを集計することによって当該地域の労働需要が求まる。

　なお，独立支出のうち，民間設備投資については，「都道府県別民間資本ストック」をもとに，被災自治体ごとに，産業別の民間設備投資及び資本ストック等のデータ作成を行う。その上で，産業別の民間設備投資行動について一定の想定を行い，産業別民間設備投資を集計したものを産業連関表の独立支出項目である総固定資本形成（民間）にリンクさせる。

　産業別に求めた市内生産額と民間資本ストックをもとに資本生産性を求めることによって，資本生産性の変化を民間設備投資の想定の妥当性を判断する材料にした。

　労働需要を考察する場合，労働生産性の上昇率が大きな影響を与える。本書では，過去の県別の労働生産性上昇率の実績値を参考に，将来の労働生産性上昇率を1％と想定し，就業係数の変化を勘案する。[1]

（3）「労働供給過不足」の概念について

　国勢調査における就業者は，「従業地ベース」と「常住地ベース」の両方がデータで示されている。従業地ベースは，当該地域に従業する人たちであり，当該地域に居住する人だけでなく，他地域に居住して当該地域で従業している人を含むことになる。常住地ベースは，当該地域に居住している人たちで，当該地域で従業する人だけではなく，当該地域に居住しながら，他地域で従業する人を含む。

　地域産業連関表をベースにした労働需要は，従業地ベースであり，当該地域

で働く就業者は，必ずしも当該地域に居住しているわけではない。しかし，労働供給は当該地域に居住する常住地ベースであるから，それにあわせて労働需要についても常住地ベースに変換する必要がある。

　域内の労働市場は，常住地ベースの労働供給から常住地ベースの労働需要を引いた「労働供給過不足」で示される。労働供給過不足がプラスであれば，地域において労働市場は超過供給状態で失業率が高くなる傾向にあり，労働供給過不足がマイナスであれば，労働市場は超過需要で人手不足が発生していることを示す。労働市場における常住地ベースの「労働供給過不足」の導出過程は以下のとおりである。

　労働供給は，男女別年齢階級別の将来推計人口と労働力率で決まる労働力人口である。労働需要は，まず当該地域の労働力人口のうち，一定の割合は地域外で従業すると想定し，それが所与であれば，労働力人口が決まれば当該地域に居住しながら地域外で従業する人数が決まる。次に，雇用決定モデルで従業地ベースの就業者数が決まり，これに従業地ベースの就業者のうち当該地域に居住し当該地域で従業する人数の割合を乗じて，当該地域に居住し当該地で従業する人数が求まる。

　当該地域に居住する人で，その他地域で従業する人と当該地域で従業する人を合計すると常住地ベースの労働需要が求まる。労働供給から常住地ベースの労働需要を差し引くことによって，労働供給過不足が求まる。式で整理すると以下のとおりである。

　　労働供給＝労働力人口
　　労働需要＝（就業者（その他地域従業・当該地居住）/労働力人口）×労働力人口
　　　　　　＋（就業者（当該地従業・当該地居住）/就業者（従業地ベース））×就業者（従業地ベース）
　　ここで，
　　A＝就業者（その他地域従業・当該地居住）/労働力人口
　　B＝就業者（当該地従業・当該地居住）/就業者（従業地ベース）とおくと
　　労働供給過不足＝労働供給－労働需要

$$=労働力人口-(A×労働力人口+B×就業者（従業地ベース）)$$

　もし当該地域における労働需要が増加すれば，従業地ベースの就業者が増えることになる。このとき，従業地ベースの就業に構造変化が生まれ，当該地居住・当該地従業の就業者数に変化はないのに，地域外から働きに来る就業者が増えた場合，Bが小さくなる。その結果，構造変化以前に比べて，従業地ベースの就業者が増加しても，常住地ベースでの就業者の増加はそれほど大きくならないことになる。

　2015年までは，被災地に復興特需によって建設業を中心に相当の労働需要が発生するが，それを当該地域だけで供給するのは困難であるため，当該地域外から労働力を調達せざるをえないので，地域外に居住しながら当該地域で従業する人が増加し，その結果Bが低くなる可能性が強い。Bが小さくなることによって労働力不足が一定解消される。

　また，常住地ベースの就業に構造変化が生まれ，当該地域に居住して地域外に働きに行っていたが，何らかの事情で地域外の就労機会を持つことができなくなったとすれば，Aが小さくなる。このとき，常住地ベースの労働需要が減少するので，労働供給過不足のプラスが増加して，地域内の失業率が高まる可能性がある。

2　市内生産額と雇用の長期的見通しのための前提条件の設定

（1）　移輸出回復率想定の考え方

　短期的な労働生産性は，供給サイドのみならず景気変動など需要サイドの影響を受けるため不安定な数値になる。しかし，景気変動を除いた中期的な労働生産性は，供給サイドのみの影響を反映し，特に技術進歩率に規定されることになる。技術進歩率は，中長期的には変動するが，短期的には安定しているので，中期的な労働生産性も，短期的には安定しているとみなすことができる。そこで，震災前の中期的労働生産性は，震災後も短期的には変動しないと想定

し，一定値とみなす。このとき，中期的労働生産性に従業者数を乗じて求まる産出量は，短期的な景気変動の影響を受けないので，現実の産出量ではなく潜在産出量ということになり，式で表すと，(1)式で示すことができる。

潜在産出量＝中期的労働生産性（一定値）×従業者数　　(1)

　震災後は生産設備の毀損により震災前の規模の産出量を確保することができず，雇用調整によって従業者数が大幅に減少した。このとき，従業者の減少と潜在産出量の減少は比例関係にあるので，従業者の変化を潜在産出量の変化とみなすことができる。

　経済センサスでは，震災前（2009年）と震災後（2012年）の産業別従業者数がわかる。したがって，この2つのデータと(1)式によって，震災後どの程度潜在産出量が減少したかの情報を得ることができる。潜在産出量の減少は供給制約によりこれまでの販路を失うことになり，販路縮小に比例して，移輸出も減少せざるをえない。潜在産出量の減少に比例して移輸出も減少すると想定できる。

　震災後（2012年）の従業者数を震災前（2009年）の従業者数で割った比率（以下「2012年従業者比率」と呼ぶ）が1を下回る産業は，震災後の潜在産出量の減少によって，これまでの地域外の顧客への販売額を減少せざるをえない状況に追い込まれ，他方，これまでの地域外顧客は，被災地域外に当該の財・サービスの調達先を変更する可能性が高いので，移輸出は減少する。供給制約によって一度失った移輸出の回復は大変困難で，移輸出が震災前に戻るかどうかわからないし，戻るとしても相当の時間を要すると思われる。

　以上のような考え方に基づいて，2012年従業者比率をもって，2009年に対する2012年の移輸出の割合（以下「2012年移輸出回復率」と呼ぶ）に対応するとし，2009年移輸出に2012年移輸出回復率を乗じて2012年移輸出を求める。一度失った移輸出の回復には時間がかかるので，2012年移輸出回復率は2015年まで続くと想定した。

表5-2 2015年移輸出回復率の想定

	宮古市	釜石市	塩釜市	多賀城市	南相馬市
農業	0.97	0.86	0.52	0.96	0.24
林業	1.00	0.36	—	—	0.6
漁業	0.84	0.7	0.92	1	0.41
鉱業	1.00	1	—	—	—
飲食料品	0.88	0.71	0.96	0.98	0.54
水産食料品	0.88	0.71	0.96	0.98	—
繊維製品	1.00	1	—	—	0.56
パルプ・紙・木製品	1.00	0.06	0.88	0.57	0.96
化学製品	0.39	1	1.00	1	—
石油・石炭製品	—	—	0.48	1	—
窯業・土石製品	0.68	0.95	—	—	0.76
鉄鋼	1.00	1	1.00	1	0.19
非鉄金属	—	—	—	—	0.94
金属製品	1.00	0.44	1.00	0.33	0.58
一般機械	0.86	0.99	1.00	0.24	0.47
電気機械	—	0.34	—	0.98	1
情報・通信機器	1.00	—	—	—	0.88
電子部品	0.79	0.24	—	0.5	0.63
輸送機械	1.00	1	0.94	0.11	0.22
精密機械	—	—	—	—	1
その他の製造工業製品	0.56	0.77	0.86	0.15	0.83
建設	—	—	—	—	—
電力・ガス・熱供給	1.00	1	—	—	1
水道・廃棄物処理	—	—	0.84	0.9	1
商業	0.89	0.69	0.86	0.75	0.57
金融・保険	1.00	0.82	0.95	0.86	0.66
不動産	0.89	0.71	0.90	0.64	0.76
運輸	0.85	0.65	0.93	0.65	0.45
情報通信	1.00	1	0.89	0.82	—
公務	—	—	—	—	—
教育・研究	—	—	0.91	1	0.5
医療・保健・社会保障・介護	—	—	1.00	1	0.72
その他の公共サービス	—	—	0.90	1	0.69
対事業所サービス	0.94	0.64	0.85	0.72	1
飲食店	0.87	0.71	0.78	0.66	0.55
宿泊業	0.54	0.74	0.61	0.92	0.62
その他対個人サービス	0.87	0.65	0.82	0.76	0.62

注：南相馬市の水産食料品は飲食料品に含まれる。―は該当せずをあらわす。
出所：筆者作成。

2015年以降は，移輸出は緩やかに増加に転じ，移輸出のあるすべての産業において，年率1％で増加すると想定し，これをベースラインとする。

なお，2012年従業者比率が1より大きい産業は，震災後潜在産出量の減少は起こらず，したがって，震災前より生産が増える可能性がある。しかし，本章では，移輸出の震災前水準からの回復率が労働市場に与える影響をみることに主眼があり，分析の複雑さを避けるため，移輸出回復率は，一部を除いて最大1を原則とした。以上のような想定のもとでの地域ごとの2015年移輸出回復率は表5-2で示される。

(2) 民間設備投資の想定について

独立支出の想定にあたっては，各独立支出を誰がどの水準に決めるか，その主体を見極めて判断する必要がある。

独立支出のうち，一般政府消費支出と公的固定資本形成は，いうまでもなく一般政府が決定するので，想定にあたっては，一般政府の行動を分析する必要がある。また，民間住宅投資は，家計の行動であるが，具体的には世帯数の動向が影響を与える。移輸出についても，各産業がどの程度地域外に移輸出を行うかということを決定する主体であり，地域産業連関表の産業そのものが主体である。

これに対して，民間設備投資は，地域産業連関表では，産業別の設備投資行動はみえず，地域における民間設備投資の総額が示されるだけである。産業別の設備投資行動がどうなるかを判断しなければ，設備投資総額の想定も難しい。

そこで，都道府県別民間資本ストックデータをもとに，各被災地域の産業別設備投資行動をわれわれのモデルにビルトインしてその総額を求め，地域産業連関表とリンクさせる。ただし，都道府県別民間資本ストックデータにおける産業分類は「大くくり」になっているので産業連関表の産業別に必ずしも対応していないことに留意する必要がある。[2]

各産業別の設備投資を外生的に与えた場合，総需要の変化を通じて域内生産額が変化するとともに資本ストックも変化し，その結果，資本生産性が変化す

る。資本生産性は利潤率を規定していくので，資本生産性が上昇すれば，期待利潤率が高まり，次期の設備投資も増大すると考えられる。[3]他方，東日本大震災によって被災した事業所は，破損した生産設備の回復を目指し設備投資を行うことになるが，もし，被災による経済的打撃で域内生産額が停滞しているなら，資本生産性が震災前に比して低くなる可能性もあり，期待利潤率が高まらず次期以降の生産設備復旧のための設備投資を断念せざるをえない可能性がある。このように，資本生産性を期待利潤率の代理変数とみなし，その動向をみながら，外生的に与えた各産業の設備投資の水準が適正かどうかを判断する。

　被災地域における民間設備投資の見通しを想定する場合，被災なし事業所，被災再開事業所，廃業・非再開事業所の3つに分けて考える必要がある。

　被災なし事業所の設備投資水準は，震災前と変化がないとし，震災前の設備投資水準を震災後も継続すると想定する。

　被災再開事業所は，各地域の復興計画が予定どおり進むと想定して，被災して破損した資本ストックを5年または6年で回復すると仮定している。破損した資本ストックを5年もしくは6年で除して，1年あたりの新設投資を求める。なお，破損した資本ストックを震災前の水準まで回復するかどうかは，復旧過程で着実に利潤率の回復が見込めるかに依存する。われわれはこれを資本生産性でチェックする。資本生産性が下落するようであれば，資本ストックの全面復旧は困難であるとみなし，民間設備投資の復旧の度合を外生的に調整する必要性がでてくる。

　被災再開事業所における，5〜6年経過後の設備投資は，被災なし事業所と同様，震災前の設備投資水準に戻るものとする。被災再開事業所は，震災後5〜6年は，破損した資本ストックの回復を目的とした設備投資を行い，その後は被災なし事業所と同様，震災前の設備投資水準を維持するものと想定する。

　廃業・非再開事業所の民間設備投資はいうまでもなくゼロである。このようにして，2030年までの民間設備投資のベースラインが求まる。求めた民間設備投資は，「民間資本ストック」ベースの値であり，産業連関ベースに変換するため変換係数を求めて変換する。

（3） 住宅投資の想定

　各被災自治体における住宅の損壊程度をみると，全世帯に占める全壊大規模損壊世帯の割合は，宮古市0.3，釜石市0.2，塩釜市0.12，多賀城市0.14，南相馬市0.05であった。南相馬市の場合，住宅損壊の被害自体は相対的にみると小さかった。2030年までの住宅投資を想定する場合，このような被災した住宅ストックの毀損額を被災自治体ごとに推計することが必要である。

　また，住宅投資の長期見通しを推計する場合，将来の世帯数の見通しを知る必要がある。2030年までの将来推計人口は与えられている。住民基本台帳（2009年）では，人口，世帯数がデータとしてあるので，この2つのデータから1世帯あたり人口が求まる。1世帯あたり人口は，長期的に変化せず2009年の値で推移すると仮定して，将来推計人口をこの1世帯人口で割って2030年までの世帯数を求める。

　世帯は，被災なし世帯と被災世帯に分かれるが，被災世帯はさらに，損壊率の程度によって，全壊大規模損壊，半壊，一部損壊などの世帯に区分することができる。ここでは，各自治体が集計した被災状況の数字をもとに，2011年について，被災なし世帯，全壊大規模損壊世帯，半壊世帯，一部損壊世帯それぞれについて世帯数を求める。

　被災世帯の損壊率について，全壊大規模損壊世帯が1，半壊戸数世帯は0.5，一部損壊戸世帯0.1と想定し，半壊及び一部損壊の世帯数に，それぞれの損壊率を乗じて，全損壊の世帯数に換算し，換算結果の全損壊世帯数に1戸あたり住宅価格を乗じて被災世帯のトータルの住宅ストック毀損額を求める。

　このようにして求めた各自治体の住宅ストック毀損額は，宮古市1,272億円，釜石市633億円，塩釜市473億円，多賀城市795億円，南相馬市334億円となっている。塩釜市と多賀城市は，損壊別世帯数の割合にそれほど違いはみられないが，多賀城市は住宅価格が高いため，毀損被害が大きくなっている（表5-3）。

　被災者生活支援制度の加算支援金申請は，2018年4月10日まで有効であるから，被災世帯は，2017年までに新居に移転するとする。このとき，被災世帯の2011年から2017年の1年あたりの住宅投資は全損壊換算の住宅ストック毀損額

表5-3 住宅ストック毀損額関連データ

	宮古市		(100万円)		釜石市		(100万円)	
	2011年		住宅ストック		2011年		住宅ストック	
	世帯数	世帯割合	損壊率	毀損額	世帯数	世帯割合	損壊率	毀損額
被災なし世帯	14,977	0.62	0.00	0	12,312	0.73	0.00	0
全壊大規模損壊世帯	7,303	0.30	1.00	116,855	3,352	0.2	1.00	58,975
半壊戸数世帯	1,174	0.05	0.50	9,393	300	0.02	0.50	2,639
一部損壊戸世帯	611	0.03	0.10	978	1,006	0.06	0.10	1,770
合計	24,065			127,226	16,970			63,384
住宅価格(千円)	16,001				17,594			

	塩釜市		(100万円)		多賀城市		(100万円)		南相馬市		(100万円)	
	2011年		住宅ストック		2011年		住宅ストック		2011年		住宅ストック	
	世帯数	世帯割合	損壊率	毀損額	世帯数	世帯割合	損壊率	毀損額	世帯数	世帯割合	損壊率	毀損額
被災なし世帯	11,630	0.52	0.00	0	12,719	0.52	0.00	0	22,389	0.94	0.00	0
全壊大規模損壊世帯	2,586	0.12	1.00	29,602	3,380	0.14	1.00	53,411	1,244	0.05	1.00	31,124
半壊戸数世帯	1,884	0.08	0.50	10,783	2,096	0.09	0.50	16,560	159	0.01	0.50	1,989
一部損壊戸世帯	6,082	0.27	0.10	6,962	6,054	0.25	0.10	9,567	106	0.00	0.10	265
合計	22,182			47,347	24,249			79,538	23,898			33,378
住宅価格(千円)	11,447				15,802				25,019			

注:住宅価格は,「平成21年全国消費実態調査」の家計資産編(総資産)の2人以上の世帯の「住宅」資産価格で評価している。
出所:筆者作成。

を7で割ることによって求めることができる。以上が，被災世帯の住宅投資見通しの推計手続きである[4]。

他方，被災なし世帯の全世帯に対する割合を求め，その割合を2009年の産連ベースの住宅投資に乗じることによって，被災なし世帯の住宅投資とみなす。2017年までは，被災世帯と被災なし世帯の住宅投資が区分されるが，2018年以降は，被災世帯は新しい住居に移転を完了することによって，被災世帯は消滅し，2018年以降は，全世帯の住宅投資として，2009年時点の住宅投資水準に戻るとする。

なお，世帯数は時の経過とともに減少していくので，2011年を1として，2011年以降の世帯数の指数（小数点）を求め，この指数を毎年の住宅投資に乗じて住宅投資を修正する。

ところで，被災世帯の住宅投資は，自力で住宅再建を目指す場合，民間住宅投資であり，自力で住宅再建が困難な被災者は，災害公営住宅に入居することになるが，災害公営住宅は公的固定資本形成ということになる。本来であれば，住宅ストック毀損額の回復が，自力住宅再建を通じて行われるか，災害公営住宅を通じて行われるか区分して，住宅投資を民間住宅投資と公的固定資本形成に按分する必要がある。しかし，自力で住宅再建する世帯と災害公営住宅に入居する世帯の比率は流動的であることに留意して，按分はせず，民間住宅投資として一本化し，産業連関分析ではすべて民間投資に集約する[5]。したがって，次節で説明する公的固定資本形成の想定では，公的住宅投資を除いて推計作業を行う。

（4）　公的固定資本形成の想定

都道府県別社会資本ストックは，その内訳を含んでデータとして手に入れることができる。その内訳には公共賃貸住宅が含まれるが，われわれは，これを民間住宅投資に集約するので，以下では社会資本ストックは公共賃貸住宅のそれを除いたものである。

被災自治体の社会資本ストックのデータは，被災自治体とそれが属する県と

の人口比を求め，それに当該県の社会資本ストックを乗じて求める。被災自治体の社会資本の毀損額は，被災自治体の浸水域（面積換算）の割合に被災自治体の社会資本ストックを乗じて求める。

2009年の各自治体の社会資本ストック（公共賃貸住宅を除く）は，宮古市5,740億円，釜石市3,816億円，塩釜市3,582億円，多賀城市3,954億円，南相馬市5,366億円である。

社会資本ストック（公共賃貸住宅除く）毀損額を推計するため，各自治体における津波被害を受けた浸水域に居住していた人口を当該地域の人口で割った値を浸水域比率としてこれを毀損率とみなした。各自治の浸水域比率は，宮古市0.31，釜石市0.33，塩釜市0.33，多賀城市0.27，南相馬市0.19であった。南相馬市の浸水域比率が0.19で相対的に低くて，その他の自治体は3割前後になっている。

各地域の社会資本ストックに毀損率を乗じて求めた毀損額は，宮古市1,779億円，釜石市1,259億円，塩釜市1,182億円，多賀城市1,068億円，南相馬市1,019億円であった。

復興予算は，2011年～2015年の5年間に集中的に投入されることになっているが，このことは基本的に毀損した社会資本ストックは5年間で復旧復興されるとみなすことができる。したがって，毀損した社会資本ストックを5で割った値が，復旧復興のための公的固定資本形成ということができる。

東日本大震災の復興予算は，通常の一般予算とは別建てで組立てられており，被災していない非浸水域に必要な公的固定資本形成は，従来どおりの考え方で予算が組まれると想定する。したがって，非浸水域の公的固定資本形成は，2009年の公的固定資本形成（産連ベース）に非浸水域の割合を乗じて求める。2016年以降の公的固定資本形成は，集中的復興期間が終了し，2009年当時の通常状態に戻ると想定する。

（5） 人口減による家計消費支出の減少

家計消費支出は，国民所得に依存するので独立支出ではない。しかし，長期

第5章　経済復興と労働市場の長期的見通し

表5-4　被災自治体別の独立支出の想定値

(単位：100万円)

宮古市	一般政府消費支出	総固定資本形成(公的)	民間投資	人口減による家計消費支出減	移輸出	合計
2009年	52,384	23,097	21,293	0	79,284	176,058
2015年	52,384	51,525	51,288	−10,252	67,678	212,624
2020年	52,384	23,097	18,911	−18,905	70,247	145,734
2030年	52,384	23,097	18,278	−36,554	75,083	132,289
釜石市	一般政府消費支出	総固定資本形成(公的)	民間投資	人口減による家計消費支出減	移輸出	合計
2009年	33,947	14,939	24,076	0	71,631	144,592
2015年	33,947	35,197	51,892	−9,555	55,701	176,293
2020年	33,947	14,939	18,301	−16,666	57,148	107,669
2030年	33,947	14,939	17,514	−30,400	59,963	95,962
塩釜市	一般政府消費支出	総固定資本形成(公的)	民間投資	人口減による家計消費支出減	移輸出	合計
2009年	38,134	7,027	14,198	0	101,990	161,349
2015年	38,134	28,351	27,777	−9,438	94,587	179,413
2020年	38,134	7,027	15,613	−18,496	98,345	140,623
2030年	38,134	7,027	15,210	−38,550	100,512	122,334
多賀城市	一般政府消費支出	総固定資本形成(公的)	民間投資	人口減による家計消費支出減	移輸出	合計
2009年	73,546	5,699	15,031	0	114,094	208,370
2015年	73,546	25,514	19,082	−1,523	74,374	190,994
2020年	73,546	5,699	17,772	−3,866	77,191	170,343
2030年	73,546	5,699	17,600	−12,475	82,555	166,925
南相馬市	一般政府消費支出	総固定資本形成(公的)	民間投資	人口減による家計消費支出減	移輸出	合計
2009年	52,389	25,248	40,117	0	177,832	295,585
2015年	52,389	40,840	29,709	−16,480	138,556	245,013
2020年	52,389	25,248	29,552	−21,786	141,767	227,170
2030年	52,389	25,248	28,971	−35,451	148,689	219,846

出所：筆者作成。

的な人口減少は，国民所得の変化とは相対的に独立しているので，人口減少による家計消費支出の減少は，独立支出の減少とみなし，人口減が地域経済に与える影響として考慮する。

　具体的には，2009年地域産業連関表に示される家計消費支出を2009年の人口で割って，2009年の1人あたり家計消費支出を求めることができる。1人あたり家計消費支出は，長期的に一定であると仮定し，これに2009年と比較した2015年，2020年，2030年の人口減を乗じることによって，各年の人口減少による家計消費支出の減少分を計算して，「その他独立支出」として外生的に与えて，地域経済・雇用への影響を考慮した。

（6）　独立支出の想定に関するまとめ

　以上のような考え方に基づいて，2015年から2030年までの地域別の独立支出項目ごとの数値設定についてまとめたものが，表5-4である。これらの想定値を前提に，被災自治体ごとに，地域経済と雇用の長期見通しについて考察することが次節の課題である。

3　被災自治体における市内生産額の見通し

　表5-4で示されたように，2015年，2020年，2030年の独立支出項目別に想定値が外生的に与えられたとき，各被災自治体における市内生産額がどのようになるかの見通しを展望し，市内生産額の変化がどのような要因で発生するのか，復興需要の経済効果を含めて分析する。

（1）　宮古市

　表5-5は，地域産業連関表ベースの産業分類を第1次産業，製造業，建設業，第3次産業に集計し，宮古市における長期的市内生産額の見通しを示したものである。市内生産額は，3,071億円（2009年）から3,466億円（2015年）へと大幅に増える。産業別にみると，建設業の増加が圧倒的で，322億円（2009

第5章　経済復興と労働市場の長期的見通し

表5-5　宮古市の産業別（4分類）市内生産額の長期的見通し
主な独立支出項目の2009年から2015年の変化分（自給率調整）（単位：100万円）

	公的固定資本形成	民間投資	人口減による家計消費支出減	移輸出	合計
第1次産業	0	85	−72	−756	−744
製造業	115	505	−236	−8,024	−7,640
建設業	25,046	12,418	0	0	37,464
第3次産業	1,128	3,739	−6,439	−2,825	−4,397
合計	26,289	16,746	−6,747	−11,605	24,683

市内生産額の推移と変化率　　　　　（単位：100万円）

	2009年	2015年	2020年	2030年
第1次産業	16,745	15,651	15,437	15,857
製造業	71,616	64,419	62,469	65,624
建設業	32,292	69,919	30,682	30,078
第3次産業	186,181	196,279	155,963	140,612
合計	307,132	346,670	264,822	252,436
変化率（％）				
第1次産業		−6.5	−1.4	2.7
製造業		−10.1	−3.0	5.1
建設業		116.5	−56.1	−2.0
第3次産業		5.4	−20.5	−9.8
合計		12.9	−23.6	−4.7

注：合計の中には鉱業を含んでいる。以下、表5-6から表5-9も同様。
出所：筆者作成。

年）から699億円（2015年）へと、116.5％の増加である。第3次産業も、1,861億円（2009年）から1,962億円（2015年）へと5.4％増加する。

第3次産業で市内生産額増が顕著な産業は、対事業所サービス業が131億円（2009年）から168億円（2015年）に、商業が244億円（2009年）から267億円（2015年）に増大している。特徴的には、情報通信業が59億円（2009年）から78億円（2015年）に増大している[6]。

一方、第1次産業及び製造業では、市内生産額が、2009年から2015年にかけて、それぞれ、6.5％、10.1％の減少になっている。宮古市の基盤産業をみる

と，例えば，電子部品は，296億円（2009年）から240億円（2015年）へと減少する結果になっている。さらに，水産食料品業が120億円（2009年）から107億円（2015年），パルプ・紙・木製品が107億円（2009年）から109億円（2015年），漁業は87億円（2009年）から75億円（2015年）といずれも減少か微増である。

このように，宮古市では，建設業で圧倒的に市内生産額が増加している。また，第3次産業でも市内生産額が増大することがわかる。しかし，漁業を含む第1次産業及び製造業では市内生産額が減少している。

このような結果に大きな影響を与えるのは独立支出項目から派生する産業別の外生的最終需要の動向である。産業別に外生的最終需要（自給率修正後）の2009年から2015年の変化をみると，建設業は374億円も増大している。公的固定資本形成から250億円，民間投資から124億円の外生的最終需要が派生している。これはまさに建設業が復興需要の恩恵に浴していることを示す。

製造業は，復興需要による外生的最終需要の増加はわずかである一方，移輸出が大幅に減少しているため，合計した外生的最終需要は，2009年から2015年にかけて76億円減少しており，これが製造業の市内生産額の減少をもたらしている。漁業を含む第1次産業も同様である。

第3次産業全体でみると，外生的最終需要が43億円減少しているにもかかわらず，市内生産額は減少せず，むしろ増加している。これは，宮古市の場合，復興需要によって総計としての外生的最終需要が2009年から2015年にかけて増大しているため，結局雇用者所得誘発効果によって家計消費支出が増大して，第3次産業におけるサービス財に対する需要が増え，その結果当該第3次産業の市内生産額が増大することになる。

2020年になると，復興需要がなくなり市内生産額が3,466億円（2015年）から2,648億円（2020年）へと大幅に減少するが，2030年には2,524億円（2030年）に，減少傾向が続くものの減少幅は相当に縮小する。

産業別市内生産額について，復興需要の経済効果が大きかった建設業で，699億円（2015年）が306億円（2020年）と大幅に減少，2030年段階では300億円で微減である。このような状況が生まれるのは，2020年段階では公的固定資本

形成及び民間投資の減少から派生する建設業の外生的最終需要の大幅減少によって，市内生産額が減少するのに対して，2030年段階では公的固定資本形成と民間投資が2020年段階とあまり変わらないためである。

第3次産業では，1,962億円（2015年）が1,559億円（2020年）と大幅に減少，さらに2030年には1,406億円まで減少する。建設業と同様，2015年から2020年にかけては市内生産額が大幅に減少するが，2030年段階でもさらに減少することが建設業と違うところである。

これは，2020年段階で復興需要がなくなるため，総計としての外生的最終需要が大幅に減少し，雇用者所得も大幅に減少し，さらに家計消費支出も減少する影響を受けるためである。2030年段階では，人口減によって家計消費支出が減少するため，その影響によって，さらに市内生産額が減少する。

他方，第1次産業の市内生産額は，156億円（2015年）が154億円（2020年）と微減にとどまり，2030年では158億円と微増に転じている。製造業も同様で，644億円（2015年）から624億円（2020年）とわずかに減少するが，2030年では656億円と増加する。

これらの産業は，復興需要減少の影響をあまり受けない一方，移輸出が着実に増加すると想定しているため，2020年段階では，市内生産額の減少に一定の歯止めがかかるのである。2030年段階では，移輸出の増加が顕著になり，その影響で市内生産額が増加に転じると考えることができる。

宮古市の基盤・準基盤産業の動向をみると，復興需要が消滅することによって，電子部品，水産食料品，パルプ紙，漁業などでは，2015年から2020年に市内生産額が大幅に減少するという現象は発生しない。また，2020年から2030年にかけても，市内生産額は微減にとどまる。例えば，電子部品で，240億円（2015年），245億円（2020年），270億円（2030年）と微減傾向で推移している。水産食料品の市内生産額は107億円（2015年），108億円（2020年），114億円（2030年）である。

(2) 釜石市

　復興需要などで市内生産額が，2,546億円（2009年）から2,883億円（2015年）へと13.2%増える。宮古市と同様，建設業で299億円（2009年）から647億円（2015年）へと116.5%も大幅に増大する。第3次産業も1,378億円（2009年）から1,430億円（2015年）へと3.8%増加する（以下表5-6参照）。

　2009年から2015年にかけての製造業の市内生産額の減少率は，宮古市の10.1%に比べると，753億円（2009年）から718億円（2015年）へと減少率は4.6%にとどまっており，釜石市の場合製造業の落ち込みが小さいところに1つの特徴がある。

　製造業のうち基盤・準基盤産業である，水産食料品，電子部品などにおいては，復興需要の経済効果は弱く，市内生産額は2009年に比して減少傾向がみられる。例えば，水産食料品の市内生産額は，34億円（2009年）から25億円（2015年）に，電子部品で49億円（2009年）から13億円（2015年）にそれぞれ減少する結果になっている。これらの産業の市内生産額の減少のほとんどは移輸出の減少に起因する。

　しかし，復興需要が，釜石市の基盤産業である鉄鋼や一般機械などにも波及し，これらの産業の市内生産額が2009年に比して増加している。鉄鋼業は327億円（2009年）から344億円（2015年）に，一般機械も160億円（2009年）から186億円（2015年）に増大している。

　釜石市の場合は，一般機械も主に民間投資の復興需要から派生する外生的最終需要の増大が市内生産額増に寄与している。鉄鋼の場合，2009年から2015年にかけて外生的最終需要はわずかに減少しているが，復興需要の経済効果が大きい建設業や一般機械からの中間需要の派生が，同産業の市内生産額を増やしている。

　このように，釜石市の主要な基幹産業である一般機械，鉄鋼業で復興需要の波及効果があるため，製造業の落ち込みが小さくなっている。

　第1次産業は，市内生産額が2009年から2015年にかけて27%も減少しており，宮古市より深刻である。漁業の市内生産額は，94億円（2009年）から67億円

第5章　経済復興と労働市場の長期的見通し

表5-6　釜石市の産業別（4分類）市内生産額の長期的見通し

主な独立支出項目の2009年から2015年の変化分（自給率調整済）（単位：100万円）

	公的固定資本形成	民間投資	人口減による家計消費支出減	移輸出	合計
第1次産業	0	13	−29	−2,513	−2,524
製造業	58	2,318	−264	−8,894	−6,024
建設業	18,899	15,862	0	0	39,957
第3次産業	545	2,795	−5,687	−4,522	−5,953
合計	19,502	20,987	−5,980	−15,929	25,455

市内生産額の推移と変化率　　　　　　　（単位：100万円）

	2009年	2015年	2020年	2030年
第1次産業	11,353	8,291	8,361	8,995
製造業	75,353	71,864	64,011	64,421
建設業	29,919	64,765	26,046	25,369
第3次産業	137,847	143,091	105,386	93,836
合計	254,685	288,300	203,998	192,811
変化率（％）				
第1次産業		−27.0	0.8	7.6
製造業		−4.6	−10.9	0.6
建設業		116.5	−59.8	−2.6
第3次産業		3.8	−26.4	−11.0
合計		13.2	−29.2	−5.5

出所：筆者作成。

（2015年）と減少しており，これは移輸出の減少に起因する。

　第3次産業全体では，外生的最終需要が59億円減少しているにもかかわらず，市内生産額は1,378億円（2009年）から1,430億円（2015年）へと3.8％も増加している。これは，宮古市と同様，復興需要などを反映した総計としての外生的最終需要の大幅増が雇用者所得誘発効果によって，家計消費支出を増やし第3次産業におけるサービス財に対する需要が増える結果である。

　2020年段階では，釜石市の場合も復興需要がなくなり，市内生産額が2,883億円（2015年）から2,039億円（2020年）へと大幅に減少したのち，2030年には

1,928億円（2030年）と減少傾向であるもののその減少幅は縮小する。

産業別にみると，建設業が，647億円（2015年）から260億円（2020年）へと大幅に減少，2030年には253億円と微減にとどまる。

製造業は，718億円（2015年）から640億円（2020年）と10.9％も減少し，宮古市の同時期の減少率3％よりはるかに大きな落ち込みである。これは，復興需要の経済効果があった鉄鋼や一般機械において，2015年から2020年にかけての市内生産額が相当に減少するためである。鉄鋼の市内生産額の動きは，344億円（2015年）から322億円（2020年）へ，一般機械は186億円（2015年）から154億円（2020年）へと減少している。

鉄鋼や一般機械以外の製造業では，例えば，基盤・準基盤産業である水産食料品・電子部品などは，2015年から2020年に市内生産額が大幅に減少するという現象は発生しない。また，2020年から2030年にかけては，市内生産額は微減にとどまる。例えば，水産食料品の市内生産額は25億円（2015年）から24億円（2020年）と緩やかに減少する。

製造業の多くは，復興需要の経済効果があまりなく，2015年以降移輸出が着実に増加することなどから，市内生産額の減少は小幅にとどまる。2030年になると，製造業の市内生産額は，640億円から644億円と0.6％の増加に転じるが，これは移輸出が引き続き着実に増加すると想定しているためである。

第3次産業は，1,430億円（2015年）から1,053億円（2020年）へ26.4％減少，さらに938億円（2030年）と減少傾向に歯止めがかからない状況及びその理由は宮古市と同じである。

なお，第1次産業は，2015年から2020年0.8％増，2030年にはさらに7.6％増えているが，これも移輸出の着実な増加に起因する。

（3） 塩釜市

宮古市・釜石市と同様，市内生産額が，2,776億円（2009年）から3,018億円（2015年）へと大幅に増えるが，産業別にみると，ほとんど建設業の増加であり，建設業の市内生産額は，149億円（2009年）から402億円（2015年）へと大

表 5-7　塩釜市の産業別（4分類）市内生産額の長期的見通し

主な独立支出項目の2009年から2015年の変化分（自給率調整済）(単位：100万円)

	公的固定資本形成	民間投資	人口減による家計消費支出減	移輸出	合計
第1次産業	0	1	−2	−679	−681
製造業	11	65	−612	−3,218	−3,755
建設業	18,980	6,263	0	0	25,243
第3次産業	707	1,718	−4,804	−3,506	−5,885
合計	19,698	8,047	−5,419	−7,403	14,922

市内生産額の推移と変化率　　　　　　　　　（単位：100万円）

	2009年	2015年	2020年	2030年
第1次産業	8,462	7,768	8,132	8,378
製造業	78,009	75,153	74,317	72,173
建設業	14,976	40,274	15,290	14,820
第3次産業	176,244	178,693	153,789	137,292
合計	277,692	301,889	251,528	232,663
変化率（％）				
第1次産業		−8.2	4.7	3.0
製造業		−3.7	−1.1	−2.9
建設業		168.9	−62.0	−3.1
第3次産業		1.4	−13.9	−10.7
合計		8.7	−16.7	−7.5

出所：筆者作成。

幅増大である（以下表5-7参照）。

　第3次産業では，1,762億円（2009年）から1,786億円（2015年）へと1.4％の微増である。第1次産業及び製造業は，2009年から2015年にかけて市内生産額が，それぞれ8.2％，3.7％減少している。

　個別産業では，水産食料品は，481億円（2009年）から462億円（2015年）にやや減少，飲食料品では143億円（2009年）から141億円（2015年），漁業では82億円（2009年）から76億円（2015年）へと微減傾向という結果になっている。これらの結果は，いずれも当該産業の移輸出の減少による。水産食料品では移

輸出を中心に外生的最終需要が減少しているため，市内生産額の減少幅がやや大きくなっており，漁業，飲食料品の外的最終需要の減少幅は小さく，これが市内生産額を微減にとどめている。

2020年以降では，市内生産額が，3,018億円（2015年）から2,515億円（2020年）へと大幅に減少するが，さらに2030年には2,326億円（2030年）へと減少する。

第1次産業は，2015年から2020年にかけて4.7％，2020年から2030年にかけて3％増加している。製造業は，2030年まで微減傾向が続く。建設業が，402億円（2015年）から152億円（2020年）へと大幅に減少，その後2030年にかけては148億円と微減にとどまる。第3次産業の市内生産額の減少傾向は止まらない。2015年から2020年にかけて13.9％，2020年から2030年にかけて10.7％減少している。長期にわたって減少する理由は，宮古市などと同じである。

（4）多賀城市

表5-8から，復興需要があるにもかかわらず市内生産額が3,428億円（2009年）から3,037億円（2015年）へと減少する傾向がみられる。多賀城市の場合，製造業が932億円（2009年）から608億円へと大幅に減少しているのが特徴である。

個別産業をみると，例えば，多賀城市の基盤産業である電子部品は338億円（2009年）から170億円（2015年），パルプ・紙・木製品では134億円（2009年）から80億円（2015年）など，いずれも減少している。これらは，多賀城市では津波で被害を受けた地域が工業団地であったため製造業の供給能力が大きく毀損し，そのため地域外への移輸出が減少したことによる。2009年から2015年にかけての移輸出は，電子部品が137億円，パルプ・紙・木製品が50億円それぞれ減少している。多賀城市は，多くの製造業において，供給能力縮小による移輸出縮小で市内生産額が減少する結果になっている。

建設業の市内生産額が139億円（2009年）から317億円（2015年）へと増加しているが，多賀城市の場合，これはほとんど公的固定資本形成によるもので，

表5-8　多賀城市の産業別（4分類）市内生産額の長期的見通し

主な独立支出項目の2009年から2015年の変化分（自給率調整済）（単位：100万円）

	公的固定資本形成	民間投資	人口減による家計消費支出減	移輸出	合計
第1次産業	0	1	−1	−12	−13
製造業	70	68	−83	−27,722	−27,667
建設業	16,811	1,506	0	0	18,317
第3次産業	949	626	−812	−11,986	−11,224
合計	17,830	2,201	−897	−39,720	−20,586

市内生産額の推移と変化率　　　　　　　　（単位：100万円）

	2009年	2015年	2020年	2030年
第1次産業	641	597	590	577
製造業	93,203	60,858	60,689	62,988
建設業	13,901	31,745	14,272	14,164
第3次産業	235,057	210,558	200,210	198,532
合計	342,802	303,758	275,762	276,261
変化率（％）				
第1次産業		−6.8	−1.2	−2.2
製造業		−34.7	−0.3	3.8
建設業		128.4	−55.0	−0.8
第3次産業		−10.4	−4.9	−0.8
合計		−11.4	−9.2	0.2

出所：筆者作成。

民間投資から派生する外生的最終需要は他地域に比して少ない。

　第3次産業では，2,350億円（2009年）から2,105億円（2015年）へと，他地域と違って減少している。第3次産業の市内生産額減の大きな要因は，移輸出が2009年から2015年にかけて，119億円と大幅に減少したことによる。他地域でも，第3次産業における外生的最終需要は減少しているが，復興需要から派生する総計としての外生的最終需要増による雇用者所得誘発効果が家計消費支出を増加させて，市内生産額は増加する。しかし，多賀城市の場合は，外生的最終需要の総計の減少幅が大きすぎるため，結局市内生産額が減少している。

さらに，第3次産業の被害が大きく，第3次産業の復興は他地域にない独自の課題になっている。

2015年から2020年にかけて，市内生産額が3,037億円（2015年）から2,757億円（2020年）へと大幅に減少するが，2030年には2,762億円（2030年）へと微増に転じる。2020年の大幅減少のほとんどは建設業によるもので，同産業の市内生産額は317億円（2015年）から142億円（2020年）へと大幅減少である。

製造業は，2015年から2020年段階にかけて，市内生産額は0.3％減にとどまり，2030年には3.8％増加する結果になっている。これは，移輸出が着実に増加するという想定を反映している。第3次産業は2020年から2030年にかけて市内生産額は0.8％の減少にとどまっている。

（5） 南相馬市

表5-9から，市内生産額は4,334億円（2009年）から3,700億円（2015年）へと減少しており，復興需要によって市内生産額が増加するという現象がみられない。産業別にみると，建設業は371億円（2009年）から474億円（2015年）へと増加しているが，他産業のほとんどで市内生産額が減少するという深刻な状況である。なお，建設業では，公的固定資本形成から派生する外生的最終需要は136億円増加しているが，民間固定資本形成から派生するそれは31億円の減少である。建設業の市内生産額の増加は，復興需要のうちでも公的固定資本形成に依存していることがわかる。

第1次産業の市内生産額が59.7％減少しているが，これは原発被害によって，農業が大きく打撃を受けていることによる。

製造業は，市内生産額が2015年には25.5％減少する。これまでは一定規模の移輸出の実績があった業種で，移輸出が軒並み減少していることを反映している。例えば，化学製品が54億円，飲食料品が41億円，一般金属26億円それぞれ減少している。

第3次産業は，14.9％の減少であるが，これは第3次産業における外生的最終需要の合計が240億円も大幅に減少していることによる。内訳をみると，移

表5-9 南相馬市の産業別（4分類）市内生産額の長期的見通し

主な独立支出項目の2009年から2015年の変化分（自給率調整済）（単位：100万円）

	公的固定資本形成	民間投資	人口減による家計消費支出減	移輸出	合計
第1次産業	0	−20	−155	−5,477	−5,652
製造業	40	−244	−368	−19,994	−20,565
建設業	13,671	−3,111	0	0	10,560
第3次産業	356	−916	−9,674	−13,783	−24,016
合計	14,068	−4,291	−10,196	−39,276	−39,275

市内生産額の推移と変化率　　　　　　　（単位：100万円）

	2009年	2015年	2020年	2030年
第1次産業	11,493	4,636	4,604	4,724
製造業	86,374	64,314	65,224	69,820
建設業	37,108	47,461	33,698	33,488
第3次産業	297,790	253,288	243,895	236,425
合計	433,436	370,044	347,769	344,816
変化率（％）				
第1次産業		−59.7	−0.7	2.6
製造業		−25.5	1.4	7.0
建設業		27.9	−29.0	−0.6
第3次産業		−14.9	−3.7	−3.1
合計		−14.6	−6.0	−0.8

出所：筆者作成。

輸出が137億円減少しているが，なかでも商業や運輸の移輸出の減少が目立つ。商業や運輸では，製造業における移輸出減少によって，移輸出のマージン部分の減少を反映して，両産業の移輸出が大幅に減少，第3次産業の移輸出減少の多くの部分を占めている。また，2015年に全員帰還したとしても人口減によって，外生的家計消費支出が101億円減少していることも1つの要因である。

南相馬市では，多業種の製造業が集積し，同市の強みを形成していたが，いずれの業種においても2009年と比較して市内生産額が減少し，それが南相馬市のマクロの市内生産額に大きな影響をもたらしていると考えることができる。

2015年から2020年の市内生産額の変化をみると，3,700億円（2015年）から3,477億円（2020年）へと減少幅は小さく，2030年には3,448億円（2030年）へと微減にとどまっている。

建設業は474億円（2015年）から336億円（2020年）へと大幅に減少するが，2030年には334億円とほとんど変化しない。

製造業は643億円（2015年）から652億円（2020年）へと，1.4％の増加に転じ，2030年は7％増になる。これは，製造業において，移輸出が着実に回復するということを想定しているためである。

第3次産業の市内生産額は，2015年から2020年にかけて3.7％減，2020年から2030年にかけて3.1％の減であり，減少傾向に歯止めがかからない状況である。2030年は人口減による外生的家計消費支出の減少が大きく影響する。

（6） 市内生産額の見通しについてのまとめ

2015年について

震災前に比して2015年におけるマクロの市内生産額は，宮古市，釜石市，塩釜市で大幅に増加しているが，多賀城市や南相馬市では減少している。これは，各被災自治体における独立支出の総計額が，2009年から2015年にかけて増加したかどうかに基本的に依存する。復興需要による市内生産額増加の経済効果が移輸出停滞など市内生産額減少の経済効果を上回るか下回るかということであり，宮古市，釜石市，塩釜市では上回り，多賀城市や南相馬市では，下回るということが反映している。

産業別にみると，建設業については，すべての地域で市内生産額が大幅に増加しているが，これは復興需要による建設業の外生的最終需要の大幅増加による。

他方，第1次産業及び製造業では，どの地域の市内生産額も減少している。これらの産業では，復興需要の経済効果が弱い一方で，移輸出減少による市内生産額減少効果が強く現れるという結果である。

第3次産業の場合，宮古市，釜石市，塩釜市では市内生産額が増加している

が，多賀城市と南相馬市は減少するという結果になっている。前者は，復興需要によりトータルの独立支出が増加しているため，雇用者所得誘発効果による家計消費支出の増加が主に寄与しており，後者は逆の現象が起こっていることに起因している。

2020年について

2020年を2015年と比較すると，すべての地域で，トータルの市内生産額は大幅に減少する。これは，復興需要が消滅することによる。産業別にみると，市内生産額の変化にバラつきがある。

すべての地域で建設業が一番減少率が大きいことはいうまでもない。他方，第1次産業は市内生産額が増加しているところと減少しているところがあるが，2015年と比較した増減の変動幅はいずれも大きくない。

製造業は，宮古市，塩釜市，多賀城市で減少し，南相馬市で増加しているが，増減の幅はいずれも大きくない。釜石市のみ減少率が比較的大きくなっている。

第3次産業は，宮古市，釜石市，塩釜市では減少率が比較的大きく，多賀城市と南相馬市では，比較的小さくなっている。

2020年時点で，地域によって産業ごとに市内生産額の変化にバラつきがみられるのは，復興需要消滅による負の直接間接経済効果と移輸出回復による正の直接間接経済効果の複合的結果であるということができる。

2030年について

2030年の段階では，2020年と比較して，市内生産額の減少幅は小さくなるが，多賀城市を除いて減少傾向は続いている。多賀城市はやや増加傾向に転じている。

産業別に市内生産額をみると，第3次産業を除いて，市内生産額が増加したり減少したりと増減の変化はあるが，変動幅は小さい。ところが，第3次産業をみると，宮古市，釜石市，塩釜市では，減少率が10％前後に達しており，第3次産業の市内生産額の減少に歯止めがかからない状況が続いている。これは，

2030年段階になると，人口減少が顕著になり，人口減による外生的家計消費支出の減少が第3次産業に大きく影響するためである。

被災地の長期的経済動向は，復興需要，移輸出，人口減少による外生的家計消費支出という3つの独立支出項目の変動が大きく影響を与えることになる。復興需要により市内生産額の増加は一時的に可能であるが，復興需要のみでは，地域経済は再生することはできない。長期的にみると，移輸出回復を着実に実現すること，人口減少に歯止めをかけ，外生的家計消費支出の減少を最小限にすることが政策的に不可欠である。

4 被災地の労働市場の長期的見通し

(1) 宮古市

2009年において就業者数（従業地ベース）は26,504人，労働力人口は28,746人である。この2つのデータから，労働需要（市内居住市内従業）が24,276人，労働需要（市内居住市外従業）1,652人となり，2つを合計して労働需要（常住地ベース）が25,928人である。労働需要（常住地ベース）と労働力人口（労働供給にあたる）から，労働供給過不足が2,818人であり，労働力の過剰供給になっている。仮に自然失業率を3％とすると，自然失業率調整後の1,956人が，雇用機会を保障すべき雇用対策の対象となる人数であったとみなすことができる[7]。

2015年には，就業者数（従業地ベース）が29,374人まで増加，労働力人口は24,868人と減少する。その結果，労働需要（市内居住市内従業）が26,905人，労働需要（市内居住市外従業）が1,429人，合計して労働需要（常住地ベース）は28,334人となる。結局労働供給過不足が3,466人のマイナスで，労働力の超過需要が発生している。自然失業率調整後の労働市場は4,212人の大幅な労働力不足となる。地域外からの多くの労働者の流入によって労働力不足が一定解消すると思われる。

第5章 経済復興と労働市場の長期的見通し

表5-10 宮古市の労働市場の長期的見通し

(単位:人)

	市内生産額(単位:100万円)	就業者数(経済センサス)	就業者数(従業地ベース)	労働需要(市内居住市内従業)	労働需要(市内居住市外従業)	労働需要(常住地ベース)	労働力人口	労働供給過不足	自然失業率調整後労働供給過不足
2009年	307,132	25,003	26,504	24,276	1,652	25,928	28,746	2,818	1,956
2015年	346,670	27,710	29,374	26,905	1,429	28,334	24,868	-3,466	-4,212
2020年	264,822	20,646	21,885	20,045	1,262	21,307	21,949	642	-17
2030年	252,436	17,841	18,912	17,322	961	18,284	16,722	-1,561	-2,063

出所:筆者作成。

2020年になると,労働市場はほぼ自然失業率3%の状態になり,17人の労働不足ということになる。2030年には再び労働市場の超過需要が深刻になり,自然失業率調整後において,2,063人もの労働力不足が発生する。

宮古市の場合,これから慢性的な労働力不足状況が予測され,労働力不足が地域経済の停滞の重要な要因になる可能性がある。ここで重要なことは,2030年の労働市場のひっ迫状況は,労働力人口の減少率が就業者の減少率を上回る結果によるものであり,人口減と地域社会経済の縮小のスパイラルに陥る中での超過需要の状態であり,決して望ましいことではない(以上表5-10参照)。

(2) 釜石市

2009年において就業者数(従業地ベース)は19,101人で,労働需要(市内居住市内従業)が15,894人と求まり,労働力人口は18,804人であるから,労働需要(市内居住市外従業)1,417人が求まり,労働需要(常住地ベース)は17,311人となる。労働供給過不足は1,493人のプラスであり,労働力の過剰供給になっている。自然失業率3%を勘案すると,929人が雇用創出を必要とする人数であった。

2015年には,復興需要を背景に就業者数(従業地ベース)が20,672人と増加するのに対し労働力人口は18,804人(2009年)から15,731人(2015年)と約3,000人以上減少する。その結果,労働需要(市内居住市内従業)は17,201人,労働需要(市内居住市外従業)は1,185人となり,合計の労働需要(常住地ベー

表5-11　釜石市の労働市場の長期的見通し

(単位：人)

	市内生産額(単位：100万円)	就業者数(経済センサス)	就業者数(従業地ベース)	労働需要(市内居住市内従業)	労働需要(市内居住市外従業)	労働需要(常住地ベース)	労働力人口	労働供給過不足	自然失業率調整後労働供給過不足
2009年	254,685	19,507	19,101	15,894	1,417	17,311	18,804	1,493	929
2015年	288,300	21,111	20,672	17,201	1,185	18,386	15,731	-2,656	-3,128
2020年	203,998	14,410	14,111	11,741	1,032	12,773	13,693	920	509
2030年	192,811	12,306	12,050	10,027	770	10,798	10,226	-571	-878

出所：筆者作成。

ス）は18,386人である。労働供給過不足は2,656人のマイナスで，労働力の超過需要が発生している。自発的失業率を考慮すると，3,128人の大幅な労働力不足となる。復興需要に対応するために，一時的に地域外から多くの労働者が流入し，釜石市の労働力不足は一定解消すると思われる。

2020年になると，労働供給過不足は920人のプラス，自然失業率3％を勘案して509人の過剰労働力が生まれる。2030年には再び労働市場が超過需要状態になり，878人（自然失業率調整後）の労働力不足という結果になっている。

釜石市の場合，宮古市のように2015年以降，慢性的労働力不足に陥るのではなく，2015年に一時的に労働力不足が深刻になるが，復興需要がなくなる2020年段階では一度過剰労働力が発生し，2030年段階で再び労働力不足が顕在化することになる。2030年に労働力不足が深刻になるのは，労働力人口が13,693人（2020年）から，10,226人（2030年）へと3,000人以上減少することによる。宮古市と同様，人口減少と地域社会経済の縮小のスパイラル現象の過程における労働力不足であり，状況は楽観できない（以上表5-11参照）。

(3)　塩釜市

2009年において，就業者数（従業地ベース）は21,501人で，労働力人口は28,034人であった。この2つのデータから，労働需要（市内居住市内従業）が11,236人，労働需要（市内居住市外従業）14,261人であり，常住地ベースに置き換えたトータルの労働需要は25,497人になる。その結果，労働供給過不足は

第5章　経済復興と労働市場の長期的見通し

2,537人のプラスであり，労働力の過剰供給になっている。自然失業率3％を勘案すると，1,696人が雇用創出を必要とする人数であった。

　2015年には，復興需要を背景に従業地ベースの就業者数が23,817人と2,300人程度増加するのに対し労働力人口は28,034人（2009年）から25,602人（2015年）と2,400人程度減少する。その結果，労働需要（市内居住市内従業）は12,466人，労働需要（市内居住市外従業）は13,024人となり，労働需要（常住地ベース）は25,470人である。労働供給過不足は132人のプラスであるが，自然失業率を考慮すると，636人の労働力不足となる。

　2020年になると，労働供給過不足は1600人のプラス，自然失業率3％を勘案して912人の過剰労働力の状態になる。

　2030年には，労働供給過不足は641人のプラスで，自然失業率調整後は，101人の過剰労働力となっている。2030年段階で，労働力人口が22,934人（2020年）から17,996人（2030年）人と10年間で4,938人減少する。本モデルでは，市内居住で市外従業の労働需要は労働力人口の一定比率であると仮定しているため，労働需要（市内居住市外従業）は11,667人（2020年）から9,155人（2030年）と2,496人減少する。他方，労働需要（市内居住市内従業）は独立支出に規定される市内生産額に影響を受けるため，9,667人（2020年）から8,200人（2030年）へと1,467人減少する。結局，2030年は2020年に比して，労働需要の減少より労働力人口の減少が大きいが，労働市場の超過供給を解消するまでには至らない。

　塩釜市の場合，労働力人口のうち半分近くが市外で就業するため，市内の労働市場は市外の労働市場動向に大きく左右される。したがって，もし将来市外において労働市場がひっ迫すれば，市外への労働流出が容易に起こり，労働力人口のいっそうの減少によって労働市場が均衡化する可能性がある。しかしそれは，塩釜市における将来の人口減少を助長することになるから，将来の労働力不足が予想されるなか，市外への労働力流出をできるだけ抑制し，自立的な地域経済の確立を目指すためには，「職住近接」の市内の雇用機会の基盤を着実にする必要がある（以上表5-12参照）。

表5-12 塩釜市の労働市場の長期的見通し

(単位:人)

	市内生産額(単位:100万円)	就業者数(経済センサス)	就業者数(従業地ベース)	労働需要(市内居住市内従業)	労働需要(市内居住市外従業)	労働需要(常住地ベース)	労働力人口	労働供給過不足	自然失業率調整後労働供給過不足
2009年	277,692	23,366	21,501	11,236	14,261	25,497	28,034	2,537	1,696
2015年	301,889	25,882	23,817	12,446	13,024	25,470	25,602	132	−636
2020年	251,528	20,104	18,500	9,667	11,667	21,334	22,934	1,600	912
2030年	232,663	17,053	15,692	8,200	9,155	17,355	17,996	641	101

出所:筆者作成。

(4) 多賀城市

　2009年において,就業者数(従業地ベース)は23,636人で,労働力人口は32,685人であった。これらのデータをもとにして,労働需要(市内居住市内従業)が11,114人,労働需要(市内居住市外従業)19,214人であり,塩釜市以上に市内居住市外従業の就業者数の割合が大きい。トータルの労働需要(常住地ベース)は30,328人となる。労働供給過不足は2,357人のプラスであり,労働市場は過剰供給である。自然失業率3%を勘案すると,1,376人が雇用創出を必要とする失業者数であった。

　多賀城市の場合,2015年には復興需要はあるが,市内生産額は3,428億円(2009年)から3,037億円(2015年)と減少するため,従業地ベースの就業者数も23,636人(2009年)から22,593人(2015年)と1,100人程度減少する。労働力人口も32,685人(2009年)から31,209人(2015年)と1,400人程度減少し,両者の減少はほぼパラレルである。その結果,労働供給過不足も2009年で2,357人のプラスであったが,2015年も2,239人のプラスで,大きな違いがみられない。宮古市・釜石市・塩釜市と違って,明らかに労働力が過剰供給の状態ということになる。自然失業率3%を勘案しても1,303人の雇用創出を必要とする失業者が存在することになる。

　2020年には,労働供給過不足は3,444人で2015年を上回り,労働力の過剰供給が深刻化する。2030年も,労働供給過不足が3,121人のプラスで,2020年の

第5章 経済復興と労働市場の長期的見通し

表5-13 多賀城市の労働市場の長期的見通し

(単位:人)

	市内生産額(単位:100万円)	就業者数(経済センサス)	就業者数(従業地ベース)	労働需要(市内居住市内従業)	労働需要(市内居住市外従業)	労働需要(常住地ベース)	労働力人口	労働供給過不足	自然失業率調整後労働供給過不足
2009年	342,802	25,622	23,636	11,114	19,214	30,328	32,685	2,357	1,376
2015年	303,758	24,492	22,593	10,624	18,347	28,970	31,209	2,239	1,303
2020年	275,762	20,453	18,868	8,872	17,566	26,438	29,881	3,444	2,547
2030年	276,261	18,548	17,110	8,045	15,926	23,972	27,092	3,121	2,308

出所:筆者作成。

労働市場と大きな違いはみられない。

多賀城市の場合,労働力人口が32,685人(2009年)から,27,092人(2030年)で,5,500人程度の減少で,他地域と比較すると相対的に減少幅が小さく,減少率は約17%である。他方,従業地ベースの労働需要は,23,636人(2009年)が17,110人(2030年)と6,500人程度減少し,減少率は約28%,労働需要(市内居住市内従業)の減少率もそれにパラレルで約28%である。一方,労働需要(市内居住市外従業)の減少率は,労働力人口の減少率とパラレルで17%となり,結局,常住地ベースの労働需要は21%の減少率になる。

2009年と2030年を比較すると,労働力人口の減少率(17%)より労働需要(常住地ベース)の減少率(21%)が大きいことが,労働市場の超過供給状態をもたらしている。したがって,多賀城市は,従業地ベースの就業者数の減少率を抑制することが重要であり,市内における雇用機会の確保をするために産業振興政策の新たな展開を必要としている(以上表5-13参照)。

(5) 南相馬市

2009年の就業者数(従業地ベース)は34,835人で,労働力人口は35,841人であった。労働需要(市内居住市内従業)が31,907人,労働需要(市内居住市外従業)1,652人で,市内居住者の多くが市内で従業していたことがわかる。このとき,労働供給過不足は2,281人のプラスであり,労働市場は超過供給にあり,自然失業率が3%であったとすると,1,206人が雇用創出を必要とする失業者

数であった。

2015年に100％帰還率の場合

　南相馬市の場合，多賀城市と同様，市内生産額は4,334億円（2009年）から3,700億円（2015年）へと減少し，その減少幅は大変大きい。このとき，就業者数（従業地ベース）は，34,835人（2009年）から27,398人（2015年）と7,400人以上減少する。労働力人口も35,841人（2009年）から30,814人（2015年）と5,000人以上減少する。従業地ベースの労働需要の落ち込みが，労働力人口の減少を上回るため，2015年の労働供給過不足は4,298人ものプラスになり，明らかに労働力が過剰供給の状態ということになる。自然失業率３％を勘案しても3,373人の過剰労働力の状態である。

　このような事態になるのは，2015年までに帰還率100％を想定していることによる。南相馬市の場合，原発災害により多くの民間事業所の生産活動が阻害され，市内生産額が大きく落ち込み労働需要が減るにもかかわらず，市民の100％帰還により，労働供給が相当に回復することに起因する。

　2020年には，労働供給過不足は3,912人と，2015年をさらに上回る。これは，復興需要がなくなり，2015年に比して市内生産額が減り，労働需要（従業地ベース）が，27,398人（2015年）から24,172人（2020年）と3,200人以上減少するためだが，労働力人口は30,814人（2015年）から28,199人（2020年）と2,600人程度の減少であるから，結局労働供給過不足は，4,298人（2015年）から4,758人（2020年）へと増加し，労働力の過剰供給が深刻化する。

　2030年は，労働供給過不足がプラスであるが，2,361人まで減少する。これは，2030年段階では，労働力人口に，28,199人（2015年）から23,345人（2020年）へという大幅な減少が起こるためである。労働力人口は大幅に減少しながら，なおまだ労働力の過剰供給という経済状態が続くことになる。しかし100％の帰還率は現実的に想定しがたい。もし50％ぐらいの帰還率を想定したとき，労働市場がどうなるかを次に考察する（以上表５－14参照）。

第5章　経済復興と労働市場の長期的見通し

表5-14　南相馬市の労働市場の長期的見通し（全員帰還の場合）

(単位：人)

	市内生産額 (単位：100万円)	就業者数 (経済センサス)	就業者数 (従業地ベース)	労働需要 (市内居住市内従業)	労働需要 (市内居住市外従業)	労働需要 (常住地ベース)	労働力人口	労働供給過不足	自然失業率調整後労働供給過不足
2009年	433,436	32,863	34,835	31,907	1,652	33,560	35,841	2,281	1,206
2015年	370,044	25,847	27,398	25,095	1,421	26,516	30,814	4,298	3,373
2020年	347,769	22,803	24,172	22,140	1,300	23,440	28,199	4,758	3,912
2030年	344,816	20,503	21,734	19,907	1,076	20,983	23,345	2,361	1,661

出所：筆者作成。

2015年に帰還率50％のとき

2020年の市内生産額は，帰還率100％のとき3,477億円であるのに対し，帰還率50％のとき3,352億円であり，その差はそれほど大きくない。これは，帰還率の相違の独立支出に与える影響が，人口減による家計消費支出のみであり，帰還率が下がることによる負の経済効果は限定的であることによる。

市内生産額の減少が小さいことを背景に，2020年に就業者数（従業地ベース）は，帰還率100％のとき，24,172人であるのに対して，帰還率50％のとき23,132人で，減少幅はほぼ1,000人程度である。2020年の労働力人口は，帰還率100％のとき28,199人，帰還率50％のとき24,818人と大幅に減少するため，労働供給過不足は，プラス4,758人（帰還率100％）からプラス2,485人（帰還率50％）まで縮小することになる。

2030年には，就業者数（従業地ベース）は21,734人（帰還率100％）から，20,824人（帰還率50％）と900人程度減少，労働力人口は23,345人（帰還率100％）から19,453人（帰還率50％）と4,000人程度減少する。労働需要の減少に比して労働供給の減少幅が大きいので，労働供給過不足は，517人のマイナスになる。つまり2030年段階では，労働市場は超過需要になる。

南相馬市の場合，帰還率が100％のときは，労働力の超過供給が深刻で相当の独立支出を増やし，市内生産額を大幅に増加させる政策が重要になる。しかし，帰還率50％ぐらいのときは，2020年までは，労働力の過剰供給がみられ，

表5-15 南相馬市の労働市場の長期的見通し（半分帰還の場合）

(単位：人)

	市内生産額	就業者数（経済センサス）	就業者数（従業地ベース）	労働需要（市内居住市内従業）	労働需要（市内居住市外従業）	労働需要（常住地ベース）	労働力人口	労働供給過不足	自然失業率調整後労働供給過不足
2020年	335,255	21,823	23,132	21,188	1,144	22,332	24,818	2,485	1,741
2030年	332,717	19,645	20,824	19,073	897	19,970	19,453	-517	-1,101

出所：筆者作成。

2030年には労働市場は超過需要になると予想される。帰還率50％によって，南相馬市の長期的人口水準は下落することになるが，経済的には労働市場のバランスを確保することは可能であると思われる（以上表5-15参照）。

（6） 労働市場の長期的見通しのまとめ

　宮古市の場合，2015年から2030年にかけて慢性的な労働力不足状況が予測され，地域経済の停滞要因になる可能性がある。労働力不足は，労働力人口の減少率が就業者の減少率を上回る結果によるものであり，人口減少と地域社会経済の縮小のスパイラル現象の中での労働力の超過需要状態は望ましいことではない。

　釜石市の場合，2015年に一時的に労働力不足が深刻になるが，復興需要がなくなる2020年段階では労働力の過剰供給の状態になり，2030年段階で再び労働力不足が顕在化することになる。2030年に労働力不足が深刻になるのは，宮古市と同様，労働力人口が大幅に減少することによるものである。

　塩釜市の場合，2020年及び2030年ともに労働市場は超過供給になると予想される。将来の全国的労働力不足が予想されるなか，市外への労働力流出が懸念され，自立的な地域経済確立のため「職住近接」の市内の雇用機会の基盤を着実にする必要がある。

　多賀城市の場合，労働力の過剰供給が時間とともに増加していくのが大きな特徴である。この現象は，結局，従業地ベースの就業者数の減少率が労働力人口の減少率を上回るためである。多賀城市は，従業地ベースの就業者数の減少

率を抑制するために，市内における雇用機会のいっそうの確保を目指した産業振興政策の新たな展開を必要としている。

南相馬市の場合，帰還率が100％のときは，労働力の超過供給状態が深刻で相当の独立支出を増やして市内生産額を大幅に増加させる政策が重要になる。一方，帰還率を50％ぐらいと仮定すると，2020年までは，労働力の過剰供給状態がみられ，2030年には逆に労働市場が超過需要になると予想される。帰還率50％の場合，南相馬市の長期的人口水準は下落することになるが，労働市場の均衡状態を確保することは不可能ではないと思われる。

補論　民間設備投資の想定の妥当性に関する検証

本章では，民間設備投資行動の想定において，被災再開事業所は，復旧・再生期の期間（6〜7年）に，毀損した資本ストックを回復し，震災前の生産能力を実現するとした。一方，被災なし事業所は，震災前（2009年）の投資行動を変更せず，2009年の投資規模を維持するとした。発展期に入ると，被災の有無にかかわらず，営業している事業所はすべて震災前の投資水準を2030年まで維持するとした。この場合，各産業の資本ストックは，廃業・非再開事業所の資本ストックの毀損分が回復しないので，2030年の資本ストックは，震災前を上回らないことに留意する必要がある。

このような想定のもとで，各産業の資本生産性が長期的にどのように推移するかを補論として分析する。2015年では，資本ストックの毀損の回復は十分ではなく，他方市内生産額は産業によっては大幅に増加するので，資本生産性は一時的に大きく高まり，利潤率が急上昇する可能性がある。しかしそれはあくまでも一時的であるので，長期的な資本生産性の変化をみることによって，各産業の民間設備投資の過不足を判断する必要がある。ここでは，震災前，2015年，2020年，2030年の4つの時期における資本生産性の変化をみるが，民間設備投資の過不足については，2009年と2030年を比較して判断する。

なお，資本生産性は付加価値を資本ストックで除して求める。付加価値は付

加価値率に市内生産額を乗じて求め，付加価値率が一定であれば，資本生産性の変化率と市内生産額／資本ストックの変化率はパラレルである。したがって，ここでは資本生産性の変化を市内生産額／資本ストックで代理している。

（1） 宮古市

水産業は，0.11（2009年）から0.14（2015年）へと上昇，2030年も0.15と上昇傾向を保つが，上昇の程度は小さく，長期的に投資不足とはいえない。製造業は，1.52（2009年）から1.84（2015年）と急上昇したあと，1.45（2020年）と低下するが，2030年には1.74まで上昇しているので，われわれの想定では，製造業は投資不足の可能性がある。

建設業は，2.09（2009年）から5.34（2015年）まで急上昇し，その後低下傾向を示し，2030年には2.15と震災前に近い水準に落ち着いている。建設業は，投資不足の可能性は小さい。

第3次産業で資本生産性の長期的変化が顕著な産業をみると，運輸・通信業が0.54（2009年）から1.19（2030年）に上昇している。他方，金融・保険業は，1.3（2009年）から1（2030年）に下落，不動産業も，3.4（2009年）から0.44（2030年）まで下落している。

われわれの想定では，製造業及び運輸・通信業は長期的に投資不足，金融・保険業と不動産業は過剰投資の可能性がある（以上表5-16参照）。

（2） 釜石市

水産業は，0.08（2009年）から0.10（2030年）へとやや上昇傾向を保つが，ほぼ安定している。製造業は，1.14（2009年）から1.77（2015年）と大幅に上昇するが，その後，1.45（2020年）と低下し，2030年も1.45で安定しており，震災前と比較すると投資不足である。建設業は，2.09（2009年）から5.94（2015年）まで急上昇するが，その後低下傾向を示し，2030年には2.04と震災前に近い水準に落ち着いている。

第3次産業では，卸売・小売業が0.79（2009年）から1.44（2015年）に大幅

第5章　経済復興と労働市場の長期的見通し

表5-16　宮古市の資本生産性の推移予想

	2009年	2015年	2020年	2030年
農業	0.11	0.12	0.09	0.11
林業	0.12	0.13	0.33	0.15
水産業	0.11	0.14	0.09	0.15
鉱業	0.38	0.67	0.33	0.35
製造業	1.52	1.84	1.45	1.74
建設業	2.09	5.34	2.12	2.15
電気ガス水道	0.31	0.38	0.25	0.19
卸小売	0.79	1.25	0.96	0.92
金融保険	1.30	2.15	1.10	1.00
不動産	3.40	3.15	1.22	0.44
運輸通信	0.54	0.97	0.87	1.19
サービス業	0.52	0.78	0.55	0.41

出所：筆者作成。

表5-17　釜石市の資本生産性の推移予想

	2009年	2015年	2020年	2030年
農業	0.09	0.10	0.09	0.10
林業	0.28	0.35	0.33	0.36
水産業	0.08	0.09	0.09	0.10
鉱業	0.38	0.52	0.33	0.32
製造業	1.14	1.77	1.45	1.45
建設業	2.09	5.94	2.12	2.04
電気ガス水道	0.32	0.40	0.25	0.18
卸小売	0.79	1.44	0.96	0.94
金融保険	1.30	1.92	1.10	0.83
不動産	3.40	4.14	1.22	0.48
運輸通信	0.55	0.90	0.87	1.16
サービス業	0.51	0.96	0.55	0.45

出所：筆者作成。

上昇の後0.96（2020年），0.94（2030年）へと下落していくが，2009年と比較すると，高い数値である。釜石市の場合，卸売・小売業の資本ストックの回復も弱く，2015年には資本生産性が大幅に上昇する結果になっている。域外から大規模小売業が参入するが，その背景には，資本ストックの目減りが激しく，参入によって利潤率確保が可能であると判断したことがあると思われる。また，運輸・通信業も0.55（2009年）から1.16（2030年）まで上昇している。

　他方，金融・保険業は1.3（2009年）から0.83（2030年）に下落，不動産業も，3.4（2009年）から0.48（2030年）まで下落している。われわれの想定では，製造業，卸売・小売業，運輸・通信業は長期的に投資不足，金融・保険業，不動産業においては過剰投資の可能性がある（以上表5-17参照）。

（3）　塩釜市

　水産業は0.14（2009年）から0.16（2015年）へと上昇，2030年も0.20と上昇傾向を保つが，宮古市と同様上昇の程度は小さく，長期的に投資不足とはいえない。製造業は0.80（2009年）から1.02（2015年）に上昇したあと，0.9（2020年），0.74（2030年）と低下傾向を示し，2009年の値に近づく。

　建設業は1.71（2009年）から5.91（2015年）まで急上昇し，その後低下傾向を示し，2030年には1.97まで下落するが震災前より高い水準にあり，われわれの想定では投資不足の可能性がある。第3次産業をみると，卸売・小売業が，3.85（2009年）から5.15（2015年）へと急上昇するが，その後，2.52（2030年）まで下落し，2009年と比較しても下落状況が明らかである。不動産業も0.74（2009年）から0.29（2030年）に下落，運輸・通信業は1.02（2009年）から1.92（2030年）まで上昇している。われわれの想定では，長期的にみて建設業及び運輸・通信業が投資不足，卸売・小売業，不動産業において投資過剰の可能性がある（以上表5-18参照）。

（4）　多賀城市

　製造業の資本生産性は0.75（2009年）から0.73（2015年）とほとんど変わら

第5章　経済復興と労働市場の長期的見通し

表5-18　塩釜市の資本生産性の推移予想

	2009年	2015年	2020年	2030年
農業	0.09	0.13	0.13	0.13
林業	0.18	0.19	0.17	0.19
水産業	0.14	0.16	0.17	0.20
鉱業	0.00	0.00	0.00	0.00
製造業	0.80	1.02	0.90	0.74
建設業	1.71	5.91	2.15	1.97
電気ガス水道	0.18	0.57	0.44	0.33
卸小売	3.85	5.15	3.45	2.52
金融保険	0.76	0.98	0.76	0.60
不動産	0.74	0.86	0.53	0.29
運輸通信	1.02	1.83	1.77	1.92
サービス業	0.46	0.71	0.54	0.42

出所：筆者作成。

ず，その後0.68（2020年），0.59（2030年）と低下傾向を示し，2009年と比較しても低下している。われわれの想定では，製造業では過剰投資の可能性が否定できない。建設業は1.37（2009年）から4.03（2015年）まで急上昇するもその後低下傾向を示し，2030年には1.62まで下落するが，震災前より高い水準にあり，投資不足の可能性がある。

第3次産業で資本生産性の長期的変化が顕著な産業をみると，卸売・小売業が3.98（2009年）から2.39（2030年）まで下落，不動産業も0.75（2009年）から0.49（2030年）へ下落している。他方，運輸・通信業は，1.01（2009年）から2.20（2030年）まで上昇している。われわれの想定では，建設業と運輸・通信業は長期的に投資不足，製造業，不動産業は長期的に投資過剰の可能性がある（以上表5-19参照）。

（5）　南相馬市

南相馬市の場合，第1次産業及び製造業では長期的にみて資本生産性の大きな変化はみられない。建設業は1.43（2009年）から1.91（2030年）に上昇して

表5-19 多賀城市の資本生産性の推移予想

	2009年	2015年	2020年	2030年
農業	0.16	0.17	0.17	0.19
林業	0.00	0.00	0.00	0.00
水産業	0.22	0.23	0.24	0.27
鉱業	0.00	0.00	0.00	0.00
製造業	0.75	0.73	0.68	0.59
建設業	1.37	4.03	1.75	1.62
電気ガス水道	0.23	0.24	0.21	0.16
卸小売	3.98	3.97	3.15	2.39
金融保険	0.78	0.84	0.74	0.66
不動産	0.75	0.84	0.66	0.49
運輸通信	1.01	1.67	1.88	2.20
サービス業	0.75	0.95	0.85	0.76

出所:筆者作成。

表5-20 南相馬市の資本生産性の推移予想

	2009年	2015年	2020年	2030年
農業	0.13	0.12	0.13	0.14
林業	0.20	0.20	0.22	0.27
水産業	0.24	0.00	0.00	0.00
鉱業	0.27	0.30	0.33	0.44
製造業	0.68	0.78	0.71	0.66
建設業	1.43	2.78	1.95	1.91
電気ガス水道	0.70	0.67	0.60	0.52
卸小売	2.64	2.56	2.01	1.57
金融保険	1.16	1.06	0.94	0.84
不動産	0.69	0.57	0.45	0.31
運輸通信	0.21	0.36	0.40	0.48
サービス業	0.56	0.69	0.62	0.57

出所:筆者作成。

いる。第3次産業で資本生産性の長期的変化をみると，卸売・小売業が2.64（2009年）から1.57（2030年）に下落，金融・保険業も1.16（2009年）から0.84（2030年）に下落，不動産業が0.69（2009年）から0.31（2030年）に下落している。他方，運輸・通信業は，0.21（2009年）から0.48（2030年）まで上昇している。われわれの想定では，建設業と運輸・通信業は長期的に投資不足で，卸売・小売業，金融・保険業，不動産業は投資過剰の可能性がある（以上表5-20参照）。

注

(1) 将来の労働生産性上昇率の設定では，岩手県，宮城県，福島県の1996〜2009年の県内就業者数，実質GDP（2000年価格）をもとに，同期間における県別の労働生産性上昇率の平均値を求め，さらにそれら平均値の和を3で除して，設定にあたっての参考値とした。3県の1996〜2009年の平均の労働生産性上昇率は，1.20％（岩手県），0.87％（宮城県），1.45％（福島県）であり，3県の平均値は，1.17％であった。この数値を参考に，震災が供給サイドに与えるマイナスの影響は長期化するのではないかという見通しをたて，労働生産性上昇率の将来のトレンドとしては，少し慎重にみて1％と設定した。なお，労働生産性上昇率と就業係数の関係は，次のように説明することができる。

今期について，域内生産額を $X(t)$，付加価値を $Y(t)$，就業者数を $L(t)$ とおくと，労働生産性は，$Y(t)/L(t)$，就業係数は $L(t)/X(t)$ と定義される。労働生産性上昇率を1％とおくと，次式が成立する。

$Y(t)/L(t) = (1+0.01) \times Y(t-1)/L(t-1)$

この式を変形すると，

$L(t)/Y(t) = 1/(1+0.01) \times L(t-1)/Y(t-1)$

今，付加価値率を v（一定値）とおくと，$Y(t) = v \times X(t)$ とかくことができる。このとき，

$L(t)/\{v \times X(t)\} = 1/(1+0.01) \times [L(t-1)/\{v \times X(t-1)\}]$

となるので，結局次式が成立することになる。

$L(t)/X(t) = 1/(1+0.01) \times \{L(t-1) \times X(t-1)\}$

すなわち，前期の就業係数に $1/(1+労働生産性上昇率)$ を乗じることによって，今期の就業係数が求まることになる。

(2) 民間資本ストックデータの産業分類については，第4章の注(3)を参照のこと。
(3) 利潤率＝利潤/資本ストック，利潤＝利潤分配率×付加価値と定義できるから，利潤率＝(利潤分配率×付加価値)/資本ストックと表すことができ，変形すると，利潤率＝利潤分配率×(付加価値/資本ストック)となる。資本生産性＝付加価値/資本ストックであるから，結局，利潤率＝利潤分配率×資本生産性となる。もし，利潤分配率が一定であるとすれば，資本生産性が決まれば，利潤率も決まるという関係が成立する。資本生産性が高くなれば，利潤率が上昇し，投資が増大すると考えられるので，資本生産性が高止まりしている状況は投資不足が発生していることを意味し，逆は逆である。なおここでは，期待利潤率は，今期の利潤率によって期待が形成されるという静学的予想期待仮説を前提としている。
(4) 被災者生活再建支援法に基づく被災者生活再建支援制度は，東日本大震災で居住住宅が全壊あるいは大規模半壊などの被害を受けた世帯に「支援金」を支給する制度である。支援金の支給額は，住宅の被害程度に応じて支給する「基礎支援金」と住宅の再建方法に応じて支給する「加算支援金」の合計額となる。支援金の申請手続き締め切りは，基礎支援金が2015年4月10日，加算支援金が2018年4月10日となっている。
(5) 災害公営住宅の1戸あたりの公営住宅価格は，標準建設費で決定される。標準建設費は，住宅の立地条件・構造・階数に応じ，毎年度の価格変動を反映して設定されることが原則となっており，民間住宅価格と大きなかい離はないとみなすことができる。したがって，公営住宅価格と民間住宅価格は等しいとおいて，住宅ストック毀損額を求め，単純に7で割って年あたりの住宅投資額を求めた。
(6) 被災自治体別産業別の市内生産額の長期見通しについては，表5-21，表5-22を参照のこと。
(7) 自然失業率は，完全雇用であるにもかかわらず存在する失業率で，労働の産業間移動がうまくいかず発生する摩擦的失業などを含む。日本の自然失業率は，3％前後といわれているので，ここでは自然失業率を3％とおいて，自然失業率調整後の労働供給過不足を推計している。

第5章　経済復興と労働市場の長期的見通し

表5-21　宮古市・釜石市の産業別市内生産額の長期的見通し

(単位：100万円)

	宮古市				釜石市			
	2009年	2015年	2020年	2030年	2009年	2015年	2020年	2030年
農業	2,492	2,533	2,204	2,063	629	558	493	498
林業	5,508	5,538	5,465	5,440	1,259	997	922	912
漁業	8,745	7,580	7,768	8,353	9,465	6,736	6,946	7,585
鉱業	297	403	270	264	213	289	195	190
飲食料品	3,910	3,573	3,413	3,448	7,454	5,788	5,336	5,416
水産食料品	12,033	10,736	10,873	11,467	3,431	2,587	2,490	2,603
繊維製品	325	327	317	312	89	90	86	85
パルプ・紙・木製品	10,733	10,974	10,667	10,649	2,922	1,225	726	712
化学製品	5,180	3,955	3,560	3,459	944	943	958	1,038
石油・石炭製品	213	243	171	151	0	0	0	0
窯業・土石製品	1,337	1,914	1,144	1,174	1,142	1,848	996	977
鉄鋼	587	620	583	584	32,749	34,442	32,291	32,264
非鉄金属	0	0	0	0	0	0	0	0
金属製品	4,558	5,146	4,491	4,483	631	425	334	357
一般機械	1,918	1,856	1,731	1,894	16,053	18,660	15,436	15,340
電気機械	0	0	0	0	17	7	7	7
情報・通信機器	477	487	472	469	0	0	0	0
電子部品	29,671	24,064	24,582	27,055	4,998	1,319	1,316	1,439
輸送機械	43	48	42	41	865	925	824	811
精密機械	0	0	0	0	0	0	0	0
その他の製造工業製品	631	476	423	439	4,059	3,606	3,211	3,371
建設	32,292	69,919	30,682	30,078	29,919	64,705	26,046	25,369
電力・ガス・熱供給	5,476	5,610	4,597	4,176	4,906	4,978	4,016	3,679
水道・廃棄物処理	5,591	5,707	5,010	4,690	3,357	3,455	2,871	2,661
商業	24,463	26,761	20,645	19,458	17,542	17,184	12,382	11,560
金融・保険	11,196	12,202	8,499	6,977	10,530	11,132	7,202	5,949
不動産	30,199	31,135	20,976	14,690	18,604	18,299	11,113	7,359
運輸	10,947	11,795	9,244	8,958	10,958	11,026	7,837	7,453
情報通信	5,974	7,872	4,803	4,158	6,063	7,693	4,327	3,630
公務	21,908	21,950	21,641	21,505	13,217	13,244	12,966	12,870
教育・研究	14,319	13,737	12,982	12,822	8,598	8,427	7,623	7,355
医療・保健・社会保障・介護	24,419	24,558	22,773	21,619	17,976	17,962	16,240	15,279
その他の公共サービス	973	1,031	701	524	1,244	1,277	761	507
対事業所サービス	13,128	16,832	11,199	10,444	12,733	16,237	9,802	8,983
飲食店	5,245	5,283	4,140	3,428	4,070	3,972	2,937	2,377
宿泊業	3,884	3,084	2,595	2,354	1,811	1,607	1,317	1,201
その他対個人サービス	6,650	6,794	4,743	3,460	4,713	4,659	2,890	1,934
事務用品	440	466	380	363	331	347	258	241
分類不明	1,366	1,462	1,035	987	1,193	1,297	841	799
合計	307,132	346,670	264,822	252,436	254,685	288,300	203,998	192,811

出所：筆者作成。

表 5-22 塩釜市・多賀城市・南相馬市の産業別市内生産額の長期的見通し

(単位：100万円)

	塩釜市				多賀城市				南相馬市			
	2009年	2015年	2020年	2030年	2009年	2015年	2020年	2030年	2009年	2015年	2020年	2030年
農業	204	156	140	130	620	577	570	557	10,809	4,010	3,964	4,037
林業	5	5	4	4	0	0	0	0	684	626	640	686
漁業	8,252	7,607	7,987	8,245	21	20	20	20	672	346	348	360
鉱業	0	0	0	0	0	0	0	0	262	237	229	228
飲食料品	14,393	14,185	12,161	10,145	14,983	13,817	13,165	12,641	11,493	6,664	6,729	7,023
水産食料品	48,164	46,281	47,766	47,436	581	565	572	569	0	0	0	0
繊維製品	0	0	0	0	0	0	0	0	3,163	1,991	1,971	2,031
パルプ・紙・木製品	1,972	1,987	1,827	1,911	13,465	8,090	8,209	8,999	21,598	20,782	21,566	23,724
化学製品	1,884	1,885	1,874	1,867	7,258	7,194	7,183	7,181	6,752	915	892	890
石油・石炭製品	1,021	508	527	575	2,336	2,331	2,329	2,328	0	0	0	0
窯業・土石製品	0	0	0	0	111	147	89	90	3,484	3,383	2,901	3,033
鉄鋼	2,482	2,726	2,479	2,475	1,026	1,025	939	944	510	139	136	148
非鉄金属	0	0	0	0	0	0	0	0	351	325	339	372
金属製品	444	510	442	439	2,683	1,296	1,136	1,221	4,646	3,029	2,992	3,250
一般機械	746	798	748	746	500	163	161	173	5,718	2,920	3,006	3,258
電気機械	0	0	0	0	6,666	6,512	6,491	6,490	4,833	4,780	4,753	4,747
情報・通信機器	0	0	0	0	0	0	0	0	698	613	641	705
電子部品	0	0	0	0	33,848	17,018	17,830	19,658	7,580	5,218	5,394	5,821
輸送機械	5,851	5,519	5,754	5,797	451	72	73	77	107	27	27	30
精密機械	251	16	12	10	815	165	150	144	3,930	3,913	3,905	3,901
その他の製造工業製品	803	739	726	773	8,480	2,463	2,363	2,473	11,249	9,380	9,742	10,658
建設	14,976	40,274	15,290	14,820	13,901	31,745	14,272	14,164	37,108	47,461	33,698	33,488
電力・ガス・熱供給	2,228	2,258	1,867	1,562	4,611	3,841	3,594	3,522	72,849	71,426	71,112	70,847
水道・廃棄物処理	2,913	2,821	2,625	2,578	4,937	4,539	4,524	4,626	6,667	6,294	6,146	6,111
商業	19,382	19,240	17,086	16,735	21,436	18,090	17,353	17,920	27,519	19,429	18,622	18,275
金融・保険	11,567	11,829	9,832	8,482	5,136	4,449	4,003	3,887	12,874	10,154	9,397	8,761
不動産	29,830	29,924	22,860	16,524	41,772	35,221	32,273	30,637	31,930	23,136	20,496	17,101
運輸	17,403	18,099	15,592	14,285	28,872	22,971	21,826	22,473	21,520	14,938	14,131	14,009
情報通信	6,302	7,518	5,394	4,555	6,410	6,501	5,571	5,405	3,079	2,558	2,319	2,172
公務	17,757	17,749	17,596	17,506	43,972	43,835	43,739	43,703	22,357	22,113	21,972	21,911
教育・研究	11,419	11,449	10,480	9,646	19,350	17,129	16,784	16,708	19,068	16,113	15,938	15,906
医療・保健・社会保障・介護	27,792	27,828	26,233	24,771	18,561	18,089	17,707	17,438	33,024	29,764	29,239	28,661
その他の公共サービス	2,259	2,226	1,878	1,600	1,458	1,308	1,182	1,113	1,976	1,486	1,345	1,184
対事業所サービス	7,840	9,035	6,982	6,373	14,984	14,033	12,390	12,432	15,847	13,962	12,966	12,730
飲食店	7,054	6,914	5,719	4,662	9,855	8,561	8,069	7,811	6,974	5,632	5,265	4,782
宿泊業	1,997	1,512	1,395	1,336	2,814	2,577	2,581	2,584	3,882	2,791	2,715	2,658
その他対個人サービス	8,759	8,572	6,868	5,398	8,927	7,792	7,181	6,841	14,261	10,078	9,318	8,418
事務用品	429	440	387	360	545	479	457	459	814	739	671	663
分類不明	1,313	1,278	996	920	1,417	1,143	976	972	3,149	2,675	2,245	2,234
合計	277,692	301,889	251,528	232,663	342,802	303,758	275,762	276,261	433,436	370,044	347,769	344,816

出所：筆者作成。

第6章
持続可能な地域社会構築のための政策シミュレーション

1 被災自治体が直面する長期的課題

(1) 経済復興過程における労働市場の長期的見通しから派生する課題

　宮古市と釜石市の場合，2015年から2030年には，慢性的な労働力不足状況が予測され，労働力不足が地域経済の停滞要因になる可能性がある。労働力不足は，地域経済の活性化の結果発生するわけではなく，労働力人口の減少率が就業者の減少率を上回る結果によるもので，望ましいことではない。宮古市と釜石市は，労働力人口の減少にいかに対応するかが主要な課題である。

　塩釜市と多賀城市の場合，2020年及び2030年の労働市場は超過供給の状況に陥る可能性がある。両市の労働市場は，特に仙台市の労働市場動向に大きく左右されるので，仙台市の労働市場がひっ迫するようなことがあれば，容易に仙台市へ労働力が流出し，地域社会経済の空洞化が危惧されることになる。両市とも，将来の労働力流出を抑制し，自立的な地域経済の確立を目指すために，「職住近接」の市内の雇用機会の基盤を着実にすることが課題になる。

　南相馬市の場合，帰還率が長期的に労働市場動向に影響を与える。帰還率に対応しながら，長期的な労働市場動向を把握し，雇用問題を考えなければならないところが独自の課題である。

(2) 地域社会の持続可能性を担保する人口規模の実現

　若い世代のコーホート変化率と婦人子ども比の増加を同時達成することによ

って，どの地域も定常的人口へ収束していく可能性がある。定常的人口はわれわれの推計では，宮古市が24,000人台，釜石市14,000人台，塩釜市20,000人台，多賀城市が45,000人台である。南相馬市の場合，2015年に全員帰還する場合38,000人台，同年に帰還率が半分のときは28,000人台であり，帰還率の設定によって目標とすべき定常的人口が変わってくる。

それぞれの長期の定常的人口は，2200年時点における収束人口である。被災自治体は，経済復興過程で，地域社会の長期的持続可能性を担保する収束人口規模を実現することを復興の大きな目標として設定し，人口増促進政策を具体的に実施していく必要がある。

定常的人口に収束していくために，人口増促進政策を2015年から展開した場合でも，2020年及び2030年時点で，人口の当面の減少傾向は続く。しかし，人口増促進政策がないケースとの比較では，人口がある程度増加し，労働力人口や市内生産額に影響を与えるので労働市場も変化する。このとき，被災自治体は，雇用保障ができるのかという問題に直面する。被災自治体は，定常的人口を実現することと定常的人口を支えるだけの雇用を保障するという課題に取り組まなければならない。

（3） 高齢社会への対応に不可避的な高齢者雇用確保措置[1]

高齢社会への対応は，一自治体の問題というより，国が第一義的役割を果たさねばならないのはいうまでもない。特に，高齢者の老後保障のかなめとなる年金の安定的給付は最優先の課題である。しかし，急速に高齢化が進む中で，年金財政状況が悪化し，5年ごとに実施される年金改革では，保険料の引き上げと同時に給付額の抑制の両面について具体的に厳しい案が提案され，実施されてきた。特に高齢者の年金給付の開始年齢については，これまでは1階建て部分にあたる基礎年金と2階建て部分の厚生年金の給付はいずれも60歳ということであったが，一定の経過期間をおきながら，将来的には両方とも65歳以上にすることが決まっている。このことは，60歳を区切りに現役を引退し年金生活に入ることを前提として老後生活を設計してきた高齢者に，65歳になるまで

の生活をどうするのかという厳しい現実を突き付けた。この厳しい事態を回避するためには，65歳まで高齢者の雇用を継続できるように雇用環境を整備していくことが避けて通れない課題である。

　65歳までの高齢者雇用確保の措置は労働力供給に影響を与え，地域によっては，現実に労働力の過剰供給があるのに，さらに高齢者の労働力が追加されることにより，労働市場がより悪化する可能性がある。しかし，「改正高齢者雇用安定法」に基づく高齢者の雇用の受け皿確保は，被災自治体にとっても優先順位の高い政策課題ということになる。

　経済復興政策は何よりも地域での市民生活の基盤になる雇用を保障することを1つの目的としており，われわれはこれまで，それが可能かどうかを考察するために，被災自治体ごとの経済復興過程における労働市場動向を分析し，被災自治体ごとに労働市場をめぐる課題を明らかにしてきた。

　しかし，地域社会の持続可能性を考えた場合，人口増促進政策が不可欠であり，人口増促進政策を実現するときの労働市場への影響を分析する必要がある。また，老後生活の「かなめ」である公的年金制度の持続性を考えた場合，給付の開始時を65歳にすることがすでに決まっており，早急に65歳までの雇用安定を実質的に確立することが不可欠である。このとき，労働市場にどのような影響を与えるか分析する必要がある。

　経済復興過程で各被災自治体の労働市場に投げかけられるそれぞれの課題は，人口増促進政策や高齢者雇用確保措置が実施されたときに，果たして解決することができるのであろうか。あるいは，人口増促進政策と高齢者雇用確保措置[2]を前提とした場合，各被災自治体の労働市場において地域雇用の安定を実現するために，今後の経済復興政策は具体的にどうあるべきか。このような問題意識のもとに，本章での考察をすすめる。

2 長期的課題を考慮したときの労働市場の動向

（1） 雇用延長政策と人口増促進政策が労働市場に与える影響

　雇用延長政策及び人口増促進政策のうち，雇用延長政策は独立支出に影響を与えない。人口増促進政策は「人口変動による家計消費支出」を変化させ，独立支出に影響を与える。人口増促進政策は，それがない場合に比べて，人口減が少なくなるので，その分家計消費支出の減少も少なくなるが，特に2020年と比べて，2030年の人口減による家計消費支出の減少は改善される。

　例えば，宮古市では，雇用延長政策及び人口増促進政策がない「趨勢」であれば，2020年に189億円，2030年に365億円それぞれ家計消費支出は減少するが，人口増促進政策では，2020年が180億円減少，2030年に288億円減少で，2020年はわずか9億円しか減少分は少なくならないが，2030年には77億円も減少分が改善される。「人口増促進政策＋雇用延長政策」の人口変動による家計消費支出変動は，人口増促進政策に同じである（表6-1参照）。

　南相馬市の場合，全員帰還でも帰還半分でも，人口変動による家計消費支出変動を除いて独立支出の値は同じである。他地域と同様，雇用延長政策は独立支出に影響を与えず，人口増促進政策が人口変動によって外生的家計消費支出の変化を通じて独立支出に影響する。

　2015年に全員帰還する場合と半分帰還の場合を比較すると，全員帰還の場合，家計消費支出減少は，216億円減（2020年），346億円減（2030年）であるが，半分帰還の場合は，338億円減少（2020年），441億円減少（2030年）であり，いずれの時点でも100億円前後の差がある。

　雇用延長政策及び人口増促進政策は，労働力人口を通じて労働供給に影響を与える。雇用延長政策では，男女とも60～64歳の労働力率が55～59歳の労働力率と同じになると想定する。表6-2は，被災自治体別に，60～64歳の男女別労働力率について，趨勢と65歳雇用延長の場合を比較したものである。これによると60～64歳の労働力率は，男性でほぼ7割台，女性でほぼ4割台前半とい

第6章 持続可能な地域社会構築のための政策シミュレーション

表6-1 人口減による家計消費支出の減少見通し

(単位:100万円)

人口減による 家計消費支出減	宮古市	釜石市	塩釜市	多賀城市	南相馬市 全員帰還	南相馬市 帰還半分
趨勢						
2020年	−18,905	−16,666	−18,496	−3,866	−21,786	−34,520
2030年	−36,554	−30,400	−38,550	−12,475	−35,451	−47,763
雇用延長						
2020年	−18,905	−16,666	−18,496	−3,866	−21,786	−34,520
2030年	−36,554	−30,400	−38,550	−12,475	−35,451	−47,763
人口増						
2020年	−18,061	−16,096	−17,439	−3,211	−21,620	−33,821
2030年	−28,832	−24,512	−27,719	−9,540	−34,637	−44,138
人口増+雇用延長						
2020年	−18,061	−16,096	−17,439	−3,211	−21,620	−33,821
2030年	−28,832	−24,512	−27,719	−9,540	−34,637	−44,138

出所:筆者推計。

表6-2 雇用延長による60〜64歳の労働力率の設定

60〜64歳の労働力率	男		女	
	趨勢	雇用延長	趨勢	雇用延長
宮古市	0.72	0.89	0.44	0.61
釜石市	0.74	0.91	0.44	0.63
塩釜市	0.78	0.93	0.43	0.63
多賀城市	0.80	0.95	0.39	0.59
南相馬市	0.78	0.93	0.44	0.66

出所:筆者作成。

う状況である。これが65歳雇用延長によって,男性でほぼ9割台,女性でほぼ6割台に上昇し,労働力人口を増加させる。

人口増促進政策については,婦人子ども比は2015年を起点として上昇すると想定しているため,出生数の増大は,2030年時点ではまだ労働力人口増にはほとんど影響しない。若者のコーホート変化率の上昇が労働力人口の増大につな

がることになる。

　以下では，「雇用延長政策」，「人口増促進政策」，「雇用延長政策＋人口増促進政策」の3つの政策ケースについて，市内生産額及び労働力人口の変化を通じて労働市場がどのように影響を受けるか，政策シミュレーションを行い，その結果を示す（以下被災自治体別に表6-3から表6-7を参照のこと）。

　雇用延長政策は，2020年から完全実施とする。人口増促進政策は2015年から実施し，若い人のコーホート変化率の上昇及び合計特殊出生率の上昇が想定どおりのパラメータ値を実現するものとする。したがって，政策シミュレーションの時点は，雇用延長政策と人口増促進政策の想定値を具体的に示すことができる2020年及び2030年の成果をみてみる[3]。

（2）　被災自治体別の長期的課題を考慮した労働市場分析
宮古市

　2020年時点において，ベースラインと比較した雇用延長政策の影響は，602人（＝22,551人－21,949人）の労働力人口が増大，市内生産額はもとの水準2,648億円と変化はない。人口増促進政策によって，262人（＝22,211人－21,949人）増加し，市内生産額ももとの水準2,648億円から2,658億円と，10億円ほど増加する。これは，人口減による家計消費出の減少幅が少しだけ小さくなるためである。

　労働力人口の増加という点からは，雇用延長政策の効果が，人口増促進政策の効果より大きいことがわかる。この段階では，人口増促進政策のうち出生数増はまだ労働力人口に年齢的に達していないので，コーホート変化率の上昇による若者のU・Iターン効果のみが，労働力人口増をもたらす。

　雇用延長政策と人口増促進政策の両方によって，労働力人口は865人増加，市内生産額は10億円増加ということになる。市内生産額の増加によって労働需要も少し増えるが，労働供給の増加がそれを大きく上回るので，労働供給過不足は1,382人のプラスになり，自然失業率調整後は697人の労働力の過剰供給になる。

第6章　持続可能な地域社会構築のための政策シミュレーション

表6-3　長期的課題を実現したときの宮古市の労働市場見通し

(単位：人)

	市内生産額(100万円)	就業者数(経済センサス)	就業者数(従業地ベース)	労働需要(市内居住市内従業)	労働需要(市内居住市外従業)	労働需要(常住地ベース)	労働力人口	労働供給過不足	自然失業率調整後労働供給過不足
2020年	264,822	20,646	21,885	20,045	1,262	21,307	21,949	642	-17
2020年(雇用延長)	264,822	20,646	21,885	20,045	1,296	21,342	22,551	1,209	533
2020年(人口増)	265,828	20,723	21,967	20,120	1,277	21,397	22,211	814	148
2020年(人口増＋雇用延長)	265,828	20,723	21,967	20,120	1,311	21,432	22,814	1,382	697
2030年	252,436	17,841	18,912	17,322	961	18,284	16,722	-1,561	-2,063
2030年(雇用延長)	252,436	17,841	18,912	17,322	990	18,312	17,220	-1,092	-1,609
2030年(人口増)	258,287	18,249	19,344	17,718	1,051	18,769	18,283	-486	-1,035
2030年(人口増＋雇用延長)	258,287	18,249	19,344	17,718	1,080	18,798	18,781	-17	-580

出所：筆者の推計による。

2030年時点では，雇用延長政策によって，ベースラインより498人（＝17,220人－16,722人）労働力人口が増大，市内生産額はベースラインの水準2,524億円と変化はない。人口増促進政策によって，労働力人口は1,561人（＝18,283人－16,722人）も増加し，市内生産額もベースラインの水準2,524億円から2,582億円と，58億円ほど増加する。これは，人口減による家計消費出の減少幅が相当に小さくなるためである。2030年時点では，2015年からの人口増促進政策の効果が明白に出てくることが確認できる。2030年時点では，雇用延長政策の効果より人口増促進政策の効果がより大きいことがわかる。この段階は，コーホート変化率の上昇による若者のＵ・Ｉターン効果が本格的に現れたことを意味する。

　雇用延長政策と人口増促進政策の両方によって，労働力人口は2,059人（＝18,781人－16,722人）増加，市内生産額が約58億円増加しており，労働需要（常住地ベース）も514人（＝18,798人－18,284人）増ということになる。その結果，労働供給過不足は，17人のマイナスで，労働市場はほぼ均衡状態であるが，自然失業率を考慮すると，580人の労働力不足ということになる。

　この事例では，市外居住者で宮古市に従業する人が1,626人（19,344人－17,718人），市内居住者で市外で従業する人が1,080人で，ネットの労働力流入は546人ということになる。もし，市外居住者で宮古市に従業する人を500人程度増やし，ネットの労働力流入を1,000人程度にできれば，労働力不足を解消することは可能である。

　宮古市の場合，2020年における労働市場の超過供給への対応が必要であり，2030年は，超過需要状態にあるのでネットの労働力流入を増やす必要がある（以上表6-3参照）。

釜石市

　2020年時点で，雇用延長政策によって394人（＝14,087人－13,693人）の労働力人口が増大するが市内生産額に変化はない。人口増促進政策では166人（＝13,859人－13,693人）増加，市内生産額はベースラインの水準2,039億円から

第6章 持続可能な地域社会構築のための政策シミュレーション

表6-4 長期的課題を実現したときの釜石市の労働市場見通し

(単位：人)

	市内生産額(100万円)	就業者数(経済センサス)	就業者数(従業地ベース)	労働需要(市内居住市内従業)	労働需要(市内居住市外従業)	労働需要(常住地ベース)	労働力人口	労働供給過不足	自然失業率調整後労働供給過不足
2020年	203,998	14,410	14,111	11,741	1,032	12,773	13,693	920	509
2020年（雇用延長）	203,998	14,410	14,111	11,741	1,061	12,803	14,087	1,284	862
2020年（人口増）	204,618	14,460	14,159	11,782	1,044	12,826	13,859	1,033	617
2020年（人口増＋雇用延長）	204,618	14,460	14,159	11,782	1,074	12,856	14,253	1,397	969
2030年	192,811	12,306	12,050	10,027	770	10,798	10,226	−571	−878
2030年（雇用延長）	192,811	12,306	12,050	10,027	796	10,823	10,569	−255	−572
2030年（人口増）	196,394	12,567	12,305	10,239	846	11,085	11,230	144	−193
2030年（人口増＋雇用延長）	196,394	12,567	12,305	10,239	872	11,111	11,572	461	114

出所：筆者の推計による。

2,046億円と，7億円ほど増加する。2020年時点では，労働力人口の増加という点では，雇用延長政策の効果が人口増促進政策の効果より大きいことは，宮古市とその理由も含めて同様である。雇用延長政策と人口増促進政策の両方によって，労働力人口は560人増加，市内生産額は7億円増加ということになる。市内生産額の増加によって労働需要も少し増えるが，労働供給の増加がそれを上回るので，労働供給過不足は1,397人のプラスで，自然失業率を考慮すると969人の労働力の過剰供給になる。

2030年時点で，雇用延長政策によって，ベースラインの水準より労働力人口は343人（＝10,569人－10,226人）増大し，市内生産額は変化しない。人口増促進政策によって，労働力人口は1,004人（＝11,230人－10,226人）も増加し，市内生産額はベースライン水準1,928億円から1,963億円と35億円ほど増加する。

2030年時点では，2015年からの人口増促進政策の効果が明白に出てくること及びその主な理由も宮古市と同じである。結局，雇用延長政策と人口増促進政策の両方によって，労働力人口は1,346人（11,572人－10,226人）増加する一方，市内生産額は約35億円の増加であるため，労働需要（常住地ベース）の増加は313人（11,111人－10,798人）にとどまり，労働供給過不足は，461人のプラスになり，自然失業率を考慮すると114人の労働力の過剰供給になる。

釜石市は，2020年の段階では明らかに労働市場は超過供給状態であり，2030年も同様であるが，労働力の過剰供給状態はある程度解消される。もし周辺地域の雇用創出への貢献を一定程度行おうとすれば，労働市場の超過供給は解消しないので，労働需要を増やすことが必要になる（以上表6－4参照）。

塩釜市

2020年時点では，ベースラインと比較して，雇用延長政策で労働力人口は625人（＝23,559人－22,934人）増大する。人口増促進政策は労働力人口を236人（＝23,170人－22,934人）増加させ，市内生産額は2,515億円から2,527億円と，12億円ほど増加させる。宮古市・釜石市同様，2020年時点では，雇用延長政策が，人口増促進政策より労働力人口増大に効果がある。雇用延長政策と人

第6章　持続可能な地域社会構築のための政策シミュレーション

表6-5　長期的課題を実現したときの塩釜市の労働市場見通し

(単位：人)

	市内生産額 (100万円)	就業者数 (経済センサス)	就業者数 (従業地ベース)	労働需要 (市内居住市内従業)	労働需要 (市内居住市外従業)	労働需要 (常住地ベース)	労働力人口	労働供給過不足	自然失業率調整後 労働供給過不足
2020年	251,528	20,104	18,500	9,667	11,667	21,334	22,934	1,600	912
2020年（雇用延長）	251,528	20,104	18,500	9,667	11,985	21,652	23,559	1,907	1,200
2020年（人口増）	252,718	20,195	18,583	9,711	11,787	21,498	23,170	1,672	977
2020年（人口増＋雇用延長）	252,718	20,195	18,583	9,711	12,105	21,816	23,796	1,980	1,266
2030年	232,663	17,053	15,692	8,200	9,155	17,355	17,996	641	101
2030年（雇用延長）	232,663	17,053	15,692	8,200	9,432	17,632	18,542	909	353
2030年（人口増）	238,606	17,462	16,069	8,397	9,752	18,149	19,170	1,021	446
2030年（人口増＋雇用延長）	238,606	17,462	16,069	8,397	10,029	18,426	19,715	1,289	697

出所：筆者の推計による。

口増促進政策の両方によって，労働力人口は862人（＝23,796人－22,934人）増加，市内生産額は12億円増加である。労働供給過不足は1,980人のプラスで，労働市場は超過供給の状態である。

　2030年時点になると，雇用延長政策は，ベースラインより労働力人口を546人（＝18,542人－17,996人）増やす。人口増促進政策によって，労働力人口は1,174人（＝19,170人－17,996人）増加，市内生産額は，ベースラインの2,326億円から2,386億円と60億円ほど増加する。2030年時点では，2015年からの人口増促進政策の効果が明白に出ることは宮古市・釜石市と同じである。

　雇用延長政策と人口増促進政策の両方によって，ベースラインに比して労働力人口は1,719人（＝19,715人－17,996人）増加し，市内生産額が約60億円増加することによって，労働需要（常住地ベース）も1,071人（＝18,426人－17,355人）増加する。しかし結局，労働供給過不足は，1,289人のプラスになり，自然失業率調整後は697人の労働力の過剰供給になる。これは，ベースラインより人口は増加するが，人口減の傾向は続いており，人口減による外生的家計消費支出の大幅減少の改善は部分的であり，市内生産額の減少による労働需要の減少を十分には克服できないことによる。

　塩釜市の場合，2020年及び2030年とも，労働市場は超過供給状態に陥る。人口増促進政策によって労働力人口が増えた場合，その多くは若い世代であり，若い世代の雇用先を確保できない状況が予想される。この場合，市内に雇用機会を確保できない若い世代の人たちは，市内に居住しながら市外に雇用機会を求めるかもしれないが，市内に居住しなければならない必然性は弱く，結局，職がない大半の若者は，仙台市など市外に移住してそこで雇用機会を求めるという選択をせざるをえないであろう。この場合，人口増促進政策自体が破たんすることになる。したがって，若者の雇用機会を拡大して，職住近接の状況を確保するために，独立支出を増やし，市内生産額の増加によって労働需要を拡大していくことが不可欠になる（以上表6-5参照）。

第6章 持続可能な地域社会構築のための政策シミュレーション

多賀城市

　2020年時点で，雇用延長政策で労働力人口が634人（＝30,515人－29,881人）増大，人口増促進政策による労働力人口増は81人（＝29,962人－29,881人）にとどまる。宮古市・釜石市・塩釜市と同様，2020年時点では，雇用延長政策が人口増促進政策より労働力人口増大に効果がある。雇用延長政策と人口増促進政策の両方によって，労働力人口は714人増加，市内生産額の増加は7億円にとどまる。労働供給過不足は3,716人のプラスで，自然失業率を勘案しても2,798人の労働力過剰供給の状況に陥る。

　2030年時点になると，雇用延長政策は，ベースラインより労働力人口を667人（＝27,759人－27,092人）増やす。人口増促進政策によって，労働力人口は184人（27,276人－27,092人）しか増加しない。市内生産額もベースライン水準2,762億円から2,793億円と，31億円ほどの増加にとどまる。2030年時点でも，人口増促進政策による労働力人口増大の効果は大きくない。これは，宮古市・釜石市・塩釜市とは違った結果である。多賀城市の場合，人口増促進政策では，若者のコーホート変化率はほとんど変わらないことを前提としており，人口増のほとんどは出生数の増加であり，2030年時点ではまだ労働力人口の年齢に達していないため，労働力人口はあまり増加しない。

　雇用延長政策と人口増促進政策の両方によって，労働力人口は852人（＝27,944人－27,092人）増加する。市内生産額は31億円増加するので，労働需要（常住地ベース）は590人（24,562人－23,972人）増加し，結局，労働供給過不足は3,381人のプラスになり，自然失業率を勘案しても，依然として労働力の過剰供給は2,543人にのぼる。

　多賀城市の場合，雇用延長政策によって労働力人口が増え，その結果大量の労働力の過剰供給が発生し，若い世代が労働市場に参入できず，市内に雇用機会を確保できないことになる。この場合，塩釜市と同様，若い世代の人たちは，市内に居住しながら市外に雇用機会を求める必然性は弱く，結局，仙台市など市外に移住するという選択をするかもしれない。若い世代の減少は，出生数を下げ，人口増促進政策自体を破たんさせてしまう。多賀城市にとって，若者の

表6-6 長期的課題を実現したときの多賀城市の労働市場見通し

(単位：人)

	市内生産額 (100万円)	就業者数 (経済センサス)	就業者数 (従業地ベース)	労働需要 (市内居住市内従業)	労働需要 (市内居住市外従業)	労働需要 (常住地ベース)	労働力人口	労働供給過不足	自然失業率調整後 労働供給過不足
2020年	275,762	20,453	18,868	8,872	17,566	26,438	29,881	3,444	2,547
2020年（雇用延長）	275,762	20,453	18,868	8,872	17,938	26,810	30,515	3,705	2,789
2020年（人口増）	276,447	20,504	18,915	8,894	17,613	26,507	29,962	3,454	2,556
2020年（人口増＋雇用延長）	276,447	20,504	18,915	8,894	17,986	26,880	30,595	3,716	2,798
2030年	276,261	18,548	17,110	8,045	15,926	23,972	27,092	3,121	2,308
2030年（雇用延長）	276,261	18,548	17,110	8,045	16,318	24,364	27,759	3,396	2,563
2030年（人口増）	279,333	18,756	17,302	8,136	16,035	24,170	27,276	3,106	2,288
2030年（人口増＋雇用延長）	279,333	18,756	17,302	8,136	16,427	24,562	27,944	3,381	2,543

出所：筆者の推計による。

第6章　持続可能な地域社会構築のための政策シミュレーション

雇用機会を自前で確保していくことが何よりも重要であり，独立支出の創出による労働需要の拡大の必要性は，塩釜市よりも高い。

多賀城市の場合，他地域と違うところは，2020年，2030年とも労働市場は大幅な超過供給になるということであるが，これは，宮古市や釜石市でみられるような労働力人口の急減という事態が発生しないためである。労働力人口が急減しないことは，地域経済にとっては好ましいことであり，労働力人口に見合った労働需要をいかに確保するかが大きな政策課題になる（以上表6-6参照）。

南相馬市

南相馬市の場合，2015年時点で全員帰還というのは必ずしも現実的とはいえず，ここでは1つの事例として，帰還率が50％ぐらいで推移する場合について労働市場動向を分析する。

このとき，2020年時点で，雇用延長政策で労働力人口が788人（＝25,606人－24,818人）増大，人口増促進政策による労働力人口増は228人（＝25,046人－24,818人）である。他の4地域と同様，2020年時点では，雇用延長政策が人口増促進政策より労働力人口増大に効果がある。雇用延長政策と人口増促進政策の両方によって，労働力人口は1,016人（＝25,834人－24,818人）増加，市内生産額の増加はわずか7億円である。労働供給過不足は3,403人のプラスで，自然失業率を勘案しても労働力の過剰供給は2,628人にのぼる。

2030年時点になると，雇用延長政策は，ベースラインより労働力人口を542人（＝19,995人－19,453人）増やす。人口増促進政策によって，労働力人口は1,146人（＝20,599人－19,453人）増加する。2030年時点では，宮古市・釜石市・塩釜市と同様人口増促進政策の労働力人口増大の効果は大きい。

雇用延長政策と人口増促進政策の両方によって，労働力人口は1,688人（＝21,141人－19,453人）増加する。市内生産額は35億円増加するので，労働需要（常住地ベース）は324人（20,294人－19,970人）増加する。結局，労働供給過不足は847人のプラスになる。

この事例では，2020年の労働力の超過供給が深刻であり，2030年段階では超

表6-7 長期的課題を実現したときの南相馬市(帰還半分)の労働市場見通し

(単位:人)

	市内生産額(100万円)	就業者数(経済センサス)	就業者数(従業地ベース)	労働需要(市内居住市内従業)	労働需要(市内居住市外従業)	労働需要(常住地ベース)	労働力人口	労働供給過不足	自然失業率調整後労働供給過不足
2020年	335,255	21,823	23,132	21,188	1,144	22,332	24,818	2,485	1,741
2020年(雇用延長)	335,255	21,823	23,132	21,188	1,181	22,369	25,606	3,237	2,469
2020年(人口増)	335,942	21,876	23,190	21,240	1,155	22,395	25,046	2,651	1,899
2020年(人口増+雇用延長)	335,942	21,876	23,190	21,240	1,191	22,431	25,834	3,403	2,628
2030年	332,717	20,824	23,002	19,073	897	19,970	19,453	-517	-1,101
2030年(雇用延長)	332,717	20,824	23,002	19,073	922	19,995	19,995	-0	-600
2030年(人口増)	336,279	21,092	23,298	19,319	950	20,269	20,599	330	-287
2030年(人口増+雇用延長)	336,279	21,092	23,298	19,319	975	20,294	21,141	847	213

出所:筆者の推計による。

過供給に変わりはないが，2020年段階と比較すると相当解消される。

　南相馬市の場合，帰還率50％と想定しても，雇用延長政策と人口増促進策をとった場合，2020年において雇用機会が保障されないという深刻な問題がある。したがって，もし帰還率が50％以上であれば，さらに，労働力の過剰供給は大きくなることに留意する必要がある。

　この場合，若い世代が地元で雇用機会を確保することが困難であるということになるので，これを放置すると人口増促進政策自体が破たんということになる。2020年のこの地域経済の停滞をどう打破するか，具体的な政策展開が待ったなしである（以上表6-7参照）。

（3）　労働市場の長期的見通しのまとめ

　雇用延長政策を推進し人口増促進政策が成果をあげるとすれば，2020年段階では，すべての地域で，労働市場は超過供給である。

　2030年段階では，宮古市のみで，労働市場の超過需要状態が現れる。釜石市は，労働市場は超過供給の状態ではあるが，その状況は相当に解消される。

　塩釜市及び多賀城市の場合，2030年段階では労働市場はいずれも超過供給の状態に陥り，特に多賀城市は大幅な超過供給ということになる。両地域の労働市場における超過供給状態は，労働力人口の急減という事態が発生しないことによる。このことは地域経済にとっては好ましいことであり，労働力人口に見合った労働需要をいかに確保するかが大きな政策課題になる。

　南相馬市の場合，2030年段階では労働市場の超過供給に変わりはないが，2020年段階と比較すると相当の減少になる。ここでの帰還率は半分と想定しているが，帰還率がもっと上昇する場合は，2030年段階でも労働市場の大幅な超過供給が予想される。

　2020年の労働市場の超過供給状態は，ほぼ共通するところであり，労働需要増加のためには，各地域の基盤産業を中心とする産業振興が重要となる。以下では，各地域の基盤産業を中心とした産業の移輸出が，震災前水準までに早期回復するということを目標にして産業振興政策を展開したとき，2020年及び

2030年における各地域の労働市場の需給状況はどうなるのか，また労働市場の均衡をはかるにはさらにどのような政策が必要かを検討する。

3　長期的視点に立った経済復興政策のシミュレーション

移輸出率の想定については，震災後の移輸出回復率は2015年まで変化せず，2015年から着実に全産業毎年1％で移輸出が増加するということをベースラインとしている。この場合，2020年におけるベースラインの移輸出回復率は，多くの産業で震災前を下回る状況がある。

そこで，2015年以降，回復が遅れている基盤・準基盤産業を中心に重点産業を選択し，産業振興策による移輸出促進の展開によって，震災前水準への移輸出の早期回復を目指す。震災前の移輸出水準を回復した重点産業は，回復後，震災前の移輸出水準を維持するという想定を原則とする。重点産業以外の産業の移輸出は，2015年以降毎年1％で上昇し，もし，移輸出の水準が震災前を回復した場合は，以後，その水準を維持すると想定する。

このような共通の考え方に基づいて，重点産業の抽出にあたっては，次の3つを一応の選択基準とした。

① 「基盤産業」（「準基盤産業」を含む）で震災被害が大きかった産業[4]
② 一定規模の移輸出額を維持していたが震災で甚大な被害を被った産業
③ 地域資源を生かした地域経済活性化政策によって成長が期待される産業

どの被災自治体も雇用延長政策，人口増促進政策を実施した場合，2020年には労働市場の超過供給傾向に陥るため，抽出した重点産業の産業振興策を強化して移輸出促進をテコに市内生産額と労働需要を増やし，労働市場の均衡をはかる必要がある。また，2030年段階においては，被災自治体によって労働市場の動向に相違がみられるので，被災自治体ごとに労働市場均衡にむけた新たな政策課題を明らかにすることが必要になる。

第6章 持続可能な地域社会構築のための政策シミュレーション

　以上のような問題意識のもと，本節では，雇用延長政策，人口増促進政策，産業振興政策の3つを同時展開したときの2020年及び2030年の労働市場の動向について，政策シミュレーション分析を行う。

　われわれはこれまでの議論で，民間設備投資について，一定の想定のもとで算出された数値を外生的に与えてシミュレーション分析を行ってきた。しかし，想定した数値が妥当であるか，投資の過不足はないのかといった問題は捨象してきた。

　この節で議論する移輸出拡大を目標とする産業振興政策を実施すると，総需要が増大し，それに対応する生産能力の拡大が必要になり，民間設備投資の拡大を判断しなければならない。産業振興政策は民間設備投資行動に影響を与えるので，これまで外生的に与えた民間設備投資額を変更する必要性がでてくる。どの程度民間設備投資額を変更するかについては，産業別資本生産性に注目する。具体的には，当該産業の震災前と2030年段階の資本生産性を比較し，2030年段階の資本生産性が震災前より高すぎる場合は投資不足と判断して，外生的に与える民間設備投資額を増額し，震災前の資本生産性にできるだけ近づけるという調整を行う。また逆に，2030年段階の資本生産性が震災前より低すぎれば，過剰投資と判断して，民間設備投資額を想定値から減じるという調整をとる。このような「投資調整」を含む政策シミュレーション分析を行った（「投資調整」についての詳しい説明は，本章補論参照のこと）[5]。

　以下では，被災自治体別に，まず重点産業の抽出過程について説明して産業振興政策の全体像を説明する。その上で，「雇用延長政策＋人口増促進政策＋産業振興政策」の3つの政策を同時実施したときの2020年及び2030年の労働市場への影響について，シミュレーション結果を明らかにする。

（1）宮古市のケース

重点産業の抽出と移輸出回復率の想定

　人口増促進政策と雇用延長政策が同時に展開され成果をおさめたとした場合，労働供給過不足が，2020年は1,382人のプラス，2030年は17人のマイナスであ

表6-8 宮古市の経済復興政策の長期シミュレーション分析事例

移輸出回復率	2015年(初期値)	2020年(ベースライン)	2020年(産業振興政策)	2030年
漁業	0.84	0.88	1	1
水産食料品	0.88	0.92	1	1
電子部品	0.79	0.83	1	1
宿泊業	0.54	0.57	1	1

(単位:人)

	市内生産額(100万円)	就業者数(経済センサス)	就業者数(従業地ベース)	労働需要(市内居住市内従業)	労働需要(市内居住市外従業)	労働需要(常住地ベース)	労働力人口	労働供給過不足
2020年産業振興	278,534	21,565	22,860	20,938	1,311	22,249	22,814	564
2030年産業振興	263,019	18,481	19,590	17,944	1,080	19,023	18,781	-242
(投資調整)								
2020年産業振興	279,445	21,635	22,933	21,005	1,311	22,317	22,814	497
2030年産業振興	263,930	18,544	19,657	18,004	1,080	19,084	18,781	-303

注:ここで,「産業振興」とは人口促進政策と雇用延長政策に産業振興政策を追加するという意味である。
出所:筆者の推計による。

る。自然失業率を勘案すると,2020年は697人の労働力の過剰供給,2030年は580人の超過需要ということであった(表6-3参照)。宮古市の場合は特に,2020年段階における雇用創出が重要になる。ここでは,雇用創出のために,震災前に基盤産業であった産業のうち,被害が大きかった産業を抽出して重点産業と位置付け,産業振興政策を実施して移輸出を促進し,2020年に震災前の移輸出水準の回復を目指す。

宮古市の場合,選択基準①に基づき,漁業,水産食料品,電子部品,宿泊業を重点産業として抽出した(以下表6-8参照)。ベースラインでは,2020年段階で重点産業のうち宿泊業の移輸出回復率が低い値であるか,その他の3つの産業は8割台から9割台の回復率である。宿泊業を含めて,これら重点産業の移輸出促進政策が功を奏し,2020年段階で震災前の水準を回復し,それ以降2030年まで震災前の水準を維持すると想定する。

重点産業の移輸出促進によって,独立支出項目のうち移輸出が増えるので,

第6章 持続可能な地域社会構築のための政策シミュレーション

当該重点産業を中心として市内生産額が増大し，労働需要も増大することになる。投資調整の場合は，独立支出項目のうち民間設備投資も増大するので，労働需要がさらに増大する。

労働市場分析の結果

政策シミュレーションによる労働市場分析の結果をみると，2020年段階の労働供給過不足は564人のプラス，投資調整がある場合は497人のプラスで，労働力の過剰供給であるが，自然失業率を勘案すると2020年にはほぼ過剰供給は解消される。

投資調整をする場合，従業地ベースの就業者数は約70人の増加にとどまり，民間設備投資の雇用創出効果はそれほど強くない。移輸出の拡大が雇用創出に不可欠であるとあらためて確認できる。

2030年段階になると，労働供給過不足は242人のマイナス，投資調整をする場合は303人のマイナスで，常住地ベースの労働市場は超過需要状態になる。

2020年段階から2030年段階になると，労働市場は超過供給傾向から超過需要傾向に変化するが，2030年段階における労働力人口は，雇用延長政策と人口増促進政策によって，それらがない場合に比べると人口は増えている。にもかかわらず，3つの政策を実施したときの2020年との比較では，労働力人口は約4,000人程度減少するのに対して，労働需要（常住地ベース）の減少は約3,200人にとどまる結果，労働市場は超過需要の状態になる。

労働市場の超過需要への対応としては，経済復興の過程において，周辺地域からの雇用の受け入れを意識的に強化し，従業地ベースの労働需要のうち市外居住市内従業の就業者数の割合を高くし，市内居住市内従業の労働需要を抑制することによって，常住地ベースの労働需要を減らし，労働市場の需給バランスを維持することである。

このような状況をつくり出すためには，山田町をはじめとする周辺地域の雇用の受け皿になる地域経済力を宮古市自身が持っていることが不可欠であり，宮古地域経済圏を本格的に発展させることによって可能となる。

経済復興の基本的方向性

　宮古市の場合，漁業，水産食料品，電子部品，宿泊業の4つの重点産業の移輸出水準を2020年段階に震災前に回復すれば，2020年の雇用問題は解決することができ，2020年以降は，重点産業の回復状況を維持し，同時に周辺地域の雇用の受け皿づくりを意識的に創出していくことによって，2030年段階の労働市場の均衡状態を達成することができる。

（2）　釜石市のケース

重点産業の抽出と移輸出回復率の想定

　釜石市の場合，人口増促進政策と雇用延長政策が同時に展開され成果をおさめたとき，労働供給過不足が，1,397人（2020年），461人（2030年）のプラスであり，自然失業率を勘案した労働力の過剰供給は，969人（2020年），114人（2030年）であった（表6-4参照）。

　同市は，鉄鋼や一般機械などが有力な基盤産業で移輸出額も大きいが，これらの産業はあまり被害を受けなかったので，産業振興策を必要とする重点産業からは除外している。その上で，選択基準①をもとに，漁業，水産食料品，電子部品を抽出した（以下表6-9参照）。ところで，2015年段階の移輸出回復率は，漁業，水産食料品で7割台，電子部品で2割台であるのに対して，パルプ・紙・木製品は壊滅状態に近いきわめて低い回復率で，テコ入れが不可欠である。そこで，選択基準②に基づき，パルプ・紙・木製品も重点産業として抽出した。

　漁業，水産食料品，電子部品，パルプ・紙・木製品を「4つの重点産業」と位置付けて産業振興政策を展開し，「4つの重点産業」の移輸出が，2020年段階で震災前の水準を回復し，その後2030年までその水準が維持されると仮定する。また，「4つの重点産業」以外の産業の移輸出は，2015年から毎年1％で上昇し，もし移輸出水準が震災前を回復した場合は，その水準を維持するものとする。

第6章　持続可能な地域社会構築のための政策シミュレーション

表6-9　釜石市の経済復興政策の長期シミュレーション分析事例

移輸出回復率	2015年初期値	2020年ベースライン	2020年（産業振興政策）	2030年
漁業	0.700	0.736	1	1
水産食料品	0.710	0.746	1	1
パルプ・紙・木製品	0.060	0.063	1	1
電子部品	0.240	0.252	1	1

(単位：人)

	市内生産額(100万円)	就業者数（経済センサス）	就業者数（従業地ベース）	労働需要（市内居住市内従業）	労働需要（市内居住市外従業）	労働需要（常住地ベース）	労働力人口	労働供給過不足
2020年産業振興	222,802	16,047	15,713	13,074	1,074	14,148	14,253	104
2030年産業振興	211,684	13,745	13,460	11,200	872	12,072	11,572	-499
（投資調整）								
2020年産業振興	226,473	16,302	15,963	13,283	1,074	14,356	14,253	-104
2030年産業振興	215,355	13,977	13,686	11,388	872	12,260	11,572	-688

出所：筆者の推計による。

労働市場分析の結果

　雇用延長政策及び人口増促進政策に産業振興政策を追加した政策シミュレーション結果をみると，2020年には，投資調整がない場合は労働供給過不足104人のプラス，投資調整がある場合は104人のマイナスであり，いずれも，自然失業率を考慮すると，労働市場は超過需要である。

　2030年段階の労働供給過不足は，投資調整がない場合は499人のマイナス，投資調整がある場合は688人のマイナスである。2030年ではさらに労働市場はひっ迫することになるが，これは，雇用延長政策及び人口増促進政策がない場合と比べると労働力人口は増えるにもかかわらず，2020年から2030年にかけては労働力人口減少の傾向は続いており，2,700人弱減少する。他方同時期における常住地ベースの労働需要の減少は2,000人強にとどまるため，労働市場はひっ迫する。

経済復興の基本的方向性

　釜石市も宮古市と同様，戦略的に釜石地域経済圏を強化して，周辺地域から意識的に雇用を受け入れ，従業地ベースの労働需要に占める市外居住市内従業の就業者数の割合を増やして，市内居住市内従業の就業者への労働需要圧力を減じ，常住地ベースの労働需要を減らす必要がある。

　釜石市の場合，「4つの重点産業」の移輸出水準を2020年段階で震災前に回復させ，その移輸出水準を2030年段階まで維持し，かつ釜石地域経済圏を強化し，周辺地域の雇用の受け皿づくりを意識的に行うことが必要である。

（3）　塩釜市のケース

重点産業の抽出と移輸出回復率の想定

　塩釜市の場合，人口増促進政策と雇用延長政策によって，2020年の労働供給過不足が1,980人の大幅なプラス，2030年になると1,289人（2030年）のプラスであり，労働市場の超過供給の状態が慢性化するということであった（表6-5参照）。塩釜市の場合，長期的に続く慢性的な労働市場の超過供給状態に対して，雇用創出のための抜本的対応策を必要としている。

　塩釜市の基盤産業（準基盤産業を含む）は，水産食料品，鉄鋼，輸送機械，医療・保健・社会保障・介護である（以下表6-10参照）。このうち，「医療・保健・社会保障・介護」は移輸出も大きく，塩釜市は周辺地域の医療福祉拠点として大きな役割を担ってきたことがわかる。しかし，医療・保健・社会保障・介護の移輸出がさらに増えるということは，周辺地域が自らの医療福祉拠点を持たないことを意味し，地域医療福祉計画としては望ましくない。したがって，ここでは，医療・保健・社会保障・介護の移輸出促進は考慮しない。

　鉄鋼と輸送機械は準基盤産業で，域内生産波及効果が弱いなどの「弱み」がみられるが，競争力があり移輸出額も一定規模を達成しており，今後基盤産業としていっそうの発展が期待される産業である。

　基盤産業のうち被害があった産業は水産食料品であるので，震災前の水準に移輸出の回復を目指す必要のある基盤産業は，水産食料品のみである。しかし，

第6章 持続可能な地域社会構築のための政策シミュレーション

表6-10 塩釜市の経済復興政策の長期シミュレーション分析事例

移輸出回復率	2015年初期値	2020年ベースライン	2020年（産業振興政策）	2030年
漁業	0.92	0.97	1.2	1.2
水産食料品	0.96	1.00	1.2	1.2
鉄鋼	1	1.00	1.2	1.2
輸送機械	0.94	0.99	1.2	1.2
飲食店	0.78	0.82	2	2
宿泊業	0.61	0.64	1.2	1.2
その他対個人サービス	0.82	0.86	1.2	1.2

（単位：人）

	市内生産額（100万円）	就業者数（経済センサス）	就業者数（従業地ベース）	労働需要（市内居住市内従業）	労働需要（市内居住市外従業）	労働需要（常住地ベース）	労働力人口	労働供給過不足
2020年産業振興	282,777	22,710	20,898	10,920	12,105	23,026	23,796	770
2030年産業振興	265,561	19,372	17,826	9,316	10,029	19,345	19,715	370
（投資調整）								
2020年産業振興	282,153	22,650	20,843	10,892	12,105	22,997	23,796	799
2030年産業振興	264,937	19,318	17,777	9,290	10,029	19,319	19,715	396

出所：筆者の推計による。

　水産食料品の移輸出水準の回復だけでは，雇用の創出効果は大変弱く，労働市場の超過供給の解消にはほど遠い状況である。

　塩釜市の場合，水産食料品以外の基盤産業は十分に育っていないが，将来的には基盤産業の広がりと厚みをつけることは不可欠である。そこで，ここでは，水産食料品，鉄鋼，輸送機械を重点産業として位置付けて，産業振興政策の強化によって，移輸出促進の抜本的支援を行い，震災前と比較して，2020年に1.2倍の移輸出を実現すると想定する。

　しかし，われわれの予備的なシミュレーション分析によると，これだけでは，労働市場の超過供給の改善効果はあるが，解消までには至らない。さらなる産業振興策を追加する必要がある。

1つは漁業の移輸出を増やすことである。塩釜市の場合，水産食料品産業の生産のため，多額の原材料である魚が移輸入されており，その結果漁業の域際収支は赤字で，基盤産業には抽出されなかった。しかし，塩釜市の漁業の移輸出は，震災前には約80億円もあり，漁業の特定の魚種，特にマグロに比較優位がある。ここでは，比較優位にある魚種の幅を広げて抽出して支援し，移輸出を2020年段階で震災前の1.2倍まで増やすことを目指す。

　さらに，塩釜市の地域資源のうち観光資源はきわめて魅力的で，十分に比較優位がある。そこで，観光政策を強化して観光客を増やし，観光産業を活性化させる。観光産業のうち，その他対個人サービス及び宿泊業の移輸出を，2020年段階で震災前の1.2倍まで増やす。また，塩釜市の飲食店の移輸出額は現段階ではきわめて小さく，観光の活性化によってもっと増やすことが必要であり，ここでは，震災前の2倍まで移輸出が増えると想定する。

　結局，選択基準①で水産食料品，鉄鋼，輸送機械を，選択基準③で漁業，飲食店，宿泊業，その他対個人サービスを重点産業として抽出し，移輸出拡大を柱にした新たな産業振興策の展開をはかることを想定する。

労働市場分析の結果

　このときシミュレーション結果をみると，労働供給過不足は，投資調整がない場合は770人（2020年），370人（2030年），投資調整がある場合は799人（2020年），396人（2030年）のプラスになる。塩釜市の場合，他地域と違い，投資調整したとき，地域マクロ経済における民間設備投資は投資調整しない場合と比較して減少するため，その分労働需要が少し減少し，労働の超過供給が増える。

　2030年段階の労働力人口は，宮古市や釜石市と同様人口減少を反映し，2020年と比較して4,000人以上減少する。一方，常住地ベースの労働需要は3,680人程減少する（投資調整済の場合）。労働供給減少数は労働需要減少数より若干大きいが，2030年段階でも労働供給過不足はプラスのままで推移する。

　2020年段階も2030年段階も労働供給過不足はプラスであるが，失業率はほぼ自然失業率水準に落ち着くので，一応労働市場のバランスは確保されることに

なる。

経済復興の基本的方向性

塩釜市の場合は，漁業，水産食料品，鉄鋼，輸送機械，飲食店，宿泊業，その他対個人サービスを重点産業として抽出し，産業振興政策を展開し移輸出を促進することができれば，将来的な労働市場の均衡は可能である。

（4） 多賀城市のケース

重点産業の抽出と移輸出回復率の想定

多賀城市は，人口増促進政策と雇用延長政策が同時に展開され成果をおさめたとした場合，労働供給過不足が，3,716人（2020年），3,381人（2030年）のプラスであり，労働市場は大幅な過剰供給ということであった。自然失業率を考慮した上で雇用創出を必要とする人数は，2,798人（2020年），2,543人（2030年）に及ぶ。労働市場の超過供給状態は相当に深刻になるため，労働需要を抜本的に増加させるための総合的産業振興策が必要になる（表6-6参照）。

多賀城市の基盤産業（準基盤産業を含む）は，パルプ・紙・木製品，電気機械，電子部品，水道・廃棄物処理，不動産，飲食店などである（以下表6-11参照）。まずは，基盤産業（準基盤産業を含む）の振興策が最優先の課題であり，移輸出促進を目指し，震災前と比較して，2020年段階で移輸出額を1.2倍に増加させる産業振興策を想定する。しかし，これだけでは，労働市場の超過供給状態は解消されないので，さらに産業振興策を追加する必要がある。

金属製品やその他の製造工業製品及び対事業所サービスは，震災により甚大な被害を受けた。これらの産業は基盤産業などではないが，移輸出が比較的大きく，域際収支が赤字でも，市内生産額の増大に大きく寄与し，雇用創出効果も大きい。したがって，これら3つの産業について，比較優位を持つ企業の支援を強化し，2020年段階で移輸出が震災前の水準を回復することを目指す。

さらに，多賀城市はこれまで観光政策に弱さがあったが，多賀城跡地の整備など観光資源の開発が活性化しており，観光客を増やす可能性が十分にある。

表6-11 多賀城市の経済復興政策の長期シミュレーション分析事例

移輸出回復率	2015年初期値	2020年ベースライン	2020年(産業振興政策)	2030年
パルプ・紙・木製品	0.57	0.60	1.2	1.2
金属製品	0.33	0.35	1	1
電気機械	0.98	1.00	1.2	1.2
電子部品	0.50	0.53	1.2	1.2
その他の製造工業製品	0.15	0.16	1	1
水道・廃棄物処理	0.90	0.95	1.2	1.2
不動産	0.64	0.67	1.2	1.2
情報通信	0.82	0.86	20	20
対事業所サービス	0.72	0.76	1	1
飲食店	0.66	0.69	1.2	1.2
宿泊業	0.92	0.97	1.2	1.2
その他対個人サービス	0.76	0.80	1.2	1.2

(単位:人)

	市内生産額(100万円)	就業者数(経済センサス)	就業者数(従業地ベース)	労働需要(市内居住市内従業)	労働需要(市内居住市外従業)	労働需要(常住地ベース)	労働力人口	労働供給過不足
2020年産業振興	367,515	25,926	23,916	11,246	17,986	29,231	30,595	1,364
2030年産業振興	360,776	23,011	21,227	9,981	16,427	26,408	27,944	1,536
(投資調整)								
2020年産業振興	374,072	26,595	24,533	11,536	17,986	29,521	30,595	1,074
2030年産業振興	367,333	23,616	21,786	10,244	16,427	26,671	27,944	1,273

出所:筆者の推計による。

そこで観光客を増やし，観光産業としてその他対個人サービスや宿泊業の移輸出を震災前の1.2倍まで増加させる。

さらに，全国的に情報産業の発展は目覚ましいものがあるにもかかわらず，多賀城市の情報通信産業はほとんど移輸出がなく，域際収支は大幅な赤字である。情報通信産業の新規参入を促し，移輸出の拡大を目指す必要がある。当面移輸出規模10億円を目指して，企業誘致を行う。

このように，基盤産業（準基盤産業を含む）である電気機械，電子部品，水道・廃棄物処理，不動産，飲食店などの振興（選択基準①），金属製品，その他の製造工業製品，対事業所サービスで比較優位を持つ企業の移輸出促進の支援（選択基準②），観光産業の活性化（選択基準③），情報通信などの新規産業の誘致など総合的産業振興政策の展開を想定する。

労働市場分析の結果

このとき，労働供給過不足は，投資調整がない場合，1,364人（2020年），1,536人（2030年）のプラス，投資調整がある場合は，1,074人（2020年），1,273人（2030年）のプラスである。

2030年の市内生産額は，2020年と比較するとやや減少している。これは，主要産業の震災前からの移輸出回復率は2020年と2030年と同じであるため，独立支出のうち移輸出額は２つの時期であまり違いがないが，2030年には2020年より人口が減少し，その分人口減による家計消費支出が減少することによる。労働生産性は毎年１％上昇と仮定しているので，従業地ベースの就業者数の落ち込みが，市内居住市内従業の就業者数の減少に反映し，結果的に常住地ベースの労働需要の減少が，労働力人口の減少を上回り，労働市場は超過供給の傾向が続くことになる。しかし，いずれの時期も自然失業率を勘案すると労働力の過剰供給は，大幅に減少するか解消する。

経済復興の基本的方向性

多賀城市の場合，重点産業の選択基準①②③を含んで，上記の総合的産業振

興政策を展開できるかどうかが，労働市場の長期均衡を達成し，持続可能な社会経済維持の分水嶺となる。

（5）　南相馬市のケース

重点産業の抽出と移輸出回復率の想定

　南相馬市の場合，帰還率が50％のときは，人口増促進政策と雇用延長政策によって，労働供給過不足が，2020年では3,403人（2020年）のプラス，2030年は，847人のプラスであった。2020年段階で，自然失業率調整後の雇用創出を必要とする人数は，2,628人に及び，2020年までに雇用創出政策を軌道に乗せる必要がある。帰還率が高まれば，さらに労働の供給過剰が深刻化すると予想される（表6-7参照）。

　帰還率がどのように推移するかは明らかでない。また帰還率の相違は労働市場にどのような影響を与えるのかも知る必要がある。そこで，帰還率について，50％と70％の２つの事例を取り上げることにする（以下表6-12参照）。

　南相馬市の基盤産業（準基盤産業を含む）は，製造業を中心に多業種にまたがっているのが特徴である。基盤産業（準基盤産業を含む）のうち，震災及び原発の被害が軽微であった産業は，2020年段階でも，震災前の移輸出水準を維持すると想定する。他方，選択基準①に沿って，農業，電子部品，その他の製造工業製品，不動産，教育・研究，宿泊業，その他対個人サービスなど被害が大きかった産業を重点産業として抽出して産業振興策を強化し，2020年段階までに震災前の移輸出回復を想定する。2030年段階では，すべての基盤産業（準基盤産業を含む）が震災前の移輸出水準を維持するものとする。

労働市場分析の結果

　帰還率が半分のとき，労働供給過不足は，投資調整がない場合，2020年に97人のマイナス，2030年は1,722人のマイナスである。投資調整がある場合は，2020年に428人のマイナス，2030年は2,021人のマイナスになる。いずれの場合も，2020年及び2030年とも労働市場は超過需要の状態である。

第6章 持続可能な地域社会構築のための政策シミュレーション

表6-12 南相馬市の経済復興政策の長期シミュレーション分析事例

移輸出回復率	2015年初期値	2020年ベースライン	2020年(産業振興政策)	2030年
農業	0.24	0.25	1	1
電子部品	0.63	0.66	1	1
その他の製造工業製品	0.83	0.87	1	1
不動産	0.76	0.80	1	1
教育・研究	0.5	0.53	1	1
宿泊業	0.62	0.65	1	1
その他対個人サービス	0.62	0.65	1	1

(単位:人)

(帰還半分)	市内生産額(100万円)	就業者数(経済センサス)	就業者数(従業地ベース)	労働需要(市内居住市内従業)	労働需要(市内居住市外従業)	労働需要(常住地ベース)	労働力人口	労働供給過不足
2020年産業振興	364,733	25,481	27,011	24,740	1,191	25,931	25,834	-97
2030年産業振興	356,581	22,544	23,897	21,888	975	22,863	21,141	-1,722
(投資調整)								
2020年産業振興	368,378	25,821	27,371	25,070	1,191	26,262	25,834	-428
2030年産業振興	360,226	22,852	24,224	22,187	975	23,162	21,141	-2,021

(帰還7割)	市内生産額(100万円)	就業者数(経済センサス)	就業者数(従業地ベース)	労働需要(市内居住市内従業)	労働需要(市内居住市外従業)	労働需要(常住地ベース)	労働力人口	労働供給過不足
2020年産業振興	369,184	25,819	27,369	25,069	1,255	26,323	27,212	889
2030年産業振興	362,083	22,934	24,311	22,267	1,057	23,324	22,933	-391
(投資調整)								
2020年産業振興	372,830	26,160	27,730	25,399	1,255	26,653	27,212	559
2030年産業振興	365,728	23,242	24,637	22,566	1,057	23,623	22,933	-690

出所:筆者の推計による。

帰還率が半分のとき，2020年，2030年ともに労働市場が超過需要になるということは，われわれが想定した重点産業が移輸出水準を2020年段階で震災前を回復しなくても，それに近い回復があれば労働市場の均衡達成は可能だということになる。

　帰還率70％のときは，労働供給過不足は，投資調整がない場合，2020年に889人のプラス，2030年は391人のマイナスである。2020年の労働市場は超過供給の状況ではあるが，自然失業率を勘案すると，労働力の過剰供給はほぼ解消される。2030年は超過需要の状態になる。

　投資調整がある場合は，2020年には559人のプラス，2030年は690人のマイナスで，労働市場は投資調整がない場合と同じ傾向をたどる。帰還率50％に比べると，2020年，2030年ともに労働市場のひっ迫状況は相当に緩和されることになる。

　2030年では，労働需要のうち，投資調整の有無にかかわらず，市内居住市外従業者が1,057人になっている。これは，震災後も震災前と同様市内居住市外従業者の一定部分が，福島原発周辺地域の町村で就業すると想定しているためである。しかし，原発災害以降，この部分の就業は不可能になるので，市内居住市外従業者の労働需要は大幅に減少し，労働市場のひっ迫状況はさらに緩和される。

経済復興の基本的方向性

　南相馬市の場合，全員帰還は困難であると思われるが，帰還率50％であれば労働力不足が深刻になり，帰還率７割程度であれば長期的な労働市場の均衡の維持は可能であると思われる。南相馬市の場合，帰還率70％程度を目標として，上記の重点産業の移輸出を2020年段階で震災前の水準に回復することを目指す産業振興政策の展開が強く望まれる。

第6章 持続可能な地域社会構築のための政策シミュレーション

補論　産業別民間設備投資の妥当性の検証

　表6-13から表6-17は，被災自治体ごとに，4つのケースについての産業別資本生産性を示している。「2009年（ベースライン）」は，震災前（2009年）の各産業の資本生産性の現実値である。震災後経済復興過程における民間設備投資行動のもとで長期的視点から雇用延長政策と人口増促進政策がとられ，それらが功を奏するとして，市内生産額と資本ストックの数値が求まり，2030年における産業別の資本生産性を求めたものが，「2030年（雇用延長＋人口増）」のケースである。

　それに上述した重点産業の移輸出促進政策を加えたものが，「2030年（雇用安定＋人口増＋産業振興）」のケースである。この場合，市内生産額は変化するが，産業別資本ストックは，「2030年（雇用延長＋人口増）」のケースと同値である。

　われわれは最終的には，雇用延長政策・人口増促進政策・産業振興策の同時政策シミュレーションを行ったときの労働市場の変化に関心がある。そこで，「2030年（雇用延長＋人口増＋産業振興）」のケースで求まった産業別資本生産性を，当該産業における「2009年（ベースライン）」の資本生産性と比較する。もし，2つの資本生産性に目立った相違を持つ産業があれば，外生的に与えていた民間設備投資の数値を変化させ，震災前の資本生産性に近づける。これが「投資調整済」のケースである。

（1）　宮古市

　われわれが想定した長期的な民間設備投資動向の妥当性を検討するため，「2009年（ベースライン）」と「2030年（雇用延長＋人口増）」の資本生産性を比較してみると，製造業が1.52から1.74と増加し，製造業の民間設備投資のわれわれの想定は過小で実際には投資不足が予想され，製造業分野への資本参入を促進する必要性を示している（表6-13）。また，運輸・通信業の資本生産性も

表6-13　宮古市の産業別資本生産性の長期見通し

(単位：100万円)

	2009年 (ベースライン)			2030年 (雇用延長＋人口増)			2030年 (雇用延長＋人口増＋産業振興)			2030年 (投資調整済) (雇用延長＋人口増＋産業振興)		
	市内生産額	粗資本ストック	資本生産性	市内生産額	粗資本ストック	資本生産性	市内生産額	粗資本ストック	資本生産性	市内生産額	粗資本ストック	資本生産性
農業	2,492	22,943	0.11	2,115	18,607	0.11	2,131	18,607	0.11	2,136	18,607	0.11
林業	5,508	44,455	0.12	5,448	37,179	0.15	5,451	37,179	0.15	5,452	37,179	0.15
水産業	8,745	78,850	0.11	8,387	54,635	0.15	8,519	54,635	0.16	8,520	54,635	0.16
鉱業	297	789	0.38	267	755	0.35	269	755	0.36	270	755	0.36
製造業	71,616	47,194	1.52	65,872	37,811	1.74	68,415	37,811	1.81	68,463	46,156	1.48
建設業	32,292	15,479	2.09	30,195	13,961	2.16	30,236	13,961	2.17	30,633	13,961	2.19
電気ガス水道	11,067	35,631	0.31	9,125	46,600	0.20	9,261	46,600	0.20	9,278	46,600	0.20
卸小売	24,463	30,826	0.79	20,047	21,122	0.95	19,999	21,122	0.95	20,103	21,122	0.95
金融保険	11,196	8,622	1.30	7,480	6,962	1.07	7,612	6,962	1.09	7,649	6,962	1.10
不動産	30,199	8,885	3.40	16,650	33,258	0.50	16,997	33,258	0.51	17,085	15,325	1.11
運輸通信	16,922	31,057	0.54	13,546	11,023	1.23	13,663	11,023	1.24	13,744	22,520	0.61
サービス業	30,714	59,477	0.52	22,098	51,803	0.43	23,074	51,803	0.45	23,174	51,803	0.45
合計	245,512	384,208	0.64	201,230	333,718	0.60	205,627	333,718	0.62	206,508	335,626	0.62

出所：筆者の推計による。

0.54（2009年）から1.23（2030年）へと増加しており，投資不足で資本参入の余地がある。他方，不動産業は，3.4（2009年）から0.5（2030年）へと資本生産性が急減しており，われわれの想定は過剰投資ということがわかる。地域マクロ経済全体でみた場合の資本生産性は，0.64（2009年）が0.6（2030年）とそれほど違いはない。

「2030年（雇用延長＋人口増）」のケースと「2030年（雇用延長＋人口増＋産業振興）」を比較すると，製造業で1.74から1.81へとさらに増加傾向がみられるが，運輸・通信業及び不動産業は，あまり変化がみられない。製造業のみ資本生産性の増加傾向がみられるのは，産業振興政策自体が製造業に重点をおいて移輸出増を促進することを反映している。

宮古市に関するわれわれの想定では，特に製造業，運輸・通信業，不動産業に，投資不足や過剰投資の傾向がみられ，当該産業の設備投資を調整した結果

が,「投資調整済」である。投資不足の製造業,運輸業については,2017年以降毎年,想定値よりそれぞれ8億円,15億円増分させている。また過剰投資である不動産業は,2017年以降毎年想定値より15億円減じて調整を行った。宮古市の投資調整では,トータルでみると民間設備投資は増大する結果となり,これが市内生産額及び労働市場に影響を与えることになる。

(2) 釜石市

　釜石市の場合についても,「2009年(ベースライン)」と「2030年(雇用延長＋人口増)」の資本生産性を比較検討してみると,製造業が1.14(2009年)から1.46(2030年)と高くなっており,われわれの想定は投資不足ということになる(表6-14)。また,卸売・小売業及び運輸・通信業の資本生産性もそれぞれ,0.79(2009年)から0.96(2030年),0.55(2009年)から1.2(2030年)と高くなっており,われわれの想定は過少投資で,資本の参入余地がある。他方,金融・保険業及び不動産業の資本生産性もそれぞれ,1.30(2009年)から0.88(2030年),3.4(2009年)から0.54(2030年)と低く,われわれの想定は過剰投資ということになる。地域マクロ経済でみた場合の資本生産性は,0.59(2009年)が0.64(2030年)と上昇傾向にあり,産業ごとの投資調整を必要とし,トータルでは民間設備投資拡大による資本の参入の余地が十分ある。

　「2030年(雇用延長＋人口増)」のケースと「2030年(雇用延長＋人口増＋産業振興)」を比較すると,宮古市と同様,製造業が1.46から1.6へとさらに増加傾向を示すが,卸売・小売業,金融・保険業,不動産業,運輸・通信業にも上昇傾向がみられる。そのうち,金融・保険業,不動産業については投資過剰の状況に変わりはなく,卸売・小売業,運輸・通信業の投資不足の状況はさらに深刻化する。

　釜石市に関しては,特に製造業,卸売・小売業,運輸・通信業に投資不足の傾向がみられ,不動産業,金融・保険業に過剰投資の傾向がみられる。そこで,投資不足の製造業,卸売・小売業,運輸業については,2017年以降毎年,想定値よりそれぞれ10億円,3億円,15億円増分させている。過剰投資である金融

表6-14 釜石市の産業別資本生産性の長期見通し

(単位:100万円)

	2009年 (ベースライン)			2030年 (雇用延長+人口増)			2030年 (雇用延長+人口増+産業振興)			2030年 (投資調整済) (雇用延長+人口増+産業振興)		
	市内 生産額	粗資本 ストック	資本 生産性	市内 生産額	粗資本 ストック	資本 生産性	市内 生産額	粗資本 ストック	資本 生産性	市内 生産額	粗資本 ストック	資本 生産性
農業	629	7,018	0.09	507	5,058	0.10	515	5,058	0.10	519	5,058	0.10
林業	1,259	4,565	0.28	917	2,545	0.36	1,099	2,545	0.43	1,102	2,545	0.43
水産業	9,465	125,914	0.08	7,601	72,691	0.10	9,311	72,691	0.13	9,315	72,691	0.13
鉱業	213	567	0.38	191	594	0.32	195	594	0.33	199	594	0.33
製造業	75,353	66,012	1.14	64,598	44,307	1.46	70,932	44,307	1.60	71,421	54,738	1.30
建設業	29,919	14,342	2.09	25,432	12,440	2.04	25,554	12,440	2.05	27,144	12,440	2.18
電気ガス水道	8,263	26,143	0.32	6,489	34,350	0.19	6,792	34,350	0.20	6,853	34,350	0.20
卸小売	17,542	22,105	0.79	11,909	12,354	0.96	13,588	12,354	1.10	13,858	15,477	0.90
金融保険	10,530	8,108	1.30	6,305	7,167	0.88	6,909	7,167	0.96	7,063	5,096	1.39
不動産	18,604	5,474	3.40	8,350	15,396	0.54	9,307	15,396	0.60	9,554	5,831	1.64
運輸通信	17,021	31,227	0.55	11,443	9,570	1.20	12,935	9,570	1.35	13,253	21,066	0.63
サービス業	23,327	46,117	0.51	15,170	32,491	0.47	16,265	32,491	0.50	16,647	32,491	0.51
合計	212,126	357,592	0.59	158,911	248,964	0.64	173,401	248,964	0.70	176,926	262,380	0.67

出所:筆者の推計による。

保険業及び不動産業は,2017年以降毎年想定値よりそれぞれ,2億円,8億円減じて調整を行った。個別産業の調整を一定行ったあとの全体でみた資本生産性は,0.59(2009年)から0.67(2030年)とやや上昇傾向であり,投資不足改善の余地はまだある。

(3) 塩釜市

塩釜市の場合,「2009年(ベースライン)」と「2030年(雇用延長+人口増)」の比較では,卸売・小売業が3.85(2009年)から2.57(2030年)に低下,不動産も,0.74(2009年)から0.33(2030年)と低くなっており,この2産業ではやや過剰投資ということになる(表6-15)。他方,建設業及び運輸・通信業の資本生産性は,それぞれ,1.71(2009年)から1.98(2030年),1.02(2009年)から1.98(2030年)と上昇しており,過少投資で資本の参入の余地がある。

第6章 持続可能な地域社会構築のための政策シミュレーション

表6-15 塩釜市の産業別資本生産性の長期見通し

(単位：100万円)

	2009年(ベースライン)			2030年(雇用延長＋人口増)			2030年(雇用延長＋人口増＋産業振興)			2030年(投資調整済)(雇用延長＋人口増＋産業振興)		
	市内生産額	粗資本ストック	資本生産性	市内生産額	粗資本ストック	資本生産性	市内生産額	粗資本ストック	資本生産性	市内生産額	粗資本ストック	資本生産性
農業	204	2,350	0.09	134	984	0.14	143	984	0.15	143	984	0.14
林業	5	30	0.18	4	19	0.20	4	19	0.22	4	19	0.22
水産業	8,252	57,817	0.14	8,246	41,780	0.20	9,894	41,780	0.24	9,894	41,780	0.24
鉱業	0	0	0.00	0	0	0.00	0	0	0.00	0	0	0.00
製造業	78,009	98,071	0.80	72,869	96,916	0.75	85,042	96,916	0.88	85,009	96,916	0.88
建設業	14,976	8,748	1.71	14,904	7,514	1.98	15,061	7,514	2.00	14,782	8,651	1.71
電気ガス水道	5,141	29,270	0.18	4,268	12,634	0.34	4,651	12,634	0.37	4,644	12,634	0.37
卸小売	19,382	5,037	3.85	17,098	6,654	2.57	19,388	6,654	2.91	19,337	4,471	4.33
金融保険	11,567	15,121	0.76	8,883	14,108	0.63	9,738	14,108	0.69	9,714	14,108	0.69
不動産	29,830	40,385	0.74	18,328	56,106	0.33	20,798	56,106	0.37	20,734	30,787	0.67
運輸通信	23,706	23,172	1.02	19,505	9,833	1.98	21,814	9,833	2.22	21,738	21,667	1.00
サービス業	25,651	55,370	0.46	18,769	42,310	0.44	22,164	42,310	0.52	22,108	42,310	0.52
合計	216,724	335,370	0.65	183,007	288,859	0.63	208,697	288,859	0.72	208,106	274,327	0.76

出所：筆者の推計による。

「2030年（雇用延長＋人口増）」のケースと「2030年（雇用延長＋人口増＋産業振興）」を比較すると，運輸・通信業が1.98から2.22へとさらに上昇しているのが目立つ。運輸・通信業は除却率が高く資本ストックを維持しようとすれば相当の更新投資が毎年必要であることを反映していると思われる。卸売・小売業が2.57から2.91へと上昇しているが，過剰投資の状況に変わりはない。

塩釜市に関しては，建設業及び運輸・通信業に投資不足の傾向がみられ，卸売・小売業及び不動産業に，過剰投資の傾向がみられる。そこで，投資不足の建設業及び運輸・通信業については，2017年以降毎年それぞれ，想定値より2億円及び15億円増分させている。過剰投資である卸売・小売業と不動産業は，それぞれ，2017年以降毎年想定値より2億円，20億円減じて調整を行った。しかし，個別産業の調整は一定行われているが，投資調整後の全体でみた資本生産性は，釜石と同様0.65（2009年）から0.76（2030年）で，上昇傾向が十分調

表6-16 多賀城市の産業別資本生産性の長期見通し

(単位：100万円)

	2009年 (ベースライン)			2030年 (雇用延長＋人口増)			2030年 (雇用延長＋人口増＋産業振興)			2030年（投資調整済） (雇用延長＋人口増＋産業振興)		
	市内 生産額	粗資本 ストック	資本 生産性	市内 生産額	粗資本 ストック	資本 生産性	市内 生産額	粗資本 ストック	資本 生産性	市内 生産額	粗資本 ストック	資本 生産性
農業	620	3,949	0.16	564	2,984	0.19	617	2,984	0.21	622	2,984	0.21
林業	0	0	0.00	0	0	0.00	0	0	0.00	0	0	0.00
水産業	21	93	0.22	20	74	0.27	21	74	0.28	21	74	0.28
鉱業	0	0	0.00	0	0	0.00	0	0	0.00	0	0	0.00
製造業	93,203	123,663	0.75	63,297	106,661	0.59	102,344	106,661	0.96	102,792	137,928	0.75
建設業	13,901	10,111	1.37	14,213	8,732	1.63	14,985	8,732	1.72	17,685	11,801	1.50
電気ガス水道	9,548	40,950	0.23	8,240	49,398	0.17	10,222	49,398	0.21	10,311	49,398	0.21
卸小売	21,436	5,391	3.98	18,118	7,496	2.42	23,061	7,496	3.08	23,740	6,508	3.65
金融保険	5,136	6,595	0.78	3,983	5,849	0.68	5,213	5,849	0.89	5,320	5,849	0.91
不動産	41,772	55,820	0.75	31,694	62,555	0.51	42,528	62,555	0.68	43,183	62,555	0.69
運輸通信	35,282	34,992	1.01	28,236	12,650	2.23	38,321	12,650	3.03	39,224	34,893	1.12
サービス業	36,579	48,953	0.75	30,244	39,125	0.77	37,904	39,125	0.97	38,611	48,557	0.80
合計	257,499	330,515	0.78	198,608	295,523	0.67	275,215	295,523	0.93	281,510	360,547	0.78

出所：筆者の推計による。

整できてはおらず，なお投資不足状況について改善の余地がある[6]。

（4） 多賀城市

多賀城市の資本生産性の変化は複雑である（表6-16）。産業別に「2009年（ベースライン）」，「2030年（雇用延長＋人口増）」，「2030年（雇用延長＋人口増＋産業振興策）」の資本生産性の変化をみると，製造業が0.75，0.59に低下，その後0.96に急上昇している。建設業が1.37から1.63，さらに1.72まで上昇している。運輸・通信業が1.01から2.23に上昇，さらに3.03まで上昇している。サービス業は0.75から0.77と安定的に推移し，そのあと0.97まで上昇する。卸売・小売業が3.98から2.42に低下するがその後3.08まで戻している。

「2030年（雇用延長＋人口増＋産業振興）」のケースでは，移輸出促進で総需要が増加し，生産能力が不十分で投資不足が予想され，このときの投資不足に対

第6章 持続可能な地域社会構築のための政策シミュレーション

表6-17 南相馬市の産業別資本生産性の長期見通し

(単位:100万円)

(帰還半分)	2009年 (ベースライン)			2030年 (雇用延長+人口増)			2030年 (雇用延長+人口増+産業振興)			2030年(投資調整済) (雇用延長+人口増+産業振興)		
	市内 生産額	粗資本 ストック	資本 生産性	市内 生産額	粗資本 ストック	資本 生産性	市内 生産額	粗資本 ストック	資本 生産性	市内 生産額	粗資本 ストック	資本 生産性
農業	10,809	80,137	0.13	3,885	31,517	0.12	9,505	31,517	0.30	9,534	31,517	0.30
林業	684	3,347	0.20	683	2,885	0.24	638	2,885	0.22	639	2,885	0.22
水産業	672	2,821	0.24	350	0	0.00	358	0	0.00	359	0	0.00
鉱業	262	954	0.27	227	685	0.33	228	685	0.33	229	685	0.33
製造業	86,112	126,124	0.68	69,237	91,697	0.76	69,242	91,697	0.76	69,548	109,810	0.63
建設業	37,108	25,974	1.43	33,449	17,276	1.94	33,499	17,276	1.94	35,192	17,276	2.04
電気ガス水道	79,515	113,130	0.70	76,614	128,227	0.60	77,044	128,227	0.60	77,108	128,227	0.60
卸小売	27,519	10,424	2.64	17,400	9,287	1.87	20,355	9,287	2.19	20,751	7,922	2.62
金融保険	12,874	11,117	1.16	8,161	9,967	0.82	8,741	9,967	0.88	8,839	9,059	0.98
不動産	31,930	46,404	0.69	14,428	45,757	0.32	16,174	45,757	0.35	16,419	38,619	0.43
運輸通信	21,787	106,163	0.21	15,542	41,254	0.38	19,234	41,254	0.47	19,503	53,511	0.36
サービス業	40,964	73,115	0.56	26,881	48,487	0.55	29,886	48,487	0.62	30,235	48,487	0.62
合計	350,235	599,711	0.58	266,858	427,037	0.62	284,905	427,037	0.67	288,356	447,998	0.64

(帰還7割)	2009年 (ベースライン)			2030年 (雇用延長+人口増)			2030年 (雇用延長+人口増+産業振興)			2030年(投資調整済) (雇用延長+人口増+産業振興)		
	市内 生産額	粗資本 ストック	資本 生産性	市内 生産額	粗資本 ストック	資本 生産性	市内 生産額	粗資本 ストック	資本 生産性	市内 生産額	粗資本 ストック	資本 生産性
農業	10,809	80,137	0.13	3,885	31,517	0.12	9,603	31,517	0.30	9,631	31,517	0.31
林業	684	3,347	0.20	683	2,885	0.24	640	2,885	0.22	641	2,885	0.22
水産業	672	2,821	0.24	350	0	0.00	365	0	0.00	366	0	0.00
鉱業	262	954	0.27	227	685	0.33	229	685	0.33	230	685	0.34
製造業	86,112	126,124	0.68	69,237	91,697	0.76	69,469	91,697	0.76	69,775	109,810	0.64
建設業	37,108	25,974	1.43	33,449	17,276	1.94	33,524	17,276	1.94	35,216	17,276	2.04
電気ガス水道	79,515	113,130	0.70	76,614	128,227	0.60	77,264	128,227	0.60	77,327	128,227	0.60
卸小売	27,519	10,424	2.64	17,400	9,287	1.87	20,916	9,287	2.25	21,312	7,922	2.69
金融保険	12,874	11,117	1.16	8,161	9,967	0.82	9,165	9,967	0.92	9,262	9,059	1.02
不動産	31,930	46,404	0.69	14,428	45,757	0.32	17,882	45,757	0.39	18,126	38,619	0.47
運輸通信	21,787	106,163	0.21	15,542	41,254	0.38	19,645	41,254	0.48	19,915	53,511	0.37
サービス業	40,964	73,115	0.56	26,881	48,487	0.55	30,979	48,487	0.64	31,328	48,487	0.65
合計	350,235	599,711	0.58	266,858	427,037	0.62	289,679	427,037	0.68	293,131	447,998	0.65

出所:筆者の推計による。

応することが重要である。ここでは，製造業，建設業，運輸・通信業，サービス業の投資不足が目立つため，これらの産業について追加投資を想定する。

2017年以降毎年，製造業及び運輸・通信業は想定値より30億円増分させている。建設業，サービス業は，それぞれ，2017年以降毎年想定値より3億円，10億円増加させる。

卸売・小売業は，2009年と比較すると資本生産性は減少しているため過剰投資傾向があり，2017年以降毎年，想定値より1億円減じている。

個別産業の投資調整の結果，全体の資本生産性は，0.78（2009年）から0.78（2030年）で，ほとんど変化がないことになる。

(5) 南相馬市

帰還率7割の場合を例に「2009年（ベースライン）」と「2030年（雇用延長＋人口増＋産業振興）」の資本生産性の変化に注目すると，製造業は0.68から0.76，建設業が1.43から1.94，運輸通信業が0.21から0.47と増加している（表6-17）。これらの産業では，われわれの想定では投資不足ということになる。他方，卸売・小売業は，2.64から2.19，金融・保険業が，1.16から0.88，不動産業が，0.69から0.35まで低くなっており，これらの産業は，われわれの想定がやや過剰投資ということを意味する。

そこで，2016年以降毎年，製造業及び運輸・通信業は想定値よりそれぞれ40億円，30億円を増分させている。卸売・小売業，金融・保険業，不動産業についてそれぞれ，2016年以降毎年想定値より3億円，2億円，15億円減少させるという投資調整を行った。個別産業の調整を一定行ったあとの全体でみた資本生産性は，0.58（2009年）から0.65（2030年）と上昇傾向にあり，投資不足改善の余地がある。特に農業において，産業振興策により投資不足が予想され，修正を必要としている。

注

(1) 改正高齢者雇用安定法（平成25年4月1日）は，65歳までの高齢者雇用確保措

置として，①65歳まで定年年齢の引き上げ，②希望者全員を対象とする65歳までの継続雇用制度の導入（ただし経過措置あり），③定年制の廃止，という3つの措置のいずれかの実施を義務付けている。このうち継続雇用制度は，事業主が，雇用している高年齢者を本人の希望によって定年後も継続して雇用する制度で，定年でいったん退職とし，新たに雇用契約を結ぶ「再雇用制度」と，定年で退職とせず継続して雇用する「勤務延長制度」の2つがある。高齢者雇用確保措置は，2025年に厚生年金（報酬比例部分）の受給開始年齢の65歳完全実施に基づく措置であるが，65歳定年延長を義務化するものではない。

(2) 高齢者雇用確保措置は，要するに雇用期間延長のための一連の政策であるから，以下では，簡単に「雇用延長政策」と呼ぶことにする。

(3) 人口変数のパラメータ値については，第2章の表2-5及び表2-6を参照。

(4) 震災前における被災自治体別の基盤産業及び準基盤産業については，第3章1節を参照のこと。

(5) 投資調整の基準としては，震災前（2009年）の資本生産性と2030年の産業振興策を実施したときの資本生産性の差を，原則として，製造業を0.15，その他産業を0.2とした。

(6) マクロ的にみた資本生産性の上昇を修正できない原因の1つは，製造業の資本生産性の修正を行っていないためである。資本生産性の変化は，それほど大きくないが上昇しており，投資不足は明らかである。製造業の資本ストックの絶対額が大きいため，投資調整をしない場合，マクロ的に資本ストック不足が発生することになる。

終　章

実証分析のまとめと政策評価及び政策提言

　第1章は，本書における実証分析の屋台骨ともいうべき地域産業連関分析について表作成方法も含めて説明し，第2章から第6章で，5つの被災自治体の長期的な労働市場の動向に焦点をあてながら，多面的な実証分析の過程と結果について論述した。本章では，実証分析の主要な結果を整理し，それをもとに，5被災自治体の経済復興計画について政策評価を行い，最後に政策提言を述べて本書のまとめとしたい。

1　地域社会の持続可能性を担保する人口規模

　被災自治体が将来において持続可能な地域社会を実現する場合，それを担保する人口規模の目標値を設定する必要があり，そのためにはまず，将来人口の推計が不可欠である。

　コーホート変化率法を使って将来人口を推計すると，多賀城市を除く4被災自治体の将来推計人口は，2050年には2010年比で50％〜70％減少し，その後も人口減少が続き，多くの被災自治体が，2050年以降地方都市の崩壊過程に入ると予想される。

　被災自治体の人口減少傾向が続いているのは，出生数の減少と若い世代のコーホート変化率の低さにある。出生数減少の要因は，女子有配偶率の低下も1つの要因であることは全国の傾向と同様であるが，15〜49歳女性人口の大幅流出が大きく影響している。将来の出生数を増やすためには，「出生率（婦人子ども比）の上昇」と「15〜49歳女性人口の増加」に着目することが特に重要で

ある。

　若い世代のコーホート変化率については，宮古市・釜石市では，男女とも15〜19歳及び20〜24歳年齢層のコーホート変化率の極端な低さにどう対応するかが課題である。塩釜市の場合は，男女とも，20〜24歳，25〜29歳及び30〜34歳のコーホート変化率が相対的に低い状況への対応が必要である。多賀城市の場合は，25〜29歳及び35〜39歳の男性コーホート変化率が相対的に低い状況に対応する必要がある。南相馬市の場合，男女とも特に20〜24歳年齢層のコーホート変化率の低さへの対応が重要である。

　婦人子ども比と若い世代のコーホート変化率を現実的な範囲で高めて，持続可能な地域社会を担保する定常的な人口は，宮古市が24,000人台，釜石市14,000人台，塩釜市20,000人台，多賀城市が45,000人台，南相馬市が，2015年に全員帰還する場合は38,000人台，2015年の帰還率が50％であれば，28,000人台である。南相馬市の場合，帰還率が将来推計人口に影響を与えるが，たとえ帰還率が低くても将来的には定常的人口に持っていくことは可能である。

2　震災前の被災自治体における地域経済の現状と特徴

（1）　被災自治体の基盤・準基盤産業

　被災自治体における生産や雇用の増加を実現するためには，域外に対する競争力を持つ基盤産業（移輸出産業）を選定し振興をはかり，域内における経済波及効果を強めていくことが重要である。

　各被災自治体における基盤産業の選定にあたって，域外からどの程度マネーを稼ぐことができるかという「競争力」の視点，稼いだマネーを地域内で循環させる「域内への生産波及」の視点，地域経済成長を規定する「移輸出の規模」の視点という3つの視点から検討することが重要である。

　3つの視点に基づき，競争力の観点から「RIC指数≧0」，域内の生産波及効果が一定以上あるという観点から「影響力係数≧1」，移輸出力が一定以上あるという観点から「移輸出≧10億円」，という3つの条件をすべて満たす場合，

その産業を「基盤産業」と選定した。また,「影響力係数≧1」の条件は満たさないが,「RIC指数≧0」と「移輸出≧10億円」の2つの条件を満たす産業を「準基盤産業」と定義して選定した。「準基盤産業」は域外から資金を獲得する有力な移輸出産業で域内生産額と雇用にも大きな影響を与えるので,「基盤産業」相当とみなすことができる。

被災自治体ごとの基盤・準基盤産業の選定結果は以下のとおりである。

- 宮古市では,水産食料品,パルプ・紙・木製品,電子部品,宿泊業の4産業が基盤産業,漁業,金属製品の2産業が準基盤産業であった。
- 釜石市では,水産食料品,鉄鋼,一般機械,運輸の4産業が基盤産業,漁業,電子部品,電力・ガス・熱供給の3産業が準基盤産業であった。
- 塩釜市では,水産食料品と鉄鋼の2産業が基盤産業であり,輸送機械と医療・保健・社会保障・介護が準基盤産業となった。
- 多賀城市では,パルプ・紙・木製品,電気機械,電子部品,水道・廃棄物処理,運輸,飲食店の6産業が基盤産業,不動産が準基盤産業であった。
- 南相馬市には,多くの基盤・準基盤産業が存在する。農業,パルプ・紙・木製品,電気機械,電子部品,精密機械,電力・ガス・熱供給,水道・廃棄物処理,宿泊業が基盤産業,その他の製造工業製品,不動産,教育・研究,医療・保険・社会保障・介護,その他の対個人サービスが準基盤産業にそれぞれ選定され,選定総数は13産業にのぼった。

(2) 被災自治体の雇用の決定要因

地域全体の雇用量は,独立支出である一般政府消費支出,公的固定資本形成,民間投資,移輸出などによって規定されている。そして,独立支出項目の中で,どの被災自治体も移輸出の雇用創出効果が一番大きい。

震災前において,就業者の多い産業は,どの被災自治体も非常に共通している。「医療・保健・社会保障・介護」,「公務」,「教育研究」など公的サービス産業,「建設業」,第3次産業のうち,「商業」,「対事業所サービス」,「飲食店」,

「運輸」,「その他対個人サービス業」などが,雇用の大きな受け皿になっている。雇用の受け皿としては,第3次産業が大きな役割を果たしているが,第3次産業の雇用創出に大きな影響を与えるのは,製造業の移輸出と一般政府消費支出である。

　どの被災自治体においても,移輸出額の大きい産業は,製造業など第2次産業が多くを占めている。製造業などの移輸出の増加は,生産誘発効果による各産業の粗付加価値の増大を通じて,雇用者所得を増やし,家計消費支出が増大する。家計消費支出では,各種サービス財への支出のウエイトが高いので,第3次産業の生産と雇用を誘発することになる。

　製造業などは,直接の雇用の受け皿としての役割は必ずしも大きいというわけではないが,雇用者所得誘発効果をとおして,第3次産業の雇用創出に大きな役割を果たしている。震災前において,製造業が,移輸出を通じて地域の雇用創出に多大な影響をもたらしていたことを認識する必要がある。

　一般政府消費支出が雇用に与える影響も大きく,医療・保健・社会保障・介護や教育・研究等公的サービス関連産業のみならず第3次産業における民間の業種にも雇用を創出するという広がりがある。公的固定資本形成の雇用創出効果は,建設業が中心で広がりに欠ける。民間投資も公的固定資本形成と同様な性質を持っている。一般政府消費支出が第3次産業の雇用の受け皿として大きな役割を果たしていることに特に留意する必要がある。

　被災自治体の雇用の多くは第3次産業で創出されているが,第3次産業の雇用は,製造業などの移輸出及び一般政府消費支出に大きく依存しているという視点を理解することが,震災後の経済復興のあり方を考える上で重要である。

(3) 地域間経済関係の視点と雇用保障

　被災地住民の雇用機会は,自地域で完結しているわけではない。地域外で働いている人もいれば,地域外から自地域に働きに来ている人も多い。雇用保障は,地域間経済関係も念頭におきながら議論する必要がある。

　宮古市と釜石市は周辺地域に多くの雇用機会を提供している。このことは,

終　章　実証分析のまとめと政策評価及び政策提言

それぞれの市と周辺地域とで多様な社会経済関係の構築が歴史的に営まれ，その結果，相対的に自立した地域経済圏が形成されたといえる。

　両市が力強く経済復興を推進すれば，周辺地域の経済復興，特に雇用創出に大きな影響を与える。両市は，沿岸地域の自立的地域経済圏の再生という視点から，自地域の住民の雇用機会の保障のみならず周辺地域の住民の雇用機会も創出することも視野に入れながら，経済復興を強化する必要がある。

　塩釜市と多賀城市では，多くの住民が仙台市で雇用機会を得ている。また，多賀城市と塩釜市及び利府町は雇用において相互依存関係が強い。両市はともに，七ヶ浜町に多くの雇用機会を提供している。塩釜市と多賀城市は，雇用動態という視点からみると，仙台市に強く依存し，多賀城市・塩釜市・利府町の2市1町の相互依存関係も強く，かつ七ヶ浜町など周辺地域の雇用の受け皿にもなっており，3つの重層的経済関係を内包している。

　両市の雇用は，仙台市の経済に強く依存しているため，自らの経済復興推進に消極的であっても，自地域居住の就労者が急速に減少するわけではない。他方，自らが経済復興政策を促進しても，雇用の創出分が他地域に漏れ，地元住民の雇用創出は限定される面もある。

　今後人口減少が見込まれるなか，住宅費の低下など仙台市の居住環境が質的に改善されることがあれば，両市におけるベッドタウンとしてのメリットが薄れ，仙台市への人口一極集中という現象が生まれるかもしれない。このような現象が生まれれば，両市とも地域社会の空洞化の危機にさらされることになる。地域社会空洞化の危機に対応するためには，「職住近接」の体制を強化し，地域内の産業振興に力をいれ，「2市1町」の広域的連携も視点に入れながら，相互の相乗効果によって雇用創出を目指す必要がある。

　南相馬市は相馬市とともに相双地域の中心都市を形成していることを反映して，雇用の面からみると，相馬市との相互依存が一番強い。また浪江町との相互依存関係も強く，原発関連事業所があった福島原発周辺の地域で多くの雇用機会を得ていた。他方，飯舘村や新地町など原発関連事業所がないところには雇用機会を提供していた。

235

南相馬市の場合，これまで，原発関連事業所のある地域に雇用機会を得ていたことが大きな特徴であったが，原発災害後は，それを望むことはできない。相馬市との地域間経済関係に今後とも大きな変化がないとすれば，震災前に原発関連事業所のある地域に依存していた雇用の受け皿を，南相馬市自体が創出していかねばならないことになる。

　宮古市と釜石市は，それぞれが自立的な地域経済圏の中心的地方都市を形成しており，自地域のみならず周辺地域の雇用創出も視野に入れながら，労働市場問題に対応する必要性がある。塩釜市と多賀城市は，雇用創出において仙台市に依存せざるをえないが，将来における地域社会の空洞化を避けるためには，「2市1町」の広域連携で雇用創出の相乗効果を発揮し，経済的自立性を高めていく必要がある。南相馬市は，これまでは福島原発周辺地域が重要な「雇用の受け皿」先であったが，原発災害後それが不可能になり，南相馬市自身でそれに代わる雇用の受け皿を作っていく必要がある。

　このように，地域間経済関係から派生する雇用創出に関するそれぞれの被災自治体独自の課題は，経済復興政策を考える上での重要な論点となる。

3　震災・原発被害による被災実態と復興計画の残された課題

(1)　従業者数からみた事業所の被災実態と戦略的発想の必要性

　震災後の被災地域における従業者の減少状況をみると，特定の産業に集中しているのではなく，多くの産業で幅広く相当数減少し，その中でも第3次産業の従業者減が顕著であるという事態が発生している。このことは，特に第3次産業の雇用を改善する必要性を示している。しかし，第3次産業の振興は，上述したように，独立支出の生産誘発効果から派生する雇用者所得効果に依拠しており，独自の産業振興策を推進しても，経営が改善し従業者が増加するわけではない。

　地域マクロ経済を産業連関分析の視点から捉え，移輸出を促進するなど独立支出をコントロールしながら，それが産業間に波及する経済効果やそこから派

生する所得効果によって経済復興を実現し，産業全体の雇用改善を促すという戦略的発想が重要である。

（2） 民間資本ストックの毀損状況と民間設備投資動向の現状

当該地域の全民間事業所数に占める廃業・非再開民間事業所数の割合を示す廃業・非再開率は，宮古市12％，塩釜市・多賀城市20％，釜石市29％，南相馬市45％である。各地域の廃業・非再開事業所及び被災再開事業所の民間資本ストックの毀損額が，震災前の民間資本ストックに占める割合を示す毀損率でみると，宮古市47％，釜石市65％，塩釜市48％，多賀城市29％，南相馬市35％である。地域差はあるが，各被災地の民間資本ストックは，相当の毀損を生んでいることになる。

廃業事業所のみならず被災再開事業所の民間資本ストックの毀損額を考慮すると，被災地域の生産能力の落ち込みは，3割台から6割台に達しており，地域経済の供給基盤は大きく損なわれていることがわかる。

地域の生産能力がどの程度回復するかは，被災再開事業所を中心として，毀損した民間資本ストックがどの程度回復するか，すなわち民間設備投資の今後の動向に大きく左右されることになる。

民間設備投資動向に関して，岩手県が被災民間事業所を対象に定期的に実施している実態調査が有益な情報を提供してくれる。岩手県の実態調査を考察すると，復旧状況に次の3つの特徴があることがわかる。

①どの産業においても，生産施設の復旧状況が着実な民間事業所がある一方，廃業も含めて，いまだ生産施設の復旧に大きな遅れがみられる民間事業所が過半数という「二極化」の状況が進んでいる。
②建設業以外の産業においては売り上げが着実に増加し，震災前の水準を回復している民間事業所もあるが，売り上げ落ち込みの回復も遅く，売り上げの落ち込みの状況が膠着化している民間事業所も多数存在するという「二極化」の様相が売り上げ状況にもみられる。

③民間事業所が直面する問題は，需要不足，労働不足，資金不足の「3つの不足」である。

　多くの民間事業所が，売り上げ落ち込みの膠着状態にあり，将来の利潤率の確保に確信が持てないため，生産施設復旧のための民間設備投資拡大に踏み切れないという実態が浮かび上がってくる。売り上げの落ち込みから脱却できない原因は，ⅰ）財・サービスの購入が少ないという需要不足，ⅱ）需要はあっても人手不足あるいは経営者自身の高齢化などによって生産を増やすことができない，ⅲ）現況の売り上げ停滞や二重債務問題等で資金調達がうまくいかず，生産体制を拡大して生産を増やして売り上げ増に結びつけることができない，などが考えられる。

　しかしながら，民間設備投資に関するわれわれの見通しでは，たとえ，被災再開事業所が毀損した資本ストックを震災前の水準まで回復させたとしても，多くの産業では資本生産性の低下は起こらず，利潤率が維持される。このことは，設備投資行動や売り上げ等について産業内の「二極化」は今後も続くと思われるが，産業という「くくり」でみると，需要不足は起こらず，人手不足や後継者問題，資金不足などがクリアされれば，地域産業としての再生は十分可能であると思われる。

（3）　移輸出産業の被害状況と政策的課題

　宮古市においては，漁業及び水産食料品，電子部品，宿泊業において被害が顕著であり，これら4つの産業の移輸出回復が重要である。

　釜石市では，基幹産業である鉄鋼・一般機械・電力・ガスが健在であることが大きな希望である。移輸出額が比較的大きい漁業の他に，水産食料品，飲食料品，電子部品，パルプ・紙・木製品など20〜50億程度の移輸出額規模を持つ製造業に被害が及んでおり，これらの産業の立て直しを必要としている。

　塩釜市は，水産食料品産業，対個人サービス業及び宿泊業に被害が現れており，移輸出額が大きい水産食料品の再建が何よりも優先課題である。

終　章　実証分析のまとめと政策評価及び政策提言

　多賀城市は，電子部品，その他の製造工業製品，金属製品などの製造業で被害が大きいのみならず，移輸出額の大きな第３次産業のいくつかの民間部門の産業，例えば不動産，飲食店，その他対個人サービスや対事業所サービスなどが大きな打撃を受けており，第３次産業の再生という独自の課題がある。

　南相馬市は，基盤産業で移輸出額が大きい電力・ガス・熱供給が健在であることが１つの希望である。しかし，特定の業種というより，20億円程度から100億円の移輸出規模を持つ多業種の製造業に被害が及んでおり，製造業の全体を再建することが課題である。なお，その他対個人サービス業などで被害が大きいが，どの程度再建されるかは，「帰還問題」という独自の課題と大きくかかわる。

（４）　復興特需の経済効果

　復興特需の柱である公的固定資本形成の大幅増により建設業の付加価値増大は著しいが，それ以外の産業については，一部を除いて，波及効果の広がりはあまりみられないというのが共通した現象である。

　宮古市の木材，釜石市の鉄鋼業・はん用機械器具などの付加価値増大は，地域外の復興特需で移輸出が増大したことによる。宮古市の生産用機械器具の付加価値の回復は，復興過程における民間投資の増大による。釜石市及び塩釜市の食料品製造業などでの付加価値の顕著な回復は，復興政策のうち補助金政策の効果が考えられる。多賀城市及び南相馬市では顕著な回復をみせる産業がほとんどない状況である。

　復興政策及び復興特需の経済効果は建設業に集中的にみられ，また地域によっては，製造業のいくつかの産業への経済効果を読み取ることができる。しかし，その他多くの産業への経済効果については，上述したように付加価値データでみる限り，それほど大きいというわけではない。

（５）　被災自治体の復興計画の限界と残された課題

　雇用問題に焦点をあてながら，経済復興政策を考える場合，現行の被災自治

体の経済復興計画には，4つの限界がある。

　第1に，多くの被災自治体が，復興計画期間を10年と設定し，復旧期，再生期，発展期と3期に区分して，復旧復興を目指しているなか，復旧期及び再生期の計画ビジョンは示されているが，復旧・再生期から発展期への転換について，具体的展望を十分に示すには至っていない。

　第2に，個別産業ごとに産業振興の施策は提起されているが，個別産業振興策を実施しても地域が必要とする雇用が創出されるという保障はない。雇用創出目標を設定して，独立支出をコントロールしながら，産業及び市民生活への経済的波及効果を通じて，産業全体でその目標を実現していくという産業連関分析的発想がない。

　第3に，復興計画は，人口減少という地域経済の空洞化にとって致命的な問題についてしっかりした政策の基本的方向性を持っていない。

　第4に，持続可能な社会経済の実現に不可欠な定常的人口目標の設定に基づく労働供給と，それに見合った労働需要を確保するという労働市場の将来像が示されていない。

　被災自治体の現行の経済復興計画の「4つの限界」を克服し，長期的視点から経済復興政策のあり方について，再考することがわれわれの分析課題である。

4　経済復興過程における地域経済の長期的見通し

(1)　経済復興過程における市内生産額の見通しと問題点

　現在の復興計画を前提とした場合，市内の経済状態はどのように推移するのか，経済復興過程における市内生産額の見通しについて，われわれのシミュレーション結果を示す。

2015年について

　2015年の市内生産額を震災前（2009年）と比較すると，次のような見通しが得られる。まず，マクロの市内生産額は，宮古市，釜石市，塩釜市で大幅に増

加するが，多賀城市や南相馬市では減少すると予想される。次に，産業別の市内生産額をみると，建設業は，すべての地域で大幅に増加するが，第1次産業及び製造業では，どの地域も減少している。第3次産業は，宮古市，釜石市，塩釜市では増加するが，多賀城市と南相馬市は減少する。

　これらの見通しは，復興需要による市内生産額増加の経済効果が移輸出停滞など市内生産額減少の経済効果を上回るかどうかに基本的には依存する。宮古市，釜石市，塩釜市では前者が後者を上回り，多賀城市や南相馬市では下回るということが反映している。

2020年について

2020年に至ると，いずれの地域もトータルの市内生産額が大幅に減少する。これは，復興需要が消滅することによる。産業別にみると，地域によって，市内生産額の変化にバラつきがみられるのは，復興需要消滅による負の直接間接経済効果と移輸出回復による正の直接間接経済効果の複合的結果のためである。

2030年について

2020年から2030年にかけて市内生産額の減少傾向は，多賀城市を除いて続いている。2020年から2030年の市内生産額の減少幅は，2015年から2020年の減少幅より小さくなるが，産業別の市内生産額をみると，第3次産業で宮古市，釜石市，塩釜市の減少率が10％前後に達しており，第3次産業の市内生産額の減少に歯止めがかからない状況が続いている。これは，2030年段階になると，人口減少が顕著になり，人口減少による家計消費支出の減少が，第3次産業に大きく影響するためである。

長期的経済動向を規定する独立支出

　被災地の長期的経済動向には，公的固定資本形成を中心とする復興需要，移輸出，人口減少による家計消費支出という3つの独立支出項目の変動が大きく影響を与えることになる。

復興需要により市内生産額の増加は一時的に可能であるが，復興需要のみでは地域経済は再生することはできない。長期的にみると，移輸出回復を着実に実現すること，人口減少に歯止めをかけ，家計消費支出の減少を最小限にすることが政策的に不可欠である。

（2）　経済復興過程における労働市場の長期的見通し

　宮古市と釜石市の労働市場は，2015年の大幅な超過需要から，2020年には宮古市では超過需要状態は続くが相当に緩和し，釜石市では超過供給の状況が生まれる。これは復興特需がなくなり，雇用創出効果が消滅することによる。

　2030年には両市とも，慢性的な労働力不足状況が予測され，労働力不足による供給制約が，地域経済の停滞要因になる可能性がある。労働力不足は，地域経済の活性化の結果発生するわけではない。2030年になると，人口減少と地域社会経済縮小のスパイラル現象が発生する過程で労働力人口の減少率が就業者の減少率を上回る結果，労働市場がひっ迫するのである。このような労働市場のひっ迫状況は，決して望ましいものではない。

　宮古市と釜石市は，労働市場の需給状況は変動を繰り返しながらも，長期的にみると，ひっ迫状況が主要な側面となる。労働力不足が地域経済のいっそうの経済停滞をもたらす可能性があり，労働力人口の減少にいかに対応するかが大きな課題である。

　塩釜市の場合，2015年の労働市場は超過需要状態であるが，2020年，2030年は超過供給の状況が予想される。2020年は，2015年と比較した市内生産額の減少幅が大きいので，労働力人口の減少以上に労働需要が減少し，超過供給の状態になっている。2030年は，2020年に比して労働需要の減少より労働力人口の減少が大きいが，超過供給の解消までには至らない。

　塩釜市の場合，市内外間の労働移動が比較的容易であり，市内の労働市場の変化は市外の労働市場動向に大きく左右される。したがって，将来的に市外の労働市場がひっ迫する一方，市内における労働市場の超過供給状態が続けば，市外へ労働力が流出し，超過供給は容易に解消する可能性がある。

終　章　実証分析のまとめと政策評価及び政策提言

　このことは，塩釜市の人口が減少し，地域社会の空洞化を加速させる危険性を内包している。塩釜市が，将来の労働力流出を抑制し，自立的な地域経済の確立を目指すためには，「職住近接」の市内の雇用機会の基盤を拡大し，労働需要を増やすことによって，2020年以降の労働市場の超過供給状態に対応していくことが課題になる。

　多賀城市の場合，労働力の過剰供給が時間とともに増加していくことが，塩釜市の労働市場とは違う1つの大きな特徴である。この現象は，他地域と違って労働力人口の減少が穏やかで，従業地ベースの就業者数の減少率が労働力人口の減少率を上回るためである。しかし，労働力人口の減少が穏やかであるということは多賀城市の大きなメリットであり，いかにそれを地域経済の活性化に生かすかが重要である。

　多賀城市は，塩釜市以上に多くの人が市外で雇用機会を得ており，市内の労働市場は市外の労働市場動向に大きく影響を受けざるをえない。もし，大都市である仙台市の労働市場が将来超過需要の状態になれば，多賀城市の労働力人口が仙台市に流出していく可能性もある。塩釜市と同様，市内の雇用機会を増やし，労働需要を増やすことによって，労働市場の超過供給状態を解消することが望ましいが，塩釜市と違うところは，労働力の過剰供給が時間とともに増加するので，市内の雇用機会を抜本的に増やす施策を必要としていることである。

　南相馬市の場合，帰還率が長期的に労働市場動向に影響を与える。2015年段階で帰還率が100％のときは，2020年段階でも2030年段階でも労働市場の超過供給状態が深刻で，相当の移輸出を増やし，市内生産額を大幅に増加させる抜本的な産業振興政策が必要になる。帰還率50％の場合は，2020年に労働力の過剰供給がみられ，2030年には労働市場は超過需要になることが予想される。帰還率によって労働市場の動向は大きく変動するので，帰還状況を把握しながら，雇用問題を考えなければならないところが南相馬市独自の課題である。

5　人口増と雇用延長がもたらす労働市場の長期的動向

　現行の経済復興政策では，人口減少が続き，自治体としての存在基盤が大きく揺らぐことは必定である。しかし，どの被災自治体も，上述したように，地域社会の持続可能性を担保する「定常的人口」へ，将来的に収束していくことは十分可能である。

　地域社会の持続可能性を担保するために，人口増促進政策が展開され，目標とする人口増を実現していくことが不可欠である。

　他方，日本は高齢社会が本格化し，現役引退後の高齢者の生活保障をどうするかという深刻な問題を抱えている。高齢者の生活保障の「かなめ」は，公的年金制度であるが，公的年金の長期的な財政基盤は大きな揺らぎをみせている。このような状況の中，公的年金の支出を削減し，財政構造の健全性を維持するために，年金給付の開始時を段階的に65歳に引き上げることが決定された。それに連動して，65歳までの雇用延長が法的に義務化され，65歳雇用延長を実体的に定着させることが不可欠となっている。

　人口増と雇用延長は，労働供給を増やすことによって地域での労働市場が超過供給に陥り，雇用不安をもたらす可能性がある。雇用不安は，特に若い人が地域に定着することの大きな阻害要因であり，人口増自体が困難になる。人口増と雇用延長によって労働供給が増加した場合，各被災自治体における労働市場の見通しはどうなるかの検討が必要になる。

　われわれの分析では，雇用延長政策と人口増促進政策が成果をあげるとすれば，2020年段階で，すべての被災地域は労働市場が超過供給状態に陥る。南相馬市は帰還率が50％であっても超過供給である。

　2030年段階では，宮古市のみが労働市場は超過需要状態である。釜石市は，労働市場は超過供給の状態ではあるが，その状況は，2020年と比べると相当に緩和される。2030年段階で，宮古市と釜石市では，人口増と雇用延長によって，それらがないケースに比べると労働力人口は増加するが，この段階ではまだ人

口減少の趨勢は続いており，それを反映して労働力の減少傾向に歯止めがかかるには至らない。したがって，労働力人口減少に基づく労働市場の超過需要状態が特に宮古市に現れ，釜石市では，超過供給の状況ではあるが，相当緩和されるのである。

　塩釜市及び多賀城市の場合，2030年段階では労働市場はいずれも超過供給の状態が深刻化し，特に多賀城市は超過供給が大幅に増加する。両地域の労働市場における超過供給状態は，労働力人口の急減という事態が発生しないことによる。このことは，地域経済にとっては好ましいことであり，労働力人口に見合った労働需要をいかに確保するかが大きな政策課題になる。

　南相馬市の場合，帰還率が50％と想定したとき，2030年段階では労働市場の超過供給に変わりはないが，2020年段階と比較すると相当の減少になる。帰還率がもっと上昇する場合は，2030年段階でも労働市場の超過供給が顕著になると予想される。

　2020年の労働市場の超過供給状態は各市にほぼ共通するところであり，各地域の基盤産業を中心に産業振興策を強化して移輸出を促進し，雇用機会の創出によって労働需要を喚起することが重要となる。

　そこでわれわれは，各地域の基盤産業を中心とした産業の移輸出が，震災前水準までに早期回復するということを目標にして産業振興政策を展開したとき，2020年及び2030年における各地域の労働市場の需給状況はどうなるのか，また労働市場の均衡をはかるにはさらにどのような政策が必要かを検討した。

6　持続可能な地域社会実現のためのシミュレーション分析

（1）宮古市

　宮古市の基盤産業[1]は，漁業，水産食料品，パルプ・紙・木製品，金属製品，電子部品，宿泊業の6産業である。このうち，パルプ・紙・木製品，金属製品はほとんど被害がなかった。被害のあった4つの産業について，移輸出が，2020年までに震災前の水準を回復し，2030年以降は6つのすべての基盤産業が

震災前の移輸出水準を維持するとした場合，労働市場は，2020年には労働過不足が498人のプラス，2030年には303人のマイナスになる。自然失業率を勘案すると，2020年の労働市場はほぼ均衡状態である。2030年は超過需要の状態であり，周辺地域からの雇用の受け入れが可能であれば，労働市場の均衡を維持することができる。

　基盤産業が，震災前の移輸出水準を回復しそれを維持し，周辺地域との連携による宮古地域経済圏を確立することができれば，宮古市は持続可能な地域社会の土台を固めることができる。

（2）　釜石市

　釜石市の基盤産業は，漁業，水産食料品，鉄鋼，一般機械，電子部品，電力・ガス・熱供給などである。このうち，2015年段階の移輸出回復率は，漁業，水産食料品は7割台，電子部品が2割台であるのに対して，パルプ・紙・木製品は壊滅状態に近いきわめて低い回復率で，テコ入れが不可欠である。そこで，基盤産業のうち，被害が大きかった漁業，水産食料品，電子部品及び被害が甚大であったパルプ・紙・木製品の4産業に焦点をあてて産業振興策を展開し，4産業の移輸出が2020年に震災前の水準を回復し，2020年以降は，すべての基盤産業の移輸出が震災前の水準を持続的に維持すると想定する。

　このとき，労働供給の過不足は，2020年が104人のマイナス，2030年が688人のマイナスになり，労働市場は超過需要の状態になる。4産業の移輸出の震災前の水準回復が，雇用創出に寄与し，労働需要が増大することはいうまでもない。2020年段階で釜石市の基盤産業がすべて，震災前の移輸出水準を回復すると想定した場合，移輸出額が増加することによって，商業マージン及び運輸マージンも増大し，さらに商業，運輸の移輸出も増大し，商業及び運輸において雇用が創出され労働需要が増大することも見逃せない。

　労働市場が超過需要状態にあるため，周辺地域からの市外居住市内従業の就業者を増やして，常住地ベースの労働市場の均衡を維持する必要がある。そのためには，釜石地域経済圏の着実な発展が望まれる。基盤産業の再生と釜石地

域経済圏の確立によって，持続可能な地域社会の基盤が確立される。

（3）塩釜市

　塩釜市では，人口増と雇用延長によって労働市場の超過供給状態が慢性化するので，相当の労働需要拡大を目的に，移輸出促進の対象となる重点産業を抽出する必要がある。

　塩釜市は，基盤産業として，水産食料品，鉄鋼，輸送機械，医療・保健・社会保障・介護が抽出される。医療や福祉の移輸出をさらに増やすことを想定することはできないので，まずは，それ以外の基盤産業を重点産業とする必要があるが，水産食料品以外の基盤産業は十分に育っていない。しかし，将来的には基盤産業の広がりと厚みをつけることは不可欠であるから，発展途上の基盤産業である鉄鋼，輸送機械も含めて，「3つの基盤産業」を重点産業として，移輸出促進の支援を行うとした。

　具体的には，震災前と比較して，2020年に1.2倍の移輸出を実現すると想定してシミュレーション分析を行ったが，労働市場の超過供給の改善効果はあるが，解消までには至らず，さらなる重点産業の抽出が必要である。そこで，地域資源を生かした将来性のある産業として，漁業及び観光産業を抽出した。観光産業の活性化によって，その他個人サービス業，宿泊業，飲食店の移輸出額は相当に増えると想定する。

　3つの基盤産業の積極的振興と漁業の移輸出促進及び観光産業の振興を同時に実行し目標を実現できれば，労働市場の超過供給状態は相当に解消される。われわれの分析では，労働供給過不足は，2020年に799人のプラス，2030年に396人のプラスまでに改善する。自然失業率を勘案すると，いずれの時期も労働市場は均衡状態を達成することができる。

（4）多賀城市

　多賀城市の場合，人口増と雇用延長が実現されたとき労働市場の超過供給状態は相当に深刻になるため，労働需要を抜本的に増加させる総合的産業振興策

が必要になる。

　多賀城市の基盤産業は，パルプ・紙・木製品，電気機械，電子部品，水道・廃棄物処理，不動産，飲食店などである。まずは基盤産業の振興策が最優先の課題であり，基盤産業の移輸出促進を目指し，震災前と比較して移輸出額を1.2倍に増加させる支援政策が必要になる。しかし，これだけでは労働市場の超過供給状態は解消されないので，さらに産業振興策を追加する必要がある。

　基盤産業ではないが移輸出が多い産業として，金属製品，その他製造業，対事業所サービスがある。これらの産業の域際収支は赤字であるが，移輸出が多ければ地域の雇用創出拡大に貢献するので，これらの産業において比較優位を持つ企業を抽出して支援強化することによって，当該産業の移輸出が震災前の水準を回復することを目指す。

　多賀城市はこれまで観光政策に弱さがあったが，多賀城跡地の整備など観光資源の開発が活性化しており，観光客を増やす可能性が十分にある。そこで，観光客を増やし，観光産業を構成するその他対個人サービス業や宿泊業の移輸出を震災前の1.2倍まで増加させる。

　全国的に情報化産業の発展は目覚ましいものがあるにもかかわらず，多賀城市の情報通信産業はほとんど移輸出がなく，域際収支は大幅な赤字である。情報通信産業の新規参入を促し，移輸出の拡大を目指す必要がある。当面移輸出規模10億円を目指して企業誘致を行う。

　このように，基盤産業の振興，金属製品，その他製造工業品，対事業所サービス産業で比較優位を持つ企業の移輸出促進，観光産業の活性化，情報通信などの新規産業の誘致を総合的に展開することによって，人口増雇用延長下の労働市場の超過供給状態をある程度解消することが可能となる。

　われわれの分析では，2020年の労働過不足は1,074人のプラス，2030年が1,273人のプラスとなり，自然失業率を勘案すると，労働市場の均衡状態に近づく。しかし，労働市場はなお超過供給の傾向がみられ，その状況を解消するためにはいっそうの移輸出促進型の企業の新規参入などを推進する必要がある。

(5) 南相馬市

　南相馬市の場合，帰還率70％ぐらいを前提に，労働市場の超過供給を解消する産業振興策を検討した。

　南相馬市は，震災前には，多くの基盤産業が存在していたということが大きな強みであり，これら基盤産業の移輸出水準を震災前までに回復することができれば，労働市場の超過供給の状況は解消し，南相馬市の将来は一定の明るさをとりもどすことができる。

　南相馬市の基盤産業は，農業，パルプ・紙・木製品，電気機械，電子部品，精密機械，その他の製造工業製品，電力・ガス・熱供給，水道・廃棄物処理，不動産，教育・研究，医療・保険・社会保障・介護，宿泊業，その他の対個人サービスなど多業種にまたがっている。

　基盤産業のうち，震災及び原発の被害が軽微で健在である産業は，2020年段階でも震災前の移輸出水準を維持すると想定する。他方，被害が大きかった産業として，農業，電子部品，その他製造工業製品，不動産，教育研究，宿泊業，その他の対個人サービス業があげられるが，これらを重点産業として産業振興策を強化し，2020年までに震災前の移輸出水準回復を実現させる。

　このとき，帰還率が70％の場合，労働の供給過不足は，2020年に559人のマイナス，2030年に690人のマイナスになり，労働市場は超過需要の状況になる。ここで労働市場の超過需要には，市内居住市外従業者が含まれる。しかしながら，震災と原発災害以降，この部分の就業は不可能になるので，市内居住市外従業者の労働需要が大幅に減少し，実態的には労働市場のひっ迫状況は相当に緩和すると予想される。

7　被災自治体の経済復興計画の政策評価

　長期的視点からみた各被災自治体の復興計画のあり方について，われわれは，持続可能な社会を実現することを最大の目標として，人口増促進政策・雇用延長政策・産業振興政策という3つの政策を実行に移していくことの重要性を強

調した。そして，3つの政策を同時展開する際，被災地域の人々の雇用保障を可能とする産業振興政策の基本方向性としては，震災前の基盤産業における移輸出水準を着実に回復し，その上で，地域ごとに異なる労働市場需給の長期的均衡を維持するために，新たな基盤産業の育成や地域経済圏の確立が必要であることを明らかにした。このような産業振興政策の基本方向性をベースとして，各被災自治体で取り組まれている経済復興計画の政策評価を行った結果は，以下のとおりである。

(1) 宮古市

宮古市の経済復興の取り組みの特徴は，農業・林業・水産業・商業・工業・観光業別に，「生産施設等の再建」，「担い手の確保・育成」，「生産者の経営再建支援」「産業振興の新たな戦略」という4つの施策の柱をかかげ，きめ細かく施策を展開しているところにある。

このうち，「生産施設等の再建」，「担い手の確保・育成」「生産者の経営再建支援」は，被災した事業所の復旧に重点をおいた供給サイドの支援政策である。供給サイドの支援は重要であることはいうまでもないが，需要不足があれば売り上げが伸びず，経営が復旧途上で行き詰まる可能性がある。供給サイドと需要サイドの両面からの支援が必要である。需要サイドの支援目標は，被害が著しい基盤産業の移輸出水準を震災前まで回復するということである。

「産業振興の新たな戦略」は，発展期の産業振興を見据えた施策ということになる。産業別にみると，林業では「森林の再生と地域材の利用促進」，漁業では「つくり育てる漁業の再生」，工業では「地場企業の育成支援と企業誘致の推進」，観光業では「地域観光資源の再生と復興情報の発信・誘客」などがあがっている。特徴的なことは，地域資源を最大限に生かしながら，産業振興の新たな戦略を模索しようとしている点である。地域資源は地域の個性であり競争力を長期的に維持することのできる最大の武器である。地域資源を生かしながら基盤産業を振興することができれば，震災前の移輸出水準を安定的に維持できると思われる。

終　章　実証分析のまとめと政策評価及び政策提言

　宮古市の地域資源は,「豊かな漁場」,「海岸線にそった美しい景観」,「山林資源の恵み」,「製造業における積極的人材育成の気風」などである。今後これらの地域資源を基盤に,長期的に比較優位を持つ基盤産業の持続的発展のため,産業振興策をさらに強化していく必要がある。

　「パルプ・紙・木製品業」が重要な基盤産業であるが,域内産業連関が薄いという弱さがあり,特に,山林資源に恵まれているにもかかわらず,林業との連関が弱いという問題がある。震災後,仮設住宅の建設に域内の木材が積極的に利用されるなど成果をあげており,今後地域製材の利用促進を地域外に広げていく必要がある。さらに,バイオマス発電に木質チップを利用する動きもあり,製材した木質チップの域外販売も考えられる。域内の山林資源を生かした産業育成を通じて,「パルプ・紙・木製品」産業が地元にしっかり根をはり,産業内の構造変化はあったとしても持続可能な基盤産業になることが望まれる。

　「豊かな漁場」を生かして,基幹産業である漁業と水産食料品を盤石なものにする必要がある。そのためには,「漁業の6次産業化」など漁業と水産食料品業の多様な連関関係の強化が必要である。特に漁業においては,漁師の高齢化に伴う後継者問題などが深刻化し,人材不足により今後生産量が低下するおそれがある。このような事態を避けるためには,漁業の労働生産性を高め,安定した収入が得られ,若い世代が漁業に魅力を感じて参入してくることが重要である。漁業の労働生産性を高めるためには,水産加工機能を高め付加価値を増やす水産食料品業との連携関係が必要である。また,ICT産業との連携によって,地産地消型の販路拡大が必要である。水産食料品業では,ICT技術を駆使したマーケティングに基づく新たな商品開発の努力を不断に行い,移輸出を維持していくことが重要である。ICT産業をコーディネート役としながら,漁業と水産食品業が連携する仕組み作りを支援することは行政の役割である。

　宿泊業は,基盤産業であるにもかかわらず,東日本大震災で大きな被害を受けた。宿泊業の復興は,雇用の受け皿としても重要であり,一刻も早い回復が期待される。宿泊業は観光業の1つであり,宮古市の景観の美しさを生かし,

飲食店，土産物屋など対個人サービス業と一体となった観光の活性化により宿泊者を安定的に大幅に増やすことができる。

電子部品産業の発展は，宮古市の経済と雇用に大きな貢献をするとともに，電子部品関連産業を中心に産官学連携の取り組みが強化され，宮古市の製造業振興に必要な人材育成の取り組みが継続的に行われており，宮古市の製造業の発展に寄与している。

製造業は，グローバル経済の影響を強く受け，宮古市もその例外ではなく，今後電子部品産業が発展し続ける保障はない。必要なことは，電子部品・金属製品など基盤産業を中心に産官学連携の取り組みを行政が積極的に支援し，情報交流の活性化を通じて販路開拓や人材育成を強化することである。

（2） 釜石市

釜石市の復興計画は，「スクラムかまいし復興プラン」と命名され，財政的措置を伴う復旧・復興にむけた具体的取り組みを「12のスクラムプラン」という重点施策として推進することを決定した。このうち，経済復興にかかわる特徴的施策は，「創造的エネルギー対策の推進」（スクラム4），「生活の安心ネットワークの構築」（スクラム5），「新産業と雇用の創出」（スクラム6），「食を支える地域産業の展開」（スクラム8），「商業と交流空間の機能的展開」（スクラム9）などであり，積極的な経済復興政策となっている。

スクラム4は，自然エネルギー供給の多様化による「釜石版スマートコミュニティ」を推進し，地域におけるエネルギーの安定供給と自給率の向上を目指す施策である。スクラム5は，「保健，医療，福祉，介護」分野の向上と連携・ネットワーク化を促進し，医療福祉関連サービスの供給を担う人材育成に力をいれるとしている。スクラム6は，「被災企業の早期復旧」，スマートコミュニティの推進やLNG関連産業，海洋産業など「新産業の創出・集積」及び「企業誘致の促進」が主な施策である。スクラム8は，新魚市場整備を核にしながら，漁業や企業等が連携して「水産業の6次産業化」による魚のまちの復活を重点的施策として位置付けている。スクラム9は，道路交通ネットワーク

整備による交流人口の拡大を生かし、「商業拠点の空間に人のにぎわいをつくり、商業の活性化をはかる」などが主要な施策である。それぞれの「スクラム」が、釜石市の経済復興に大きな役割を果たすためには、いくつかの課題に直面すると考えられる。

　スクラム4は、民間設備投資の増大に一定寄与し、エネルギーの自給率を高めることでは意味のある取り組みであるが、移輸入の代替を目指すだけでは雇用創出効果は限定的であり、移輸出増大を目指したエネルギー産業として育成するかどうかが問われている。スクラム5は重要であるが、保健・医療・福祉・介護サービスの充実をはかろうとすれば、一般政府消費支出の増大が不可避である。公共投資の一部の財源を保健・医療・福祉・介護サービスの充実にふりわければ、雇用の増大にもつながり、財政を悪化させずに、高齢社会充実と雇用拡大の両立が実現できると思われるが、その場合、「予算の組み替え問題」に対応する必要がある。

　スクラム6のうち、被災企業の早期復旧は最優先課題である。特に、製造業における基盤産業の早期復旧が不可欠である。製造業はグローバル化の中で産業構造の変化が激しい産業であるから、移輸出促進型の新産業育成・集積及び企業誘致などの可能性について、不断に検討していくことが課題である。

　スクラム8は、特に、宮古市と同様、漁業の生産性をあげることに力点をおきつつ、基盤産業である漁業と水産食料品業が、新魚市場をコアとしながら多様な連関関係を構築していく必要がある。スクラム9は製造業における基盤産業の移輸出が回復できるかどうかが商業活性化に寄与することを忘れてはいけない。

　スマートコミュニティ構想などを通じた新産業の育成が大きく取り上げられている。しかし、われわれの分析では、スクラム6のうち、被災した基盤産業の製造業企業の集中的復旧及びスクラム8の「さかなの町」の復活が、長期的視点からみて、最も重要な施策ということになる。「基盤産業における移輸出の震災前回復と維持」を経済復興の大きな目標として、多様な支援を強化することが釜石市の優先課題である。

（3） 塩釜市

　塩釜市は，産業・経済の復興の基本方針として，「水産業，水産加工業，港湾関連産業などの基幹産業の再建・復興」，「商工業の再建・復興と観光振興」，「国・県に対する新たな支援制度創設の要請」の3つを提起している。

　特徴的な重点施策を取り上げると，水産業についてはマグロに特化している取り扱い魚種を幅広いものにするため，凍結機能を持つ冷蔵庫整備など魚市場背後地の機能を強化するとしている。水産加工業については，水産加工団地の早期復旧の方策をとり，復興特区制度を活用して，空き区域等への水産加工関連企業等の誘致をはかり，水産加工業の拠点として再生をはかるとしている。

　港湾関連産業の再建にかかわっては，仙台港区と塩釜港区の役割分担を再点検する重要性を指摘している。商工業の復興では，商店街の機能維持と集客力の向上をはかるため，事業の再開支援や新規事業の誘致を推進するとしている。観光については，みなとまち塩釜を体感する観光の再生を目指すため，観光資源の掘り起こしと磨き上げにむけた大型キャンペーンの活用推進を強調している。

　われわれの分析では，塩釜市の場合，水産加工業以外に鉄鋼業，輸送機械を基盤産業として振興し，漁業と観光産業の移輸出を促進していくことが，市民に雇用機会を保障し，持続可能な社会を形成していく上できわめて重要であるということであった。

　このような視点から，重点的施策をみてみると，水産業振興において取り扱い魚種を広げていくという基本的方向性は，大変重要で大いに評価できる。取り扱い魚種を増やすことによって，移輸出拡大を目指すことが期待される。

　水産資源・漁港インフラ・観光資源など塩釜市が持つ地域資源を最大限に生かしながら，水産加工業の拠点化，観光業の活性化を目指すという方向性も重要である。

　残された政策課題として，塩釜港の活用を飛躍的に高めることが必要である。港湾関連産業の再建のみならず，港湾という立地条件の優位性を生かしながら，鉄鋼業や輸送機械などを基盤産業として着実に育成し，製造業分野において競

争力を持つ業種を広げることが課題である。

　また，商業の再生において，新規事業の誘致等の施策が成果をあげるためには，その前提として，製造業や観光業などにおける移輸出拡大が軌道に乗ることが不可欠であるという認識のもとで，施策の展開をはかる必要がある。

(4) 多賀城市

　多賀城市は，経済復興の取り組みとして，産業の再興と新たな雇用の創出をあげ，工場地帯の都市インフラ整備及び三陸縦貫自動車道の4車線化整備と多賀城インターチェンジ整備促進などで競争力を高め，企業立地支援や企業誘致をすすめるための復興特区の検討活用によって，企業誘致に重点をおいた施策を展開している。

　多賀城市は，他地域とは違い，これまでの基盤産業の再生だけでは将来的には就業機会が不足することになるので，企業誘致などによって産業基盤の拡充を行い，新産業育成を重視することは妥当である。

　多賀城市の産業発展の特性である「日常における活発な人口の流入流出」「物流の拠点としての立地」「工場地帯の存在」を生かして，製造業を含む多様な業種の企業誘致が必要である。なかでも「物流の拠点としての立地」と「工場地帯の存在」という2つの特性からは，物流産業と製造業の連携を重視した企業誘致が有望ではないかと思われる。

　多賀城市付近は，三陸自動車道と東北自動車道という2つの幹線にアクセスできる道路ネットワークがあり，仙台港や塩釜港などの港，仙台空港もあり，陸海空の三拍子そろった総合的な交通インフラが整備されている。さらに，多賀城市復興計画では，三陸縦貫自動車道の4車線化整備と多賀城インターチェンジ整備促進が実施されることになっており，物流のポテンシャルは大きいといえる。多賀城市は復興産業集積区域として認められ，民間投資の優遇措置が取られることになっている。物流のポテンシャルと特区構想のメリットをできるだけ具体的に評価した情報を提供して，物流関連業者や製造業者の誘致に結びつけることが必要である。

新しい産業の育成としては情報通信業が重要である。情報通信業は，「通信業」，「放送業」，「情報サービス業」，「映像情報制作・配給業」から構成されるが，通信業，放送業，映像情報制作・配給業が提供するサービスの多くを仙台市に依存するのはやむをえないと思われる。しかし，情報サービス業については，多賀城市にも一定数事業所が存在し，市内の情報サービスの需要は十分にあるので，情報サービス産業の育成の可能性は十分にあると期待される。市内の需要に対応できる企業とは，比較優位のある企業であるから，移輸出の増加も期待できる。

特に，情報サービス業を構成する「ソフトウェア業」「情報処理・提供サービス業」「インターネット付随サービス業」には，多くの若い世代が事業活動を展開しており，多賀城市においても若い世代の情報サービス産業への参入を支援することは，雇用機会を広げるという面から大きな意義があると思われる。

多賀城市における情報通信業の域際収支は150億円の大幅赤字で，移輸出はほとんどゼロである。移輸出の目標を2020年までに10億円程度とおいて，情報サービス関連業への，若い世代の起業も含めた育成支援を強化することが望まれる。

多賀城市においては，多くの観光客を魅了するような目玉的な観光資源が乏しいと思われるが，観光資源となりうる地域資源は市内に多数存在する。地域全体を観光資源とみなして，観光客の誘致を本格的に展開する必要がある。

多賀城市の地域資源のうち国府多賀城駅を拠点として多賀城跡や東北歴史博物館などの施設を含む風致地区から醸成される古代ロマンを基調とした「癒し系」観光と，多賀城駅を拠点として沿岸部の工場地帯の「工場見学・被災地跡地見学」や文化センター・史遊館・津波ミュージアム（仮称）などを利用した「研修・学び系」観光に特化した観光促進が有望ではないかと思われる。ターゲットとする観光客は，「癒し系」観光の場合は若い世代とシニア世代，「研修・学び系」観光は会社員・生徒・学生などであるが，同時に外国（特にアジア地域）からの日本企業訪問など日本での研修ニーズは非常に高いので，外国からの訪問客も想定する必要がある。

観光促進によって，地域経済を活性化しようとする場合，地域に観光客が着実にお金を落とす仕掛けをつくる必要があるが，多賀城市では，仙台方面と松島方面の人的交流拠点としての地理的特性を生かし「宿泊」に着目して宿泊施設を整備する必要がある。多賀城市だけで宿泊施設の整備が困難な場合は，塩釜市や利府町などに連携を求めることも考えられる。また，塩釜市なども含めて地産地消のお土産などを取り扱う小売業者や地元の素材を生かした食文化を持つ飲食店などを多賀城駅周辺の商業施設に配置することも検討に値する。

多賀城市は，超過需要の経済であり，消費者にとって魅力的な消費財を提供する店舗があれば，消費の増大が見込まれ，特に通勤通学の移動が激しい状況の中では通勤通学の途中で多額の消費が発生しており，それらをいかに取り込むかが重要である。観光客や通勤通学者などを主要な対象とした場合，駅もしくは駅周辺で，小売業者や対個人サービス業者など第3次産業事業所むけの商業集積施設の設置を駅前再開発では考慮すべきである。観光客や通勤通学客などを取り込むことによって，宿泊業，飲食店業，対個人サービス業などの業種での雇用創出が期待される。

（5） 南相馬市

南相馬市は「南相馬市復興ビジョン」を策定し，経済復興を含む6つの主要施策を展開するとしている。「経済復興」については，当面の短期的施策である「産業の再生」と「新たな産業の創出」という2つの項目に分けて施策を具体化している。

「産業の再生」は当面の短期的施策であり，「雇用を確保し，市民生活を安定させるために，一刻も早く地域産業の再生を果たし，経済を復興する」としている。「新たな産業の創出」は，中長期的な施策であるが，「地域特性と地域資源を生かした新たな産業を興すことにより，地域の活力を取り戻す」ことを目標にしている。策定された「復興ビジョン」をもとに，2011年12月には個別の施策・事業など具体的な取り組みを含む「復興計画」が策定された。

「産業の再生」にかかわる主な施策は，地震・津波により甚大な被害を受け

た沿岸農用地の復旧，農産物・農地・畜産・森林における放射能被害への対応，商工業・サービス業の操業再開支援，地元での就労を促進する支援などである。

中長期の復興期に取り組む予定の「新たな産業の創出」にかかわっては，「ピンチをチャンスに」という発想のもと，被害を受けた地域の土地利用計画とリンクしたかたちで，原子力発電からクリーンエネルギーへの転換を契機としたエネルギー産業と農水産業の連関による産業集積（「EDEN計画」），放射線利用や被曝に対応するための医療・保健産業の育成，原発解体処理を契機としたロボットや特殊部品等の機械産業の育成など，原発災害問題を事業化によって解決するという視点から新産業創出を目指している。

南相馬市の経済復興施策について，「産業の再生」では，復旧の焦点にある産業は農業であり，農業の復旧はもちろん重要であるが，南相馬市の基盤産業の多くは製造業であり，製造業の本格的復旧にむけたきめ細やかな支援政策の展開が期待される。

「新たな産業の創出」にかかわって，新産業の育成は重要であるが，本当に雇用が創出できるかは明らかでなく，跡地利用のあり方として提案されている側面も強い。南相馬市の場合，基盤産業の復興ができれば，持続可能な社会の構築は十分可能であり，新産業育成にあまりこだわる必要はない。

8 長期的視点からみた経済復興政策のあり方に関する提言

①被災自治体は，復興目標のあり方について再検討し，人口増促進政策によって定常的人口を実現して持続可能な社会を構築していくことこそが，復興の最大の目標であるという視点を前面に押し出す必要がある。
②人口減少問題は，基本的に地域経済における雇用問題と深くかかわる。地域経済が若者に安定した雇用機会を広げ，都市と比較してもそん色のない所得保障をし，そこに自治体による子育て支援や若者のＵ・Ｉターン支援などの独自の支援政策を組み合わせれば，人口増のトレンドをつくり出すことができる。被災自治体は，雇用問題へ積極的に取り組み，地域の人口増のきっかけをつく

終　章　実証分析のまとめと政策評価及び政策提言

り，定常的人口に収束させる道筋を示すことが，これからの経済復興過程における最重要の政策課題である。

③公的年金の給付開始年齢が段階的に65歳に引き上げられることを受けて，65歳雇用延長を義務化する高齢者雇用確保措置の導入が施行されることになった。雇用延長は，労働力供給に影響を与え，地域によっては現実に労働力の過剰供給があるのに，さらに高齢者の労働力が追加されることにより，いっそう労働市場が悪化する可能性がある。被災自治体は，人口増のみならず雇用延長も前提として，雇用問題に取り組む必要がある。

④雇用問題への自治体の積極的取り組みは，若い世代の正規雇用の割合を増やすなど労働条件改善にかかわる労働政策と雇用量そのものを増やす雇用創出政策の2つが重要な柱である。雇用創出政策では，地域における一般政府消費支出や公的固定資本形成のあり方にかかわる財政政策及び移輸出促進政策が重要である。

⑤一般政府消費支出が雇用に与える影響は大きく，医療・保健・社会保障・介護や教育・研究等公的サービス関連業種のみならず民間部門の多くの業種にも雇用を創出するという広がりがあるが，公的固定資本形成は雇用の広がりが弱い。日本経済は累積債務が莫大な額にのぼり，地方交付金を中心として，地方の財政支出を削減しようとする圧力は今後ますます高まる可能性がある。しかし，財政支出削減が特に一般政府消費支出に及べば，日常の生活不安のみならず雇用不安を助長する可能性が高い。地方の財政支出は，少なくともこれからも減らさないことを原則に，財政支出が一定のもとで雇用をさらに増やすということであれば，一般政府消費支出を増やし，公的固定資本形成を減らすという，予算の組み替えを行う必要がある。

⑥経済復興過程における産業振興政策の基本的方向性は，「被災した基盤産業の移輸出を震災前水準に回復させること，地域資源を生かして基盤産業のいっそうの振興・育成をすすめること」である。「基本的方向性」によって，塩釜市は持続可能な地域社会の経済基盤ができる。持続可能な地域社会実現の過程で，労働市場の超過需要傾向が見込まれる宮古市や釜石市は，「基本的方向性」

に加えて，周辺地域と連携した自立的地域経済圏の確立を目指すことが重要である。他方，労働市場の超過供給が見込まれる多賀城市は，「基本的方向性」に加えて，地域特性を生かした企業誘致や新産業育成を組み合わせて，持続可能な社会の経済基盤を構築する必要がある。南相馬市の場合，「基本的方向性」に加えて，帰還率70％を目標とした帰還政策が実現できれば，持続可能な地域社会をとりもどすことは十分可能である。

注
(1) 以下で基盤産業は，準基盤産業を含む。基盤産業及び準基盤産業の定義については，第3章1節を参照のこと。

巻末資料

表資-1　市内生産額の比較

(単位：100万円)

	宮古市	釜石市	塩釜市	多賀城市	南相馬市
農業	2,492	629	204	620	10,809
林業	5,508	1,259	5	0	684
漁業	8,745	9,465	8,252	21	672
鉱業	297	213	0	0	262
飲食料品	3,910	7,454	14,393	14,983	11,493
水産食料品	12,033	3,431	48,164	581	
繊維製品	325	89	0	0	3,163
パルプ・紙・木製品	10,733	2,922	1,972	13,465	21,598
化学製品	5,180	944	1,884	7,258	6,752
石油・石炭製品	213	0	1,021	2,336	0
窯業・土石製品	1,337	1,142	0	111	3,484
鉄鋼	587	32,749	2,482	1,026	510
非鉄金属	0	0	0	0	351
金属製品	4,558	631	444	2,683	4,646
一般機械	1,918	16,053	746	500	5,718
電気機械	0	17	0	6,666	4,833
情報・通信機器	477	0	0	0	698
電子部品	29,671	4,998	0	33,848	7,580
輸送機械	43	865	5,851	451	107
精密機械	0	0	251	815	3,930
その他の製造工業製品	631	4,059	803	8,480	11,249
建設	32,292	29,919	14,976	13,901	37,108
電力・ガス・熱供給	5,476	4,906	2,228	4,611	72,849
水道・廃棄物処理	5,591	3,357	2,913	4,937	6,667
商業	24,463	17,542	19,382	21,436	27,519
金融・保険	11,196	10,530	11,567	5,136	12,874
不動産	30,199	18,604	29,830	41,772	31,930
運輸	10,947	10,958	17,403	28,872	21,520
情報通信	5,974	6,063	6,302	6,410	3,079
公務	21,908	13,217	17,757	43,972	22,357
教育・研究	14,319	8,598	11,419	19,350	19,068
医療・保健・社会保障・介護	24,419	17,976	27,792	18,561	33,024
その他の公共サービス	973	1,244	2,259	1,458	1,976
対事業所サービス	13,128	12,733	7,840	14,984	15,847
飲食店	5,245	4,070	7,054	9,855	6,974
宿泊業	3,884	1,811	1,997	2,814	3,882
その他対個人サービス	6,650	4,713	8,759	8,927	14,261
事務用品	440	331	429	545	814
分類不明	1,366	1,193	1,313	1,417	3,149
内生部門計	307,132	254,685	277,692	342,802	433,436

注：南相馬市のみ，飲食料品製造業と水産食料品製造業を合算した数値である。
出所：筆者作成。

表資-2 特化係数の比較

	特化係数				
	宮古市	釜石市	塩釜市	多賀城市	南相馬市
農業	0.75	0.23	0.07	0.17	2.30
林業	13.40	3.69	0.01	0.00	1.18
漁業	16.76	21.87	17.49	0.04	0.91
鉱業	0.91	0.79	0.00	0.00	0.57
飲食料品	0.37	0.85	1.50	1.27	0.77
水産食料品	11.54	3.97	51.08	0.50	
繊維製品	0.23	0.08	0.00	0.00	1.58
パルプ・紙・木製品	2.58	0.85	0.52	2.90	3.68
化学製品	0.58	0.13	0.23	0.73	0.54
石油・石炭製品	0.04	0.00	0.21	0.38	0.00
窯業・土石製品	0.58	0.59	0.00	0.04	1.06
鉄鋼	0.07	4.81	0.33	0.11	0.04
非鉄金属	0.00	0.00	0.00	0.00	0.10
金属製品	1.13	0.19	0.12	0.59	0.81
一般機械	0.19	1.97	0.08	0.05	0.41
電気機械	0.00	0.00	0.00	1.16	0.67
情報・通信機器	0.13	0.00	0.00	0.00	0.14
電子部品	5.65	1.15	0.00	5.77	1.02
輸送機械	0.00	0.06	0.38	0.02	0.00
精密機械	0.00	0.00	0.23	0.61	2.31
その他の製造工業製品	0.08	0.59	0.11	0.92	0.96
建設	1.58	1.76	0.81	0.61	1.28
電力・ガス・熱供給	0.90	0.98	0.41	0.68	8.53
水道・廃棄物処理	2.13	1.54	1.23	1.68	1.80
商業	0.71	0.61	0.62	0.56	0.57
金融・保険	0.83	0.94	0.95	0.34	0.68
不動産	1.41	1.05	1.54	1.74	1.05
運輸	0.83	1.00	1.46	1.96	1.15
情報通信	0.40	0.49	0.47	0.39	0.15
公務	2.51	1.82	2.25	4.51	1.81
教育・研究	1.31	0.95	1.15	1.58	1.23
医療・保健・社会保障・介護	1.50	1.34	1.89	1.02	1.44
その他の公共サービス	0.60	0.92	1.53	0.80	0.86
対事業所サービス	0.64	0.74	0.42	0.65	0.54
飲食店	0.77	0.72	1.15	1.30	0.73
宿泊業	1.83	1.03	1.04	1.19	1.29
その他対個人サービス	0.84	0.72	1.22	1.01	1.27
事務用品	0.90	0.81	0.96	0.99	1.17
分類不明	1.06	1.12	1.13	0.99	1.74
内生部門計	1.00	1.00	1.00	1.00	1.00

出所:筆者作成。

表資-3 域際収支の比較 (1)

(単位:100万円)

	宮古市			釜石市			塩釜市		
	移輸出	移輸入	域際収支	移輸出	移輸入	域際収支	移輸出	移輸入	域際収支
農業	1,109	-2,139	-1,030	280	-3,489	-3,209	100	-5,127	-5,027
林業	778	-238	540	171	-150	21	0	-189	-188
漁業	4,518	-279	4,240	7,883	-74	7,808	7,881	-17,335	-9,454
鉱業	85	-740	-655	61	-818	-757	0	-1,069	-1,069
飲食料品	2,883	-11,894	-9,010	5,495	-7,516	-2,020	3,775	-6,300	-2,526
水産食料品	9,697	-426	9,271	2,507	-682	1,825	43,085	-523	42,563
繊維製品	293	-2,493	-2,200	80	-1,844	-1,763	0	-2,486	-2,486
パルプ・紙・木製品	9,768	-4,324	5,444	2,014	-2,156	-141	1,452	-3,058	-1,606
化学製品	1,925	-3,508	-1,584	805	-4,327	-3,522	1,786	-6,240	-4,454
石油・石炭製品	0	-5,462	-5,462	0	-5,002	-5,002	988	-6,418	-5,429
窯業・土石製品	313	-2,007	-1,694	312	-1,387	-1,074	0	-1,389	-1,389
鉄鋼	494	-2,350	-1,856	14,879	-847	14,032	1,801	-1,252	549
非鉄金属	0	-1,591	-1,591	0	-1,112	-1,112	0	-116	-116
金属製品	3,755	-3,505	250	520	-3,738	-3,219	373	-2,380	-2,007
一般機械	1,762	-4,253	-2,491	12,628	-1,597	11,031	675	-1,598	-923
電気機械	0	-3,140	-3,140	16	-2,199	-2,183	0	-952	-952
情報・通信機器	453	-1,890	-1,438	0	-1,457	-1,457	0	-4,222	-4,222
電子部品	22,889	-3,791	19,098	4,753	-2,548	2,205	0	-521	-521
輸送機械	35	-4,108	-4,073	710	-3,657	-2,947	5,490	-4,361	1,128
精密機械	0	-1,245	-1,245	0	-939	-939	236	-773	-537
その他の製造工業製品	425	-5,319	-4,894	2,716	-3,351	-636	644	-6,615	-5,971
建設	0	0	0	0	0	0	0	0	0
電力・ガス・熱供給	1,162	-1,642	-480	1,537	-1,373	165	1	-2,999	-2,998
水道・廃棄物処理	0	0	0	0	0	0	794	0	794
商業	9,788	-12,835	-3,047	7,019	-10,335	-3,316	10,024	-31,585	-21,561
金融・保険	24	-2,199	-2,175	637	-375	261	2,065	-3,657	-1,592
不動産	614	-94	520	1,353	-4,150	-2,798	1,305	-4,532	-3,227
運輸	3,663	-5,975	-2,312	3,666	-3,112	555	6,373	-7,354	-980
情報通信	43	-7,716	-7,673	44	-4,339	-4,296	169	-7,317	-7,148
公務	0	0	0	0	0	0	0	0	0
教育・研究	1	-2,165	-2,164	0	-1,374	-1,373	148	-1,463	-1,315
医療・保健・社会保障・介護	0	0	0	0	0	0	8,044	-166	7,877
その他の公共サービス	0	0	0	0	0	0	670	-292	378
対事業所サービス	137	-5,905	-5,768	133	-2,512	-2,379	554	-10,054	-9,500
飲食店	397	-2,445	-2,048	308	-1,709	-1,400	767	-2,727	-1,960
宿泊業	1,829	-551	1,278	773	-897	-123	1,251	-2,621	-1,370
その他対個人サービス	247	-1,969	-1,722	175	-1,498	-1,323	1,321	-2,870	-1,550
事務用品	0	0	0	0	0	0	0	0	0
分類不明	198	-217	-19	156	-169	-14	218	-244	-26
内生部門計	79,284	-108,414	-29,131	71,631	-80,731	-9,100	101,990	-150,805	-48,815

出所:筆者作成。

巻末資料

表資-4 域際収支の比較 (2)

(単位:100万円)

	多賀城市			南相馬市		
	移輸出	移輸入	域際収支	移輸出	移輸入	域際収支
農業	305	-5,292	-4,988	6,835	-1,659	5,177
林業	0	-598	-598	75	-1,371	-1,296
漁業	15	-543	-528	427	-216	211
鉱業	0	-2,287	-2,287	23	-6,870	-6,848
飲食料品	5,121	-7,390	-2,269	8,933	-14,634	-5,701
水産食料品	534	-1,855	-1,321			
繊維製品	0	-2,723	-2,723	1,902	-2,280	-377
パルプ・紙・木製品	11,761	-5,367	6,394	19,572	-7,399	12,174
化学製品	6,881	-8,113	-1,232	5,494	-10,344	-4,850
石油・石炭製品	2,298	-7,611	-5,313	0	-10,250	-10,250
窯業・土石製品	3	-1,913	-1,910	1,538	-1,917	-380
鉄鋼	697	-1,475	-778	448	-2,910	-2,462
非鉄金属	0	-1,598	-1,598	317	-6,804	-6,487
金属製品	2,253	-3,005	-752	3,941	-4,197	-256
一般機械	452	-2,233	-1,781	4,937	-6,842	-1,905
電気機械	5,390	-804	4,586	4,477	-3,976	501
情報・通信機器	0	-4,758	-4,758	675	-4,537	-3,861
電子部品	27,584	-2,620	24,964	5,086	-1,472	3,615
輸送機械	423	-3,892	-3,469	102	-6,814	-6,711
精密機械	636	-620	16	3,826	-1,452	2,375
その他の製造工業製品	6,804	-8,685	-1,881	10,025	-9,792	233
建設	0	0	0	0	0	0
電力・ガス・熱供給	4	-2,209	-2,205	64,598	-2,579	62,018
水道・廃棄物処理	1,919	0	1,919	2,607	-58	2,549
商業	11,086	-31,407	-20,322	9,411	-26,473	-17,062
金融・保険	29	-9,809	-9,780	514	-4,563	-4,049
不動産	7,032	0	7,032	1,568	-36	1,532
運輸	13,906	-6,075	7,831	6,969	-8,119	-1,150
情報通信	41	-10,075	-10,033	9	-16,842	-16,833
公務	0	0	0	0	0	0
教育・研究	274	-1,498	-1,225	3,016	-939	2,077
医療・保健・社会保障・介護	2,333	-9,688	-7,355	4,055	-134	3,921
その他の公共サービス	110	-622	-513	82	-492	-410
対事業所サービス	1,058	-9,840	-8,781	98	-17,257	-17,160
飲食店	1,802	-1,730	72	371	-2,033	-1,662
宿泊業	1,763	-2,566	-803	1,782	-833	949
その他対個人サービス	1,346	-3,110	-1,764	3,689	-847	2,842
事務用品	0	0	0	0	0	0
分類不明	235	-262	-27	428	-453	-25
内生部門計	114,094	-162,273	-48,179	177,832	-187,394	-9,562

注:南相馬市のみ,飲食料品製造業と水産食料品製造業を合算した数値である。
出所:筆者作成。

表資-5　自給率の比較

	宮古市	釜石市	塩釜市	多賀城市	南相馬市
農業	39.3%	9.1%	2.0%	5.6%	70.6%
林業	95.2%	87.9%	2.6%	0.0%	30.7%
漁業	93.8%	95.5%	2.1%	1.1%	53.1%
鉱業	22.3%	15.7%	0.0%	0.0%	3.4%
飲食料品	8.0%	20.7%	62.8%	57.2%	14.9%
水産食料品	84.6%	57.5%	90.7%	2.5%	
繊維製品	1.3%	0.5%	0.0%	0.0%	35.6%
パルプ・紙・木製品	18.2%	29.6%	14.5%	24.1%	21.5%
化学製品	48.1%	3.1%	1.5%	4.4%	10.8%
石油・石炭製品	3.7%	0.0%	0.5%	0.5%	0.0%
窯業・土石製品	33.8%	37.4%	0.0%	5.3%	50.4%
鉄鋼	3.8%	95.5%	35.2%	18.3%	2.1%
非鉄金属	0.0%	0.0%	0.0%	0.0%	0.5%
金属製品	18.6%	2.9%	2.9%	12.5%	14.4%
一般機械	3.5%	68.2%	4.3%	2.1%	10.2%
電気機械	0.0%	0.1%	0.0%	61.3%	8.2%
情報・通信機器	1.3%	0	0.0%	0.0%	0.5%
電子部品	64.1%	8.8%	0.0%	70.5%	62.9%
輸送機械	0.2%	4.1%	7.6%	0.7%	0.1%
精密機械	0.0%	0.0%	1.8%	22.4%	6.6%
その他の製造工業製品	3.7%	28.6%	2.3%	16.2%	11.1%
建設	100.0%	100.0%	100.0%	100.0%	100.0%
電力・ガス・熱供給	72.4%	71.0%	42.6%	67.6%	76.2%
水道・廃棄物処理	100.0%	100.0%	100.0%	100.0%	98.6%
商業	53.3%	50.5%	22.9%	24.8%	40.6%
金融・保険	83.6%	96.3%	72.2%	34.2%	73.0%
不動産	99.7%	80.6%	86.3%	100.0%	99.9%
運輸	54.9%	70.1%	60.0%	71.1%	64.2%
情報通信	43.5%	58.1%	45.6%	38.7%	15.4%
公務	100.0%	100.0%	100.0%	100.0%	100.0%
教育・研究	86.9%	86.2%	88.5%	92.7%	94.5%
医療・保健・社会保障・介護	100.0%	100.0%	99.2%	62.6%	99.5%
その他の公共サービス	100.0%	100.0%	84.5%	68.4%	79.4%
対事業所サービス	68.7%	83.4%	42.0%	58.6%	47.7%
飲食店	66.5%	68.8%	69.8%	82.3%	76.5%
宿泊業	78.9%	53.6%	22.1%	29.1%	71.6%
その他対個人サービス	76.5%	75.2%	72.2%	70.9%	92.6%
事務用品	100.0%	100.0%	100.0%	100.0%	100.0%
分類不明	84.4%	86.0%	81.8%	81.8%	85.7%
内生部門計	67.8%	69.4%	53.8%	58.5%	57.7%

注：南相馬市のみ，飲食料品製造業と水産食料品製造業を合算した数値である。
出所：筆者作成。

巻末資料

表資-6 影響力係数と感応度係数 (1)

	宮古市		釜石市		塩釜市	
	影響力係数	感応度係数	影響力係数	感応度係数	影響力係数	感応度係数
農業	0.970	0.953	0.905	0.782	0.998	0.853
林業	0.969	0.948	0.939	0.899	0.985	0.848
漁業	0.927	1.117	0.884	1.056	1.010	0.852
鉱業	1.086	0.837	1.104	0.776	0.843	0.843
飲食料品	1.014	0.827	0.904	0.857	1.039	1.197
水産食料品	1.289	0.923	1.210	0.834	1.010	0.994
繊維製品	0.909	0.782	0.866	0.744	0.843	0.843
パルプ・紙・木製品	1.091	0.942	1.077	1.006	1.009	0.982
化学製品	1.194	1.114	1.077	0.761	1.010	0.853
石油・石炭製品	1.001	0.806	0.743	0.743	0.866	0.845
窯業・土石製品	1.065	0.866	1.061	0.826	0.843	0.843
鉄鋼	0.883	0.809	1.746	2.272	1.106	1.144
非鉄金属	0.779	0.779	0.743	0.743	0.843	0.843
金属製品	0.948	0.840	1.320	0.752	1.020	0.851
一般機械	0.968	0.788	1.163	0.935	0.998	0.856
電気機械	0.779	0.779	0.993	0.743	0.843	0.843
情報・通信機器	1.155	0.779	0.743	0.743	0.843	0.843
電子部品	1.240	1.184	0.979	0.780	0.843	0.843
輸送機械	0.899	0.780	0.942	0.767	0.980	0.877
精密機械	0.779	0.779	0.743	0.743	0.990	0.844
その他の製造工業製品	0.995	0.810	0.971	0.977	0.970	0.864
建設	0.983	1.067	1.004	1.013	0.992	1.062
電力・ガス・熱供給	0.962	1.151	0.930	1.102	1.048	1.011
水道・廃棄物処理	0.895	0.994	0.869	0.953	1.078	1.133
商業	0.982	1.502	0.971	1.392	1.017	1.246
金融・保険	0.958	1.920	0.956	2.030	1.057	1.975
不動産	0.887	1.041	0.861	0.952	0.945	1.021
運輸	1.027	1.544	1.025	1.658	1.049	1.531
情報通信	1.017	1.151	1.023	1.235	1.034	1.199
公務	0.857	1.037	0.832	0.991	0.998	1.115
教育・研究	0.902	1.337	0.880	1.209	0.957	1.128
医療・保健・社会保障・介護	1.013	0.793	0.918	0.756	0.983	0.859
その他の公共サービス	0.944	0.815	0.942	0.778	0.991	0.895
対事業所サービス	0.951	2.069	0.960	2.243	1.006	1.607
飲食店	1.009	0.779	0.980	0.743	1.123	0.843
宿泊業	1.040	0.779	1.012	0.743	1.121	0.843
その他対個人サービス	0.934	0.827	0.908	0.789	0.992	0.897
事務用品	1.057	0.827	1.115	0.790	0.992	0.890
分類不明	1.642	0.924	1.702	0.888	1.725	0.985

出所：筆者作成。

表資-7 影響力係数と感応度係数 (2)

	多賀城市		南相馬市	
	影響力係数	感応度係数	影響力係数	感応度係数
農業	0.984	0.848	1.039	1.041
林業	0.821	0.821	0.988	0.869
漁業	0.929	0.825	0.913	0.825
鉱業	0.821	0.821	1.136	0.813
飲食料品	1.021	1.128	1.015	0.871
水産食料品	0.931	0.824		
繊維製品	0.821	0.821	1.029	0.949
パルプ・紙・木製品	1.030	1.060	1.032	0.994
化学製品	1.007	0.853	1.012	0.890
石油・石炭製品	0.846	0.823	0.799	0.799
窯業・土石製品	1.028	0.834	1.029	0.929
鉄鋼	0.994	0.969	0.965	0.812
非鉄金属	0.821	0.821	0.918	0.802
金属製品	0.969	0.862	0.919	0.849
一般機械	1.047	0.828	0.944	0.834
電気機械	1.141	0.973	1.039	0.814
情報・通信機器	0.821	0.821	1.195	0.800
電子部品	1.218	1.307	1.183	1.399
輸送機械	0.969	0.824	0.924	0.800
精密機械	1.160	0.833	1.123	0.803
その他の製造工業製品	0.980	0.979	0.985	0.921
建設	1.000	1.061	1.010	0.894
電力・ガス・熱供給	1.036	1.113	1.005	1.269
水道・廃棄物処理	1.078	1.115	0.996	1.116
商業	0.991	1.296	0.957	1.643
金融・保険	1.004	1.341	0.959	1.550
不動産	0.901	1.029	0.853	0.936
運輸	1.046	1.661	1.006	1.884
情報通信	1.026	1.134	0.956	0.927
公務	1.007	1.082	1.009	1.025
教育・研究	0.949	1.321	0.940	1.346
医療・保健・社会保障・介護	0.964	0.830	0.950	0.816
その他の公共サービス	0.984	0.863	0.943	0.856
対事業所サービス	0.997	1.947	0.934	1.794
飲食店	1.073	0.821	1.000	0.799
宿泊業	1.079	0.821	1.048	0.799
その他対個人サービス	0.982	0.873	0.960	0.877
事務用品	1.070	0.870	1.065	0.861
分類不明	1.456	0.947	1.421	0.995

注:南相馬市のみ,飲食料品製造業と水産食料品製造業を合算した数値である。
出所:筆者作成。

巻末資料

表資-8　宮古市における基盤産業選定のための各指標

	移輸出 a	移輸入 b	域際収支 c＝a＋b	域内生産額 d	RIC指数 e＝c/d	逆行列係数の列和	RIC指数	移輸出	影響力係数
農業	1,109	−2,139	−1,030	2,492	−0.41	1.24	−0.41	1,109	0.97
林業	778	−238	540	5,508	0.10	1.24	0.10	778	0.97
漁業	4,518	−279	4,240	8,745	0.48	1.19	0.48	4,518	0.93
鉱業	85	−740	−655	297	−2.21	1.39	−2.21	85	1.09
飲食料品	2,883	−11,894	−9,010	3,910	−2.30	1.30	−2.30	2,883	1.01
水産食料品	9,697	−426	9,271	12,033	0.77	1.66	0.77	9,697	1.29
繊維製品	293	−2,493	−2,200	325	−6.77	1.17	−6.77	293	0.91
パルプ・紙・木製品	9,768	−4,324	5,444	10,733	0.51	1.40	0.51	9,768	1.09
化学製品	1,925	−3,508	−1,584	5,180	−0.31	1.53	−0.31	1,925	1.19
石油・石炭製品	0	−5,462	−5,462	213	−25.67	1.29	−25.67	0	1.00
窯業・土石製品	313	−2,007	−1,694	1,337	−1.27	1.37	−1.27	313	1.06
鉄鋼	494	−2,350	−1,856	587	−3.16	1.13	−3.16	494	0.88
非鉄金属	0	−1,591	−1,591	0	0.00	1.00	0.00	0	0.78
金属製品	3,755	−3,505	250	4,558	0.05	1.22	0.05	3,755	0.95
一般機械	1,762	−4,253	−2,491	1,918	−1.30	1.24	−1.30	1,762	0.97
電気機械	0	−3,140	−3,140	0	0.00	1.00	0.00	0	0.78
情報・通信機器	453	−1,890	−1,438	477	−3.01	1.48	−3.01	453	1.16
電子部品	22,889	−3,791	19,098	29,671	0.64	1.59	0.64	22,889	1.24
輸送機械	35	−4,108	−4,073	43	−94.28	1.15	−94.28	35	0.90
精密機械	0	−1,245	−1,245	0	0.00	1.00	0.00	0	0.78
その他の製造工業製品	425	−5,319	−4,894	631	−7.75	1.28	−7.75	425	0.99
建設	0	0	0	32,292	0.00	1.26	0.00	0	0.98
電力・ガス・熱供給	1,162	−1,642	−480	5,476	−0.09	1.23	−0.09	1,162	0.96
水道・廃棄物処理	0	0	0	5,591	0.00	1.15	0.00	0	0.90
商業	9,788	−12,835	−3,047	24,463	−0.12	1.26	−0.12	9,788	0.98
金融・保険	24	−2,199	−2,175	11,196	−0.19	1.23	−0.19	24	0.96
不動産	614	−94	520	30,199	0.02	1.14	0.02	614	0.89
運輸	3,663	−5,975	−2,312	10,947	−0.21	1.32	−0.21	3,663	1.03
情報通信	43	−7,716	−7,673	5,974	−1.28	1.31	−1.28	43	1.02
公務	0	0	0	21,908	0.00	1.10	0.00	0	0.86
教育・研究	1	−2,165	−2,164	14,319	−0.15	1.16	−0.15	1	0.90
医療・保健・社会保障・介護	0	0	0	24,419	0.00	1.30	0.00	0	1.01
その他の公共サービス	0	0	0	973	0.00	1.21	0.00	0	0.94
対事業所サービス	137	−5,905	−5,768	13,128	−0.44	1.22	−0.44	137	0.95
飲食店	397	−2,445	−2,048	5,245	−0.39	1.30	−0.39	397	1.01
宿泊業	1,829	−551	1,278	3,884	0.33	1.33	0.33	1,829	1.04
その他対個人サービス	247	−1,969	−1,722	6,650	−0.26	1.20	−0.26	247	0.93
事務用品	0	0	0	440	0.00	1.36	0.00	0	1.06
分類不明	198	−217	−19	1,366	−0.01	2.11	−0.01	198	1.64
内生部門計	79,284	−108,414	−29,131	307,132	−0.09	1.28	−0.09	79,284	1.00

注：移輸出・移輸入・域内生産額の単位は100万円，その他の指標は小数点表示。表資-9～表資-12も同様。
出所：筆者作成。

表資-9 釜石市における基盤産業選定のための各指標

	移輸出 a	移輸入 b	域際収支 c=a+b	域内生産額 d	RIC指数 e=c/d	逆行列係数の列和	RIC指数	移輸出	影響力係数
農業	280	-3,489	-3,209	629	-5.10	1.22	-5.10	280	0.90
林業	171	-150	21	1,259	0.02	1.26	0.02	171	0.94
漁業	7,883	-74	7,808	9,465	0.82	1.19	0.82	7,883	0.88
鉱業	61	-818	-757	213	-3.55	1.49	-3.55	61	1.10
飲食料品	5,495	-7,516	-2,020	7,454	-0.27	1.22	-0.27	5,495	0.90
水産食料品	2,507	-682	1,825	3,431	0.53	1.63	0.53	2,507	1.21
繊維製品	80	-1,844	-1,763	89	-19.75	1.17	-19.75	80	0.87
パルプ・紙・木製品	2,014	-2,156	-141	2,922	-0.05	1.45	-0.05	2,014	1.08
化学製品	805	-4,327	-3,522	944	-3.73	1.45	-3.73	805	1.08
石油・石炭製品	0	-5,002	-5,002	0	0.00	1.00	0.00	0	0.74
窯業・土石製品	312	-1,387	-1,074	1,142	-0.94	1.43	-0.94	312	1.06
鉄鋼	14,879	-847	14,032	32,749	0.43	2.35	0.43	14,879	1.75
非鉄金属	0	-1,112	-1,112	0	0.00	1.00	0.00	0	0.74
金属製品	520	-3,738	-3,219	631	-5.10	1.78	-5.10	520	1.32
一般機械	12,628	-1,597	11,031	16,053	0.69	1.57	0.69	12,628	1.16
電気機械	16	-2,199	-2,183	17	-126.36	1.34	-126.36	16	0.99
情報・通信機器	0	-1,457	-1,457	0	0.00	1.00	0.00	0	0.74
電子部品	4,753	-2,548	2,205	4,998	0.44	1.32	0.44	4,753	0.98
輸送機械	710	-3,657	-2,947	865	-3.41	1.27	-3.41	710	0.94
精密機械	0	-939	-939	0	0.00	1.00	0.00	0	0.74
その他の製造工業製品	2,716	-3,351	-636	4,059	-0.16	1.31	-0.16	2,716	0.97
建設	0	0	0	29,919	0.00	1.35	0.00	0	1.00
電力・ガス・熱供給	1,537	-1,373	165	4,906	0.03	1.25	0.03	1,537	0.93
水道・廃棄物処理	0	0	0	3,357	0.00	1.17	0.00	0	0.87
商業	7,019	-10,335	-3,316	17,542	-0.19	1.31	-0.19	7,019	0.97
金融・保険	637	-375	261	10,530	0.02	1.29	0.02	637	0.96
不動産	1,353	-4,150	-2,798	18,604	-0.15	1.16	-0.15	1,353	0.86
運輸	3,666	-3,112	555	10,958	0.05	1.38	0.05	3,666	1.03
情報通信	44	-4,339	-4,296	6,063	-0.71	1.38	-0.71	44	1.02
公務	0	0	0	13,217	0.00	1.12	0.00	0	0.83
教育・研究	0	-1,374	-1,373	8,598	-0.16	1.18	-0.16	0	0.88
医療・保健・社会保障・介護	0	0	0	17,976	0.00	1.24	0.00	0	0.92
その他の公共サービス	0	0	0	1,244	0.00	1.27	0.00	0	0.94
対事業所サービス	133	-2,512	-2,379	12,733	-0.19	1.29	-0.19	133	0.96
飲食店	308	-1,709	-1,400	4,070	-0.34	1.32	-0.34	308	0.98
宿泊業	773	-897	-123	1,811	-0.07	1.36	-0.07	773	1.01
その他対個人サービス	175	-1,498	-1,323	4,713	-0.28	1.22	-0.28	175	0.91
事務用品	0	0	0	331	0.00	1.50	0.00	0	1.11
分類不明	156	-169	-14	1,193	-0.01	2.29	-0.01	156	1.70
内生部門計	71,631	-80,731	-9,100	254,685	-0.04	1.35	-0.04	71,631	1.00

出所:筆者作成。

巻末資料

表資-10 塩釜市における基盤産業選定のための各指標

	移輸出 a	移輸入 b	域際収支 c=a+b	域内生産額 d	RIC指数 e=c/d	逆行列係数の列和	RIC指数	移輸出	影響力係数
農業	100	−5,127	−5,027	204	−24.59	1.18	−24.59	100	1.00
林業	0	−189	−188	5	−35.26	1.17	−35.26	0	0.99
漁業	7,881	−17,335	−9,454	8,252	−1.15	1.20	−1.15	7,881	1.01
鉱業	0	−1,069	−1,069	0	0.00	1.00	0.00	0	0.84
飲食料品	3,775	−6,300	−2,526	14,393	−0.18	1.23	−0.18	3,775	1.04
水産食料品	43,085	−523	42,563	48,164	0.88	1.20	0.88	43,085	1.01
繊維製品	0	−2,486	−2,486	0	0.00	1.00	0.00	0	0.84
パルプ・紙・木製品	1,452	−3,058	−1,606	1,972	−0.81	1.20	−0.81	1,452	1.01
化学製品	1,786	−6,240	−4,454	1,884	−2.37	1.20	−2.37	1,786	1.01
石油・石炭製品	988	−6,418	−5,429	1,021	−5.32	1.03	−5.32	988	0.87
窯業・土石製品	0	−1,389	−1,389	0	0.00	1.00	0.00	0	0.84
鉄鋼	1,801	−1,252	549	2,482	0.22	1.31	0.22	1,801	1.11
非鉄金属	0	−116	−116	0	0.00	1.00	0.00	0	0.84
金属製品	373	−2,380	−2,007	444	−4.52	1.21	−4.52	373	1.02
一般機械	675	−1,598	−923	746	−1.24	1.18	−1.24	675	1.00
電気機械	0	−952	−952	0	0.00	1.00	0.00	0	0.84
情報・通信機器	0	−4,222	−4,222	0	0.00	1.00	0.00	0	0.84
電子部品	0	−521	−521	0	0.00	1.00	0.00	0	0.84
輸送機械	5,490	−4,361	1,128	5,851	0.19	1.16	0.19	5,490	0.98
精密機械	236	−773	−537	251	−2.14	1.17	−2.14	236	0.99
その他の製造工業製品	644	−6,615	−5,971	803	−7.44	1.15	−7.44	644	0.97
建設	0	0	0	14,976	0.00	1.18	0.00	0	0.99
電力・ガス・熱供給	1	−2,999	−2,998	2,228	−1.35	1.24	−1.35	1	1.05
水道・廃棄物処理	794	0	794	2,913	0.27	1.28	0.27	794	1.08
商業	10,024	−31,585	−21,561	19,382	−1.11	1.21	−1.11	10,024	1.02
金融・保険	2,065	−3,657	−1,592	11,567	−0.14	1.25	−0.14	2,065	1.06
不動産	1,305	−4,532	−3,227	29,830	−0.11	1.12	−0.11	1,305	0.95
運輸	6,373	−7,354	−980	17,403	−0.06	1.25	−0.06	6,373	1.05
情報通信	169	−7,317	−7,148	6,302	−1.13	1.23	−1.13	169	1.03
公務	0	0	0	17,757	0.00	1.18	0.00	0	1.00
教育・研究	148	−1,463	−1,315	11,419	−0.12	1.14	−0.12	148	0.96
医療・保健・社会保障・介護	8,044	−166	7,877	27,792	0.28	1.17	0.28	8,044	0.98
その他の公共サービス	670	−292	378	2,259	0.17	1.18	0.17	670	0.99
対事業所サービス	554	−10,054	−9,500	7,840	−1.21	1.19	−1.21	554	1.01
飲食店	767	−2,727	−1,960	7,054	−0.28	1.33	−0.28	767	1.12
宿泊業	1,251	−2,621	−1,370	1,997	−0.69	1.33	−0.69	1,251	1.12
その他対個人サービス	1,321	−2,870	−1,550	8,759	−0.18	1.18	−0.18	1,321	0.99
事務用品	0	0	0	429	0.00	1.18	0.00	0	0.99
分類不明	218	−244	−26	1,313	−0.02	2.05	−0.02	218	1.73
内生部門計	101,990	−150,805	−48,815	277,692	−0.18	1.19	−0.18	101,990	1.00

出所：筆者作成。

表資-11　多賀城市における基盤産業選定のための各指標

	移輸出 a	移輸入 b	域際収支 c=a+b	域内生産額 d	RIC 指数 e=c/d	逆行列係数の列和	RIC 指数	移輸出	影響力係数
農業	305	-5,292	-4,988	620	-8.05	1.20	-8.05	305	0.98
林業	0	-598	-598	0	0.00	1.00	0.00	0	0.82
漁業	15	-543	-528	21	-25.58	1.13	-25.58	15	0.93
鉱業	0	-2,287	-2,287	0	0.00	1.00	0.00	0	0.82
飲食料品	5,121	-7,390	-2,269	14,983	-0.15	1.24	-0.15	5,121	1.02
水産食品	534	-1,855	-1,321	581	-2.28	1.13	-2.28	534	0.93
繊維製品	0	-2,723	-2,723	0	0.00	1.00	0.00	0	0.82
パルプ・紙・木製品	11,761	-5,367	6,394	13,465	0.47	1.26	0.47	11,761	1.03
化学製品	6,881	-8,113	-1,232	7,258	-0.17	1.23	-0.17	6,881	1.01
石油・石炭製品	2,298	-7,611	-5,313	2,336	-2.27	1.03	-2.27	2,298	0.85
窯業・土石製品	3	-1,913	-1,910	111	-17.26	1.25	-17.26	3	1.03
鉄鋼	697	-1,475	-778	1,026	-0.76	1.21	-0.76	697	0.99
非鉄金属	0	-1,598	-1,598	0	0.00	1.00	0.00	0	0.82
金属製品	2,253	-3,005	-752	2,683	-0.28	1.18	-0.28	2,253	0.97
一般機械	452	-2,233	-1,781	500	-3.56	1.28	-3.56	452	1.05
電気機械	5,390	-804	4,586	6,666	0.69	1.39	0.69	5,390	1.14
情報・通信機器	0	-4,758	-4,758	0	0.00	1.00	0.00	0	0.82
電子部品	27,584	-2,620	24,964	33,848	0.74	1.48	0.74	27,584	1.22
輸送機械	423	-3,892	-3,469	451	-7.70	1.18	-7.70	423	0.97
精密機械	636	-620	16	815	0.02	1.41	0.02	636	1.16
その他の製造工業製品	6,804	-8,685	-1,881	8,480	-0.22	1.19	-0.22	6,804	0.98
建設	0	0	0	13,901	0.00	1.22	0.00	0	1.00
電力・ガス・熱供給	4	-2,209	-2,205	4,611	-0.48	1.26	-0.48	4	1.04
水道・廃棄物処理	1,919	0	1,919	4,937	0.39	1.31	0.39	1,919	1.08
商業	11,086	-31,407	-20,322	21,436	-0.95	1.21	-0.95	11,086	0.99
金融・保険	29	-9,809	-9,780	5,136	-1.90	1.22	-1.90	29	1.00
不動産	7,032	0	7,032	41,772	0.17	1.10	0.17	7,032	0.90
運輸	13,906	-6,075	7,831	28,872	0.27	1.27	0.27	13,906	1.05
情報通信	41	-10,075	-10,033	6,410	-1.57	1.25	-1.57	41	1.03
公務	0	0	0	43,972	0.00	1.23	0.00	0	1.01
教育・研究	274	-1,498	-1,225	19,350	-0.06	1.16	-0.06	274	0.95
医療・保健・社会保障・介護	2,333	-9,688	-7,355	18,561	-0.40	1.18	-0.40	2,333	0.96
その他の公共サービス	110	-622	-513	1,458	-0.35	1.20	-0.35	110	0.98
対事業所サービス	1,058	-9,840	-8,781	14,984	-0.59	1.21	-0.59	1,058	1.00
飲食店	1,802	-1,730	72	9,855	0.01	1.31	0.01	1,802	1.07
宿泊業	1,763	-2,566	-803	2,814	-0.29	1.32	-0.29	1,763	1.08
その他対個人サービス	1,346	-3,110	-1,764	8,927	-0.20	1.20	-0.20	1,346	0.98
事務用品	0	0	0	545	0.00	1.30	0.00	0	1.07
分類不明	235	-262	-27	1,417	-0.02	1.77	-0.02	235	1.46
内生部門計	114,094	-162,273	-48,179	342,802	-0.14	1.22	-0.14	114,094	1.00

出所：筆者作成。

巻末資料

表資-12 南相馬市における基盤産業選定のための各指標

	移輸出 a	移輸入 b	域際収支 c=a+b	域内生産額 d	RIC指数 e=c/d	逆行列係数の列和	RIC指数	移輸出	影響力係数
農業	6,835	−1,659	5,177	10,809	0.48	1.30	0.48	6,835	1.04
林業	75	−1,371	−1,296	684	−1.90	1.24	−1.90	75	0.99
漁業	427	−216	211	672	0.31	1.14	0.31	427	0.91
鉱業	23	−6,870	−6,848	262	−26.18	1.42	−26.18	23	1.14
飲食料品	8,933	−14,634	−5,701	11,493	−0.50	1.27	−0.50	8,933	1.01
水産食料品	0	0	0	0	0.00	1.00	0.00	0	0.80
繊維製品	1,902	−2,280	−377	3,163	−0.12	1.29	−0.12	1,902	1.03
パルプ・紙・木製品	19,572	−7,399	12,174	21,598	0.56	1.29	0.56	19,572	1.03
化学製品	5,494	−10,344	−4,850	6,752	−0.72	1.27	−0.72	5,494	1.01
石油・石炭製品	0	−10,250	−10,250	0	0.00	1.00	0.00	0	0.80
窯業・土石製品	1,538	−1,917	−380	3,484	−0.11	1.29	−0.11	1,538	1.03
鉄鋼	448	−2,910	−2,462	510	−4.82	1.21	−4.82	448	0.97
非鉄金属	317	−6,804	−6,487	351	−18.46	1.15	−18.46	317	0.92
金属製品	3,941	−4,197	−256	4,646	−0.06	1.15	−0.06	3,941	0.92
一般機械	4,937	−6,842	−1,905	5,718	−0.33	1.18	−0.33	4,937	0.94
電気機械	4,477	−3,976	501	4,833	0.10	1.30	0.10	4,477	1.04
情報・通信機器	675	−4,537	−3,861	698	−5.53	1.50	−5.53	675	1.20
電子部品	5,086	−1,472	3,615	7,580	0.48	1.48	0.48	5,086	1.18
輸送機械	102	−6,814	−6,711	107	−62.49	1.16	−62.49	102	0.92
精密機械	3,826	−1,452	2,375	3,930	0.60	1.40	0.60	3,826	1.12
その他の製造工業製品	10,025	−9,792	233	11,249	0.02	1.23	0.02	10,025	0.98
建設	0	0	0	37,108	0.00	1.26	0.00	0	1.01
電力・ガス・熱供給	64,598	−2,579	62,018	72,849	0.85	1.26	0.85	64,598	1.00
水道・廃棄物処理	2,607	−58	2,549	6,667	0.38	1.25	0.38	2,607	1.00
商業	9,411	−26,473	−17,062	27,519	−0.62	1.20	−0.62	9,411	0.96
金融・保険	514	−4,563	−4,049	12,874	−0.31	1.20	−0.31	514	0.96
不動産	1,568	−36	1,532	31,930	0.05	1.07	0.05	1,568	0.85
運輸	6,969	−8,119	−1,150	21,520	−0.05	1.26	−0.05	6,969	1.01
情報通信	9	−16,842	−16,833	3,079	−5.47	1.20	−5.47	9	0.96
公務	0	0	0	22,357	0.00	1.26	0.00	0	1.01
教育・研究	3,016	−939	2,077	19,068	0.11	1.18	0.11	3,016	0.94
医療・保健・社会保障・介護	4,055	−134	3,921	33,024	0.12	1.19	0.12	4,055	0.95
その他の公共サービス	82	−492	−410	1,976	−0.21	1.18	−0.21	82	0.94
対事業所サービス	98	−17,257	−17,160	15,847	−1.08	1.17	−1.08	98	0.93
飲食店	371	−2,033	−1,662	6,974	−0.24	1.25	−0.24	371	1.00
宿泊業	1,782	−833	949	3,882	0.24	1.31	0.24	1,782	1.05
その他対個人サービス	3,689	−847	2,842	14,261	0.20	1.20	0.20	3,689	0.96
事務用品	0	0	0	814	0.00	1.33	0.00	0	1.07
分類不明	428	−453	−25	3,149	−0.01	1.78	−0.01	428	1.42
内生部門計	177,832	−187,394	−9,562	433,436	−0.02	1.25	−0.02	177,832	1.00

出所:筆者作成。

参考文献と資料

第1章

Bonfiglio, A. (2005) Can non-survey methods substitute for survey-based models? A performance analysis of indirect techniques of estimating I-O coefficients and multipliers. *Quaderno di ricerca* n. 230, Dipartimento di Economia. Universita Politecnica Delle Marche.

Eskelinen, H. and Suorsa, M. (1980) A note on estimating interindustry flows. *Journal of regional Science* 20: 261-266.

Flegg, T. and Webber, C. and Elliott, M. (1995) On the appropriate use of location quotients in generating regional input-output tables. *Regional Studies* 29: 547-561.

Flegg, T. and Tohmo, T. (2010) Regional input-output models and the FLQ formula: a case study of Finland. University of the West of England, *Department of Economics in its series Discussion Papers with number 1005*.

Kaldor, N. (1970) The Case for Regional Policies *Scottish Journal of Political Economy* 17(3): 337-348.

Lehtonen, O. and Tykkyläinen, M. (2012) Estimating Regional Input Coefficients and Multipliers: Is the Choice of a Non-Survey Technique a Gamble? *Regional Studies*, DOI: 10.1080/00343404.2012.657619.

Miller, R. E. and Blair, P. D. (1985) *Input-output analysis: Foundations and extensions.* Prentice-Hall, Englewood Cliffs, NJ, USA.

Morrison, W. and Smith, P. (1974) Nonsurvey input-output techniques at the small area level: an evaluation, *Journal of regional science* 14: 1-14.

North, D. (1981) *Structure and Change in Economic History.* New York: W. W. Norton.

Round, J. (1978) An interregional input-output approach to the evaluation of nonsurvey methods. *Journal of Regional Science* 18(2): 179-194.

Schaffer, W. and Chu, K. (1969) Nonsurvey techniques for constructing regional interindustry models. *Papers and Proceedings of the Regional Science Association* 23: 83-101.

Tohmo, T.（2004）New developments in the use of location quotients to estimate regional input-output coefficients and multipliers. *Regional Studies* 38: 43-54.

青森公立大学・青森地域社会研究所共同研究グループ（2012）「青森市産業連関表の作成とその応用：青森公立大学の青森市に及ぼす経済効果」『月刊れぢおん青森』34(401), pp. 23-39

浅利一郎・土居英二（2011）「完全分離法の並列的拡張による多地域間連結産業連関表の理論と手順」『静岡大学経済研究』15(4), pp. 155-174

浅利一郎・土居英二（2012）「完全分離法の垂直的拡張による多地域間連結産業連関表の理論と手順」『静岡大学経済研究』16(4), pp. 133-155

浅利一郎・土居英二（2013）「「全国」-「静岡県」-浜松市の連結産業連関表とその応用分析」『静岡大学経済研究』17(4), pp. 51-76

天達洋文・岡野徹・藤本栄之助・天達泰章（2012）「産業連関表を用いた隠岐の島町のバイオ事業の評価」『産業連関』第20巻3号, pp. 228-242

尾崎雅彦・中西穂高（2011）『地域経済活性化要因の研究』RIETI Policy Discussion Paper Series 11-P-014

鯉江康正（2009）「長岡市産業連関表からみた長岡市の産業構造と産業連関」『地域研究：長岡大学地域研究センター年報』9号, pp. 43-94

柴田浩喜（2005）「東広島市における都市経済の成長分析」『地域経済研究』広島大学経済学部附属地域経済システム研究センター紀要, 第16号, pp. 59-75

柴田浩喜（2009）「生活圏を単位とした域際収支の計測と地域政策への含意」『地域学研究』39(4), pp. 963-976

友國宏一（2012）「都市農村交流産業による地域振興シナリオの評価：岡山県津山市における地域産業連関分析」『農林業問題研究』47(1), pp. 41-46

(財)ちゅうごく産業創造センター（2007）『中国地方の経済圏・生活圏調査報告書』

中小企業基盤整備機構（2008）『真庭市の産業振興政策立案に係る調査報告書』

中澤純治（2002）「市町村産業連関表の作成とその問題点」『政策科学』第9巻第2号, pp. 113-125

中村剛治郎（2000）「内発的発展論の発展を求めて」『政策科学』第7巻第3号, pp. 139-162

中村良平（2014）『まちづくり構造改革——地域経済構造をデザインする』日本加除出版

中村良平・柴田浩喜（2013）「木質バイオマスの地域循環による経済活性化効果――岡山県真庭市のバイオマスエネルギー利用」『岡山大学経済学会雑誌』25(1), pp. 19-31

中村良平・石川良文・中澤純治・松本明（2012）『環境・地域経済両立型の内生的地域格差是正と地域雇用創出，その施策実施に関する研究　環境省　第Ⅰ期　世界に貢献する環境経済の政策研究　最終報告書』

中村良平・中澤純治・松本明（2013）「木質バイオマスを活用したCO_2削減と地域経済効果：地域産業連関モデルの構築と新たな適用」『地域学研究』42巻4号, pp. 799-817

中村良平・石川良文・松本明（2012）「地域環境資源（木質バイオマス）の利活用による内生的地域間格差縮小の効果に関する研究」『産業連関』第20巻3号, pp. 228-242

本田豊・中澤純治（2000）「市町村地域産業連関表の作成と応用」『立命館経済学』第49巻第4号, pp. 51-76

第2章

小高商工会（2013）「小高商工会員事業再開状況（平成25年度4月15日時点）」

津谷典子・樋口美雄編（2009）『人口減少と日本経済』日本経済新聞出版社

日本創成会議・人口減少問題検討分科会（2014）「成長を続ける21世紀のために　ストップ少子化・地方元気戦略（平成26年5月8日）」

松田茂樹（2013）『少子化論』勁草書房

南相馬市（2013）「南相馬市住民意向調査　調査結果速報（2013年10月）」

第3章

総務省（2005）「平成17年国勢調査」

総務省（2010）「平成22年国勢調査」

東大社研・玄田有史・中村尚史編（2009）『希望の再生――釜石の歴史と産業が語るもの』東京大学出版会

西野淑美（2013）「釜石をめぐる人の移動とネットワーク――転入・転出・Uターンと都市の変化」社会科学研究第61巻5-6合併号, pp. 101-123

日本政策投資銀行旭川支店・旭川市・旭川市企業誘致推進委員会（2003）「旭川市の重点化産業」

藤川清史（2005）『産業連関分析』日本評論社

山口純哉（2001）「移出・基盤産業と震災復興——移出および波及効果の動向から」『国民経済雑誌』vol. 183, pp. 33-47

第4章
岩城秀裕他（2011）「東日本大震災によるストック毀損額の推計方法について」経済財政分析ディスカッション・ペーパー内閣府政策統括官室（経済財政分担当）

岩手県復興局産業再生課（2012）「平成24年第1回被災事業所復興状況調査結果報告書」

岩手県復興局産業再生課（2014）「平成26年第1回被災事業所復興状況調査結果報告書」

釜石市（2013）「撓まず屈せず復旧・復興の歩み（平成25年2月）」

関西社会経済研究所（2011）「東日本大震災のストック被害額の推計」

佐藤日出海（2012）「宮古市の現状と産業復興——津波被災10ヶ月後の市産業担当職員の「現場」からの報告」

塩釜市（2012）「東日本大震災の被害状況と復興への取り組みについて」

塩釜市（2011）「塩釜市震災復興計画策定に関する企業・事業所意向調査報告書全体（平成23年9月）」

総務省（2009）「平成21年経済センサス——基礎調査」

総務省（2012）「平成24年経済センサス——活動調査」

多賀城市（2011）「震災復興に向けた浸水地域企業等に対する意向調査集計結果報告書（平成23年10月）」

日本政策投資銀行地域企画部地域振興グループ（2011）「東日本大震災資本ストック被害金額推計について——エリア別（県別／内陸・沿岸別）に推計」

農林水産省大臣官房統計部（2013）「東日本震災による農業経営体の被災・経営再開状況（平成25年3月11日現在）——農林業センサス結果の状況確認の概要」

農林水産省大臣官房統計部（2013）「東日本震災による漁業経営体の被災・経営再開状況（平成25年3月11日現在）——漁業センサス結果の状況確認の概要」

林田元就他（2011）「東日本大震災のマクロ経済影響——電中研マクロ計量経済モデルによる試算」電力中央研究所社会経済研究所ディスカッション・ペーパー

南相馬市「東日本大震災福島県南相馬市の状況（H23年9月9日現在）」

宮古市産業振興部・産業支援センター（2012）「宮古地域の雇用状況について（平成24年1月26日）」

第5章

川本卓司，笛木啄治（2008）「景気循環要因を取り除いた生産性の計測——2000年以降の上昇とその背景，分配面の影響」『日銀レビュー』日本銀行

小池拓自他（2011）「平成23年度第3次補正予算と今後の課題——東日本大震災からの復興予算」『調査と情報—— ISSUE BRIEF』第729号

深尾京司・宮川努編（2008）『生産性と日本の経済成長』東京大学出版会

深尾京司（2012）『「失われた20年」と日本経済』日本経済新聞出版社

中小企業基盤整備機構経営支援情報センター（2011）「被災地における雇用創出と産業振興について——産業連関分析によるシミュレーションを中心に」中小機構調査レポート

みずほ総合研究所（2006）「労働不足はどうすれば解消する——2015年の労働市場展望」みずほリポート

労働政策研究・研修機構（2011）「労働力需給の推計——新成長戦略（2010年6月18日閣議決定）に基づく将来推計」JILPT 資料シリーズ N.89

第6章及び終章

釜石市（2011）「釜石市復興まちづくり基本計画　スクラムかまいし復興プラン（平成23年12月22日）」

釜石市（2012）「釜石市環境未来都市計画——全国の小都市に先駆ける釜石の新たな挑戦（平成24年5月計画策定）」

釜石市（2013）「釜石市スマートコミュニティ基本計画（平成25年3月）」

厚生労働省年金局数理課（2009）『平成21年財政検証結果レポート』

厚生労働省（2012）「高年齢者等職業安定対策基本方針（平成24年11月9日厚生労働省告示第559号）」

厚生労働省（2012）「高年齢者雇用確保措置の実施及び運用に関する指針（平成24年11月9日厚生労働省告示第560号）」

塩釜市（2011）「塩釜市震災復興計画（平成23年12月）」

多賀城市（2011）「第五次多賀城市総合計画（平成23年3月）」

多賀城市（2011）「多賀城市歴史的風致維持向上計画（平成23年11月）」

多賀城市（2011）「多賀城市震災復興計画（平成23年12月）」

林敏彦（2011）『大災害の経済学』PHP新書

南相馬市（2011）「南相馬市復興ビジョン（H23年8月17日）」

南相馬市経済復興研究チーム「新たな発想による事業事例の研究——経済復興計画

策定に向けて（H23年 7 月14日）」
南相馬市（2011）「南相馬市復興計画――心ひとつに世界に誇る南相馬の再興を（平成23年12月）」
宮古市（2011）「宮古市東日本大震災復興計画」
佐藤主光・小黒一正（2011）『震災復興』日本評論社

索　引

あ行

RIC 指数　72, 74, 76-78, 232
ICT 産業　251
赤字のファイナンス　100
域際収支　15, 19, 21, 23, 25, 27, 29, 100
域内需要　74
域内総供給　101
域内総需要　101
域内への生産波及　73
一部損壊世帯　151
一般政府消費支出　83, 233
「癒し系」観光　256
移輸出　83, 84, 87, 90, 92, 94, 120, 130, 149, 158, 161, 164, 166, 232, 233
　──額　124, 125
　──規模　73, 74
　──行動　143
　──産業　124, 125
　──のマージン部分　167
移輸出回復　127, 218, 238
　──率　144, 147, 149, 206, 210
移輸出促進　208
　──政策　259
移輸入　84
　──率　82
魚市場背後地　254
売上額　143
運輸マージン　123
影響力係数　15, 17, 19, 21, 23, 25, 27, 29, 31, 73-75, 232
EDEN 計画　258
延長推計　32

か行

改正高齢者雇用安定法　191, 228
外生的最終需要　158, 161, 164, 166
外来型発展　1
家計外消費　11
家計消費支出　156
加算支援金　186
過少投資　223
過剰投資　180, 182, 183, 222, 223, 225, 228
釜石地域経済圏　212
釜石版スマートコミュニティ　252
観光資源　214
　──の開発　215
完全失業者　142
感応度係数　15, 17, 19, 21, 23, 25, 27, 29, 31
帰還　41, 59, 66
　──問題　127, 239
　──率　66, 176, 177, 205, 218, 220
企業誘致　255
技術進歩率　146
基準年次人口　40
基礎支援金　186
毀損率　116, 118, 154
期待利潤率　150, 186
基盤産業　71, 127, 210, 215, 218, 232, 233, 245, 246
基盤・準基盤産業　159, 160, 206
旧警戒区域　66, 137
旧計画的避難区域　66
供給基盤　102, 115
供給サイド　120
供給主導型モデル　1
供給能力　164
勤務延長制度　229

経営体　111
経済基盤モデル　3, 71
経済効果の波及メカニズム　134
経済復興計画　239
経常収支　101
「研修・学び系」観光　256
建設業　156, 162, 164, 166
原発関連事業所　99
原発災害問題を事業化　258
公営住宅価格　186
交易係数　13
合計特殊出生率　43, 52, 53, 67
貢献度　92
工場地帯　255
更新投資　225
公的固定資本形成　127, 132, 153, 233
高齢者雇用確保措置　190, 259
コーホート　39
コーホート変化率　231
　──法　39
国勢調査　39, 60, 142
国民所得　156
子育て支援　258
個別産業振興策　136
雇用延長政策　192, 194, 196, 198, 200, 201, 203, 205, 207, 211, 212, 215, 229, 249
雇用機会　96, 97, 141
雇用決定モデル　142, 145
雇用決定要因　85
雇用者所得　94
　──効果　110
　──誘発効果　87, 92, 161
雇用創出　90, 136
　──効果　90, 100
　──政策　259
　──の貢献度　87
　──量　85
雇用の受け皿　94
雇用のミスマッチ　135

さ 行

Survey法　5
災害公営住宅　153
在庫純増　12
再雇用制度　229
財政政策　259
産官学連携　252
産業集積　75
産業振興政策　207, 210, 211, 213, 249
　──の基本的方向性　259
塩釜港の活用　254
自給率　15, 19, 21, 23, 25, 27, 29
　──調整済市内独立支出　83
事業所　110
自然失業率　170
持続可能な地域社会　141
失業率　146
市内一般政府消費支出　84, 87, 90, 92, 94
市内純生産　128
市内生産額　15, 19, 20, 22, 24, 26, 28, 29, 83, 84, 144, 156, 157, 160, 162, 164, 166, 168, 169, 240
市内総固定資本形成（公的）　83, 84, 87, 90, 92, 94
市内総固定資本形成（民間）　83, 84, 87, 90, 92, 94
市内総生産　128
市内歩留率　18, 20, 21, 23, 25, 27, 31
資本ストックの毀損　179
資本生産性　144, 150, 179, 221, 223, 224, 226, 228
資本の参入　223
社会資本ストック（公共賃貸住宅除く）毀損額　154
就業係数　83, 84, 144
就業者　142, 144
　──数（従業地ベース）　172, 174-177
従業者　104-106, 108, 110, 147
　──数　83, 84

索　引

──数（従業地ベース）　170, 171
従業地ベース　95, 144
住宅ストック毀損額　151
住宅投資　151, 153
集中的復興期間　142, 154
重点産業　206, 208, 210, 218
12のスクラムプラン　252
周辺地域　95
　──の経済復興　99
住民基本台帳　40, 60, 151
出産可能年齢　67
出生性比　39
出生率の上昇　59
需要サイド　119
需要主導型モデル　2
準基盤産業　233
純流出人口　101
商業マージン　123
常住地ベース　95, 144
将来推計人口　39, 41, 55, 58, 59, 63, 68, 145, 151, 231
将来の利潤率　122, 238
除却率　225
職住近接　100, 178, 235
女子有配偶出生率　44
女子有配偶率　44, 231
所得移転　102
自立的地域経済圏　97, 99, 235
新魚市場整備　252
人口減少　135, 136, 141
人口減による家計消費支出　159
人口総数　142
人口増促進政策　190, 192, 194, 196, 198, 200, 201, 203, 205, 207, 211, 212, 215, 249
人口置換水準　43, 53
人口問題　135
浸水域比率　154
浸水調査区　110
新設投資　150
スマートコミュニティ構想　253

静学的予想期待仮説　186
静学モデル　143
生産能力　115, 118
生産波及効果　15, 73
生産誘発額　84
生産誘発効果　94, 110
製造業　158, 160, 164, 166
政府消費支出　12
設備投資　144
　──拡大意欲　143
　──行動　143, 149
全員帰還　42, 167
全壊大規模損壊世帯　151
潜在産出量　147, 149
総合的産業振興策　215
総固定資本形成（公的）　12
総固定資本形成（民間）　12, 144
創造的復興　133, 135
その他独立支出　83, 84, 156
粗付加価値　94, 127, 128, 130
　──係数　11
　──率　82
損壊別事業所数　138
損壊別損壊率　138
損壊率　151

た　行

第1次産業　158, 160, 164, 166
第3次産業　157, 158, 160, 161, 163, 165, 166
多部門乗数　84
短期的な労働生産性　146
男女別年齢階級別コーホート変化率　39
男女別年齢階級別人口　39
男女別年齢階級別の労働力率　142
男女別のコーホート変化率　48
地域経済の規模　29
地域経済の空洞化　100, 135, 142
地域産業連関表　4
地域資源　250
地域全体の労働需要　94

283

地域の雇用創出　94
地域マクロ経済　101, 135
　——の循環構造　110
地域労働市場　135
地方交付金　95
中期的労働生産性　146
中心的地方都市　99
定常的人口　51-53, 55, 57, 59, 63, 69, 136, 141, 190, 232, 244
出稼ぎ所得　101
統合モデル　3, 4
同時達成　57
投資調整　207, 209, 211, 217, 220, 223
　——済　221
投資不足　180, 182, 183, 222, 226, 228
投入係数　11
投入＝産出バランス　13
独立支出　94, 110, 136, 233
　——項目　241
特化係数　14, 15, 19, 21, 22, 24, 26, 28, 29
都道府県別社会資本ストック　153
都道府県別民間資本ストック　144

な 行

内発的発展論　1
二極化　121, 122, 237
日本標準産業分類　11
ネットの労働力流入　196
年金改革　190
年齢階級別コーホート変化率　52
Non-survey 法　5, 6, 13

は 行

バイオマス発電　251
廃業・非再開事業所　110-112, 115
廃業・非再開率　111, 112, 114, 118
hybrid 法　5
発展期　133, 136
半壊世帯　151
半分帰還　60

比較優位　214, 215
非基盤産業　71
被災再開事業所　110, 115, 179
被災自治体の社会資本ストック　153, 154
被災なし事業所　110, 179
被災なし世帯　151
昼間人口　95
非労働力人口　142
婦人子ども比　39, 42, 52, 53, 57, 59, 63, 67, 231
復旧・再生期　133, 136
復興計画　132, 133
復興需要　106, 137, 142, 160
　——の経済効果　162
復興特需　104, 106, 108, 120, 127, 132, 137, 146
　——の経済効果　134
復興特区　255
復興予算　128, 142, 143, 154
平均消費性向　82
貿易外収支　101
貿易収支　101
補助金政策　131, 132, 135

ま 行

3つの重層的経済関係　98, 235
3つの不足　122, 238
みなとまち塩釜　254
南相馬市復興ビジョン　257
宮古地域経済圏　209
民間資本ストック毀損額　116, 118, 138, 237
民間住宅価格　186
民間住宅投資　153
民間消費支出　11, 84, 87, 94
民間設備投資　120, 149, 221, 237
　——意欲　134
　——行動　179
民間投資　102, 130, 132, 158, 233
木質チップ　251

や 行

夜間人口　95
U・Iターン　47, 57, 135
　——率　141
予算の組み替え問題　253
4つの限界　136, 240

ら 行

利潤　143
　——率　179, 186
累積債務　95
レオンティエフ逆行列　84
労働供給　135, 136, 141, 142
　——過不足　145, 146, 170-174, 176, 177, 194, 196, 198, 200, 201, 203, 209, 211, 214, 217, 218
労働市場の均衡状態　136, 141, 210
労働市場の超過供給　205, 213
労働市場の超過需要　209
労働市場モデル　141, 142
労働需要　135, 136, 141, 144, 146
　——（市内居住市外従業）　170, 172-175
　——（市内居住市内従業）　170-172, 174, 175
　——（常住地ベース）　170, 171
　——式　84
労働生産性　144
労働流出　173
労働力人口　142, 145, 170-172, 174-177
労働力の過剰供給　174, 178
労働力不足　146, 178
労働力率　142, 145
6次産業化
　漁業の——　251
　水産業の——　252

わ 行

若い世代のコーホート変化率　46, 59, 64, 231
若者のU・Iターン支援　258

《著者紹介》

本田　豊（ほんだ・ゆたか）
　　1951年　熊本県生まれ
　　1981年　神戸商科大学大学院経済学研究科博士後期課程満期退学
　　2004年　経済学博士（神戸商科大学）
　　現　在　立命館大学政策科学部教授
　　主　著　『高齢化社会と財政再建の政策シミュレーション』，有斐閣，2004年。
　　　　　　『グローバル化時代の日本経済』（共著）桜井書店，2014年。
　　　　　　ほか

中澤純治（なかざわ・じゅんじ）
　　1975年　京都府生まれ
　　2002年　立命館大学大学院政策科学研究科博士後期課程修了，博士（政策科学）
　　現　在　高知大学教育研究部総合科学系地域協働教育学部門准教授
　　主　著　「過疎地における地域振興」『日経研月報』405号，2012年。
　　　　　　「木質バイオマスを活用したCO_2削減と地域経済効果──地域産業連関モデルの構築と新たな適用」（共著）『地域学研究』42(4)，2012年。
　　　　　　ほか。

東日本大震災からの地域経済復興
――雇用問題と人口減少解決への道――

| 2016年2月10日　初版第1刷発行 | 〈検印省略〉 |

定価はカバーに
表示しています

著　者	本　田　　　豊
	中　澤　純　治
発行者	杉　田　啓　三
印刷者	田　中　雅　博

発行所　株式会社　ミネルヴァ書房

607-8494　京都市山科区日ノ岡堤谷町1
電話代表　(075)581-5191
振替口座　01020-0-8076

©本田・中澤, 2016　　創栄図書印刷・新生製本

ISBN978-4-623-07481-5
Printed in Japan

震災復興学

住民主権型減災のまちづくり	神戸大学震災復興支援プラットフォーム 編	A5判二九八頁 本体三〇〇〇円
災害復興におけるソーシャル・キャピタルの役割とは何か	中山久憲 著	A5判二九八頁 本体六〇〇〇円
市町村合併による防災力空洞化	D・P・アルドリッチ 著／石田祐・藤澤由和 訳	A5判三一四頁 本体四〇〇〇円
巨大災害のリスク・コミュニケーション	室崎益輝・幸田雅治 編著	A5判二六四頁 本体三五〇〇円
	矢守克也 著	A5判二三四頁 本体三五〇〇円

――― ミネルヴァ書房 ―――

http://www.minervashobo.co.jp/